ポープ・ブロック
Pope Brock
杉田七重 訳

CHARLATAN

AMERICA'S MOST
DANGEROUS HUCKSTER,
THE MAN
WHO PURSUED HIM,
AND THE AGE OF FLIMFLAM

ヤギの睾《こう》丸《がん》を移植した男

アメリカで最も危険な詐欺師
ブリンクリーの天才人生

国書刊行会

ヤギの睾丸を移植した男　アメリカで最も危険な詐欺師ブリンクリーの天才人生

Charlatan
America's most dangerous huckster,
the man who pursued him, and the age of flimflam
by Pope Brock

Japanese translation rights arranged with
David Black Literary Agency, Inc., New York
through Tuttle-Mori Agency, Inc., Tokyo

わたしの娘、モリーとハンナに捧げる。

主な登場人物

ジョン・R・ブリンクリー　医師を詐称し、ヤギの睾丸を人間に移植する治療を行う
ミニー・ブリンクリー　ブリンクリーの妻
ジョニー・ボーイ　ブリンクリー夫妻のひとり息子

モリス・フィッシュベイン　米国医師会の雑誌『JAMA』の編集者
アーサー・J・クランプ　米国医師会の調査部門の長
マックス・ソレック　ハンガリー人の外科医でフィッシュベインの恩師
H・L・メンケン　『アメリカン・マーキュリー』誌の編集長
シンクレア・ルイス　作家。米国人初のノーベル文学賞を受賞
カール・サンドバーグ　詩人、作家。ピューリッツァー賞を受賞
ユージーン・V・デブス　米国労働運動の指導者

セルジュ・ヴォロノフ　ロシア系フランス人医師。サルの睾丸の人体移植を行う
オイゲン・シュタイナッハ　ウィーンの医師。精管手術による「若返り術」の大家
フランク・リッドストン　イリノイ大学教授。人間の睾丸を自分に移植実験した
ノーマン・ベイカー　ブリンクリーの手法をそっくり真似て成功した詐欺師
ジェイムズ・クローフォード　ブリンクリーの若い頃の詐欺仲間

ビル・スティッツワース　ブリンクリーがヤギの睾丸移植手術を最初に施した男
ロンサム・カウボーイ　ブリンクリー子飼いのカントリーミュージシャン
カーター・ファミリー　音楽一家のバンドでカントリーミュージック初期のスター

1939年の名誉毀損裁判
原告：ジョン・R・ブリンクリー
原告側弁護士：ウィル・モリス・シニアとウィル・モリス・ジュニア（地元の弁護士父子）の全二名

被告：モリス・フィッシュベイン
被告側弁護士：クリントン・ギディングス・ブラウン（主任弁護士）、ドン・レイノルズほか全五名

目次

じつをいえば、もうこういった輩《やから》に対して、雌牛は乳を出しません。
それで連中は、雄牛の乳を絞りに行くのです。
――サミュエル・ジョンソン

プロローグ　緊迫の公開手術　一九三〇年九月十五日

審査委員団のメンバーはもれなく公開手術を視察することになっていたが、カンザスシティから定員いっぱいに人を乗せた車は悪路で到着が遅れた。ようやくミルフォードに到着したのは午前十一時近く。これといって見るべきものもない小さな町だが、リパブリカン川の土手に建つ、やけに大きな郵便局が人目を引く。

クリニックの近くまで来ると、運転手は車をとめる日陰を探したが、これがなかなか見つからない。カンザスはこの夏記録的な熱暑に見舞われて、通常ならトウモロコシが密林のように茂っているはずが、いまは数マイル四方にわたって、ひび割れた土の地面が広がるばかりで、土から飛び出した茎はみな萎《しな》びている。育っているのは、杖のように細いヒロハハコヤナギだけ。地面に黒々とペンキで描いたような、鳥かごに似た影は、この町のラジオ塔が落とすものである。

網戸のひらく音とともに、職員ふたりが出てきてみんなを迎える。一行が案内された会議室には先に到着した人々がいて、ありがたいことにレモネードが用意されていた。

それからまもなく、カンザス州医療委員会の会長J・F・ハッシグ医師、及びその同僚と記者、あわせて二十名以上が、狭い階段を上がって二階へ向かった。先頭に立って案内するのはクリニックの次長、ホラティウス・ドワイト・オズボーン。献身を絵に描いたような人物で、この男は院長の言葉をきく耳しか持たず、実際その耳も左側しか残っていない。

二階の通路を進んでいく一行の目に、ずらりと並ぶ病室が飛びこんできた。あからさまではないものの、誰の目にも羨望の色がはっきりと見てとれる（ここの施設は、「視察に来た医師たちの病院より、ずっとモダンで快適で豪華だった」と、ある記者が書いている）。病室は全部で十六部屋あるが、ふたつとして同じものはない。ぱんぱんに詰め物をした長椅子や、患者の元気を鼓舞する絵画や、こまごまとした古美術品が各部屋に趣向を凝らして置いてある。すべてミセス・ブリンクリーの趣味だろう。ベッド脇のラジオからはカントリーミュージックまで流れている。医療と芸術の稀有な融合というべきで、訪れた人々はそこに、このクリニックの独自性を見て取る仕掛けになっている。医学博士、哲学博士、外科学修士、法学博士、公衆衛生学博士、理学博士の肩書きを持ち、いまや世界に名を轟かす著名な医師ジョン・R・ブリンクリー博士が、この見るべきものの何もない小さな町、カンザスのミルフォードを選んで、そこを自身の医療の本拠地にしている。その事実がまた、彼個人が特別な思い入れで経営する病院という印象を与えるのだった。

施設の視察が終わると、一行は一階にもどってきた。そこはいわゆる「トロフィー・ルーム」と呼ばれる部屋で、医師の陳列した、かなり変わった展示品の数々を、みんなは興味津々の様子で眺めている。

やがて何人かが、窓の外に今日の主役の姿を認めた。「人間改良のバーバンク」*――中国人がそう呼ぶドクター・ブリンクリーが、クリニックの建物に向かって歩いてくる。きびきびとした足取りだが、体格はかなり小柄だ。頬の髭を剃って口髭とヤギ髭を残した、薄茶色のヴァンダイク髭。医師の正装に身を包み、外科医のキャップをかぶり、手にマスクを持っている。一階の玄関ホールに入ってくると、数名の客と握手をした。まったく落ち着き払った様子で、プレッシャーなどどこ吹く風。この分野の第一人者としての器の大きさを感じさせる。もちろん彼は、この有名な手術をもう何百回となくこなしているわけだが、これだけ錚々《そうそう》たるメンバーを前に腕を振るうことはめったにない。

また別の人間と握手をし、残りの人々に手を振ると、医師は手術室に消えた。助手のひとりが、服の上から着用する滅菌済みのローブを各自に配る。全員が着用して紐を結ぶと、また別の助手がドアを押しあけた。

「みなさん、こちらです」

室内は満杯だった。カンザス州医療委員会のメンバー十二人に加えて、手術を視察する四人の外科医。そこへマナー意識の欠如した記者たちが図々しく割りこんでくるものの、さすがに医師の助手たちが動けるスペースと患者の横たわる手術台まわりだけは十分に空けている。医師が手術台の患者を紹介する。

「こちらはミスターX」

＊ アメリカの植物育種家であるルーサー・バーバンク。多くの植物の優良品種を生みだした。

一同から挨拶らしき声がぼそぼそとあがるものの、五十五歳の郵便配達人だというミスターXは、笑顔をつくるだけで口はつぐんでいる。

夫が小さくうなずいたのを合図に、ミセス・ブリンクリーが一歩前に出た。眼鏡をかけ、台形のキャップをかぶった彼女は、患者のウエストラインのすぐ下に二箇所、注射針を刺して局所麻酔の処置をする。ほかの助手たちは、天井から吊り下がる傘の骨のような照明システムの電球をひとつひとついじって、医師が満足するように焦点を調整している。

やがて職員のひとりが、地下室からヤギを連れてきた。なぜ屋内にヤギがいるのか、理由は説明されない。ふだんは屋外の柵で飼育しており、いまもほかのヤギたちの鳴き声が窓からきこえている。まあそれはどうでもいいことで、肝心なのは、この生後三週から四週目の雄ヤギをミスターXが選んだということだった。

サイドテーブルに乗せられたヤギはふるえていて、ひづめがカチカチ音を立てている。そこへミセス・ブリンクリーが椅子を引っ張っていって腰をおろし、消毒液に浸したばかりの指でトレーに入った器具をいじりだす。そのそばに、重ねたガーゼを手にした看護師が立った。

職員がヤギの頭を押さえているあいだに、ミセス・ブリンクリーがヤギの下腹の一部にマーキュロクロームをさっと塗りつける。それから小さな鋏を手に取った。

次の瞬間、一階の玄関ホールにいた人間は、「ヤギの鳴き声が通路に響き渡る」のをきいた。

看護師がガーゼを載せた両手を差しだすと、ミセス・ブリンクリーがそこにひとつずつ、睾丸を置く。医師はゴム手袋を着用した手で睾丸をステンレスのトレーに移し、それをかたわらに置いておく。

　患者の身体がストラップでゆるめに固定され、額にぬらしたタオルが載せられる。ブリンクリー医師は睾丸のそれぞれをじっと観察したのち、顎におろしていたマスクをひっぱりあげて仕事にかかった。

「この前代未聞の手術を観察した者で、（ブリンクリーの）豪胆を疑う者はいなかった」とカンザスシティ・ジャーナル・ポスト紙が報じている。

　ブリンクリーのほかに、手術台に最も近い場所にいたのが、ネッスルロード、エジャートン、オール、カーの四人の医師で、彼らが「公認観察者」として自分の見た一部始終について科学的に報告する任を負っている。しかしブリンクリー医師は彼らだけでなく、その場の全員に手術の全貌が見えるよう気をつかい、折々に手術台から離れて、四段階から成るという手術の各ステップについて説明する。ハッシグ医師もまた詳細にメモを取っており、患者の陰嚢《いんのう》それぞれに、ブリンクリーが初めてメスを入れる瞬間を記録している。「切開部分二箇所に、先を丸くした針で〇・五パーセントのマーキュロクローム液を注入」してから、取り出したばかりのヤギの睾丸を両方の切開部分に移植し、しかるのちに〝ゆるんだ組織〟を縫合する。

　所要時間は十分のはずだった。十五分が経過して、居合わせた人々は互いにちらちらと目を見交わしはじめた。ブリンクリーはもう説明はやめて、作業に没頭している。二十分、そして三十分が経過した。ブリンクリーに動じる様子はないが、見ている者たちの頭には不安がじりじり広がって、ひょっとしたら患者は……と胸騒ぎを覚えている。ここで誰かがあいだに入るべきではないか？

会場の不穏な空気に気づいたのだろう。ブリンクリーはここでマスクをおろして笑みを浮かべ、大丈夫だとみんなを安心させてから、また作業にもどる。

四十五分が経過したところで、ようやくブリンクリーは最後の腸線を引いて縫い目を縮め、後ろへ下がった。ミスターXは看護師に支えられながら、ふらつく様子で上体を起こし、手術台の脇に両脚を下ろした。その拍子にわずかに右へ倒れたが、とっさに看護師が押さえて安定させた。ミスターXは何度か呼吸する。それから手術台からすべり下りて、千鳥足ながらも精一杯背筋を伸ばして手術室から出て行った。

ブリンクリーはマスクをはずした。手術は成功したものの、予期せぬ合併症が起きたことを率直に話し、はっきりそういったわけではないが、今日の見学者は運がいいとほのめかした。こんなことでもなければ、不測の事態にどう対応するのか、医師の臨機応変の才を目にすることはできなかったと、そういいたいのだ。「このように特別な注意を要する患者さんも、当クリニックは喜んでお引き受けします」と医師は丁重に話を結んだ。

カンザス州医療委員会の面々は、彼に礼をいってその場を辞し、ジャンクションシティの近くにある〈バーフェルハウス〉に昼食を取りにぞろぞろと向かった。

四十八時間後、「職業倫理にそむく言語道断の行為に手を染めた」として、ブリンクリーの医師免許剝奪が満場一致で可決された。カンザス州最高裁はブリンクリーの上訴を棄却し、「この者は倫理意識の欠如した偽医者で、周到な計画のもとに悪事をとことん究めた……つつましやかな嘘で薬を売りつける大道芸人とは一線を画す、極悪非道の詐欺師である」と断じた。

カンザスシティ・スター紙は、「ミルフォードの偽医者、命運尽きる」と、追悼風の記事を出している。

人々の信頼は大きく裏切られた。

1

第一次世界大戦前、ウィリスとウォレスのラインハルト兄弟が経営する解剖模型資料館が大はやりした時期があった。ロンドン医学協会、パリ医学協会、ハイデルベルク医学協会などといった名前でチェーン展開しており、そのうち、デモイン、フォートウェイン、イーストセントルイスをはじめとする米国中西部の町に設置された協会は、もっぱら「男性の秘められた病気」に関する資料の蒐集と治療の場として機能していた。ほとんどが通りに面した大きなショーウィンドウを持ち、そこに展示されるラインハルト兄弟のつくらせた品々が業界の噂の種になっていた。ミネアポリスで最も名高い展示物は、「死にゆくカスター〔米国の軍人。先住民と戦って戦死〕」と題されたもの。

聖セバスティアヌス〔ローマの軍人、キリスト教殉教者〕さながらに、無数の矢に身体を刺し貫かれたカスターを、凝ったジオラマで表現したものである。先住民、死体、石膏のハゲワシなども添えられて、より生々しい印象を与えるものの、大勢の通行人が窓に鈴なりになってしばらく見入るのは、規則正しく呼吸してゆっくり上下するカスターの胸だった。見守るうちに見物人の呼吸もカスターの呼吸と同調していき、「男性諸君よ、やるならいましかない」という、ラインハルト兄弟のメッセージが伝わる仕掛けになっている。カスターと勃起不全が直接関係するわけではないが、多少なりとも不安を抱える男性には、このジオラマは強く響くはずだった。いずれ力は衰え、若さは失われる――しかし、まだ終わりではない、いまならイケる。この建物のなかには、少女との恋愛さえ可能になるかもしれないチャンスが待っているのだ。

恐怖と希望の合わせ技が、ラインハルト兄弟の御家芸だった。インディアナ州ゲーリーのショーウィンドウにも、幻想館の設計で腕を鳴らすムッシュー・ブルイヤールが作成したジオラマが飾られていた。梅毒に冒された赤ん坊を、あえぐような音を立てる蘇生器をつかって、医師と看護師が助けようとする場面を表現したものだ。しかし、こういった展示品がどれだけ芸術的に優れていようと、それだけで、この双子の兄弟を業界トップに押しあげることはない。兄弟は本社であるシカゴのウィーン医学協会から、三ダースのフランチャイズを厳重に監督し、驚くほど時代に先んじて規格統一と品質管理を徹底させていた。それは販売員の訓練からはじまる。ラインハルトの店で働く販売員はすべて、まず本社にある即席の「医科大学」に入らないといけない。そこを卒業して晴れて新入社員となったら、次はゲーリー支社でさらなる訓練を受ける。白衣を与えられ、ヴァンダイク髭を生やすようにいわれ、サヴォイオペラの喜歌劇さながらの早口でまくしたてる口上を徹底して練習させられる。それができて初めて、実際の客に応対する。展示品のガイドとして客を案内する彼らは、全見こみ客の二十パーセント、すなわち一日あたり平均して四十人入ってくる客のうち八人に商品を売ることが求められ、それができないのなら、ほかの職を探すしかなかった。それぞれの協会にはマネージャーがいて、原本と写し二通、合わせて三通の営業報告書を作成し、本社に毎日送ることになっていた。

入場料は全支店で無料だが、秘薬のアバダバ・ジュースはそうではない。瓶詰めにしたものが出口で売られている。鎮静、元気づけ、健康回復、若返り、肉体強化、総じていえば、「萎びた大枝を蘇らせ、再び青々とした葉を茂らせる」というわけで、さらに淋病の治療や予防にも効果があるとされている。治療かそれとも予防か、どちらの効能を謳うかは客しだい。さてその中身は？　瓶のなかには何が入っていたのか？　一八五〇年代にアメリカで初めて登場して、爆発的にヒットした「ドクター・ラファエルの強壮剤」は、このうえなく素晴らしいアラビアの処方だと謳って、「現代占星術の魔法のような力」によって効果が倍増するという触れこみだった。さらには、ボーム・ド・ヴィ、エリクシール・レノヴァンス、アンソニー・ベロウのシロプ・ヴィタ、ジョン・ケースのグロリアス・スパジリック、もっと時代を遡って、太古のさまざまな時代に、さまざまな国でつくられた、その手の妙薬のレシピはどうなっていたのか？　記録によれば、ラインハルト兄弟の強壮剤には、三つの原料がつかわれていたらしい。アルコール、砂糖、そして「アクア・ミズーリアナス・クァンティタート・サフィシアート・アド・コング・セカンド」をほんのひとつまみ。何やら難解で、いかにもありがたそうな名前だが、意味はない。

ラインハルト兄弟のチェーンは大きなものだったが、それでも競争相手はたくさんいた。この手のいかがわしい商売でひと儲けを狙う個人経営の店が、この怪しい時代には無数に乱立していたのだ。一九〇七年にテネシー州ノックスビルでジョン・ブリンクリー医師を助手に、バーク医師がひらいた店もそのひとつだった。

このときブリンクリーは前途有望な二十二歳の若者。厳密にいえば医師と呼ぶのは正しくないが、着用する白衣に患者が安心すれば、もう治療ははじまったようなものだった。実際には彼は販売員であって、歩合制で働いていた。客が店に入ってくるのをじっと観察し、それから——早すぎぬようタイミングを見計らって——その男のすぐそばに立つ。若き医師は気さくに話しかけて客の笑いを誘い、相手が話の中身に大いに興味をそそられたと見ると、店を案内してまわる。まもなくふたりは目玉となる展示品が陳列された一角に出てくる。そこには、梅毒によって男根が衰弱していく過程が、段階を追って模型で表現されている。恐怖は一目瞭然。陳列棚の先へ進むにつれて、男根はどんどん変形し変色していく。比較のためにハンセン病の名も挙げられただろう。

そして最後の部屋で、客は「ザ・ボーイ」と出会う。

この業界では、すべてその名前で知られている展示品で、「無料で学べる医学協会」を標榜する店ならどこでも、これ一体を備えておく価値がある。この前では、何度も同じ場面が繰り返される。まずその展示品が視界に入ってきたところで、販売員は客に少し遅れを取るか、腰を曲げて靴ひもを結ぶなりする。そのあいだに、客は全面がガラスでできた柱にひとりで近づいていく。ガラスのなかは漆黒の闇。おそるおそるそこへ近づいていきながら、客はガイドをちらりと振り返って、先へ行こうと促すかもしれない。それでもこの柱のなかに何が入っているか気になって、顔をぐっと近づけて覗く。と、次の瞬間、まぶしい光がぱっと点灯して、漆黒の闇に、一本ネジが抜けているような蠟人形の気味悪い笑顔が大きく浮かび上がる。その顔も恐ろしいが、もっと恐ろしいのは、その上に掲げられた警告である。

「男性機能の喪失」

黄色く濁った目が垂れ下がる、気味の悪い顔。しかし自分はいま、単なる蠟人形を見ているのではない、自分の将来を見ているのだと、客は確信する。

巧みな仕掛けを通じて、こういった嫌悪を催す「現物証拠」を見せられれば、客はもう落ちたも同然で、あとはバーク医師が引き継ぐ。おそらくこのとき彼は、机を前にすわって分厚い医学書をひらいていることだろう。そこへブリンクリー医師が、お先真っ暗の哀れな客を連れていって紹介する。バーク医師はその場で〝即席医学相談〟をはじめ、「喉の渇きはありませんか？」とか、「ときに倦怠感を覚えませんか？」といった質問を投げる。それらはすべて危険な徴候であって、客がそういった症状のひとつでもあるといえば、医師は瓶に入った比類無き妙薬を取り出して、これさえあれば男性機能はもちろん、命さえも救われると太鼓判を押す。値段をきいた客は、「ザ・ボーイ」を目にしたときと同じぐらい大きな衝撃を受けるものの、まともな頭を持つ人間なら、危急の際に金を出し渋ることはしない。十ドルから二十ドルの代金を支払った男は、それからすぐ外に送り出され、眼前でぴしゃりとドアを閉められる。気がつけば、インチキ薬を手に通りに立ち尽くしているのである。

こんなふうに、まんまと人を騙した折々にブリンクリーがどれだけ満足を覚えていたかはわからない。それでも、究極のペテン師は、いつまでも自己満足には浸っていないものだ。詐欺といっても、偽薬はそう大量に在庫を持つわけにはいかない。そもそも大きな野心を抱く彼だから、安っぽい二間しかない建物で、下劣な蠟人形といっしょに働く毎日に気が滅入ることもあっただろう。
その一方で、まだ若い身空で、ここまで成功を収めた自分を誇らしく思う気持ちもあったはずだ。

ブリンクリーが生まれたのは、ノースカロライナ州のベータという小さな町。グレートスモーキー山脈の懐に抱かれた奥地で、テネシーの州境から遠く離れている。その地域に暮らす住民がみなそうであるように、彼もまた、ほぼ石ころしか収穫できない山の農場で育った。トウモロコシ粉を水で煮た粥と、そのへんに生える草を食べ、冬用のブーツに南京袋をかぶせて結わえつけていた。鬱《うっ》蒼《そう》たる森と急な斜面に囲まれた土地は、雨が降るとあらゆる谷に霧が充満する。そんな場所によそからやってくる人間は、メンドリの歯と同じぐらい滅多に見ない。そんなわけで、これより先に別の世界があるという話も、ここでは噂程度にしか受けとめられない。ゆえにこの町で人生をスタートした人間は、この町で人生を終えるというのが自然な流れだった。

しかしブリンクリーは違った。「無茶な子ども」だったと、ある隣人はいい、「コオロギみたいにぴょんぴょん跳ねまわっていた」と、またべつの人間はいう。他人にそういう面を見せながら、しかしブリンクリーは腹のなかで不満の炎を燃やし、夢想を広げていた（「ジョン・ブリンクリーはわが手で奴隷を解放すると思っていた」と、のちに伝記には書かれている。「ジョン・ブリンクリーは世界を明るくし、ジョン・ブリンクリーは民のために暗殺者の銃弾に勇敢に立ち向かい、ジョン・ブリンクリーは病人を治療する」と）。しかし、もう奴隷は解放されて世界は明るくなったし、暗殺対象として狙われるほど自分は注目されていない。それで四つ目の選択肢を選んだ――しかし彼のことだから、そこにひとひねりが加わる。手はじめにブリンクリーは、サリー・ワイクと結婚する。近所の農家の気の強い娘で、彼と同じように山の牢獄から逃げ出したいと切に願っていた。それで、「ちょっとした出し物を用意してさ、女房と仲間数人を引き連れて、町から町へどさまわりに出たんだよ」と、ふたりを短いあいだ下宿させていた大家のミセス・アン・ベネットはいう。

そうしてブリンクリーは歌い、踊り、病気を治す。二十歳そこそこで、当時「クエーカー医」として知られていた、一種の売薬宣伝員として早くに人生の方向を決めたのである。当時そう自称する人間がどれぐらい活動していたのか、正確な人数はわからないものの、クエーカー教徒は正直者という昔からの評判に乗っかって、彼らを真似して薬を売り歩く旅まわりの詐欺師がいたのだった。

活動するのはたいてい夜。舞台を設置し、四隅で松明《たいまつ》の火を燃やすと、チラシや口伝えで興味を引かれた聴衆が集まってくる。ブリンクリーがそこでどんな実演を披露したのか、記録は残っていないものの、クエーカー医のショーにはたいてい一定の流れがあった。まずフィドル奏者か踊り子が場を陽気に盛り上げる。それから短い道徳劇がはじまる。一家の立派な主人、または巻き毛の女性が、奇跡の薬がなかったために痛々しい死を遂げるといった筋で、劇中で秘薬の名も明かされる。そして突如、医師本人（ブリンクリー）が満を持して舞台に登場。大皿のような幅広の帽子をかぶってモーニングコートを着こみ、敬虔なクエーカー教徒のトレードマークである、両脇をボタンで留めるスラックスを穿いている。その格好で医師は、アヤー社のカタルティック丸薬の入った瓶を振りながら、「汝に……汝は……」を連発して歌いに歌い、薬を売りさばくのである。秘薬は血流促進ゴボウ製剤や、ファニーおばさんの虫下し飴だったかもしれない。いずれにしろ、なんでも治す薬であったことは間違いない。

金の在処《ありか》を正確に嗅ぎつける鼻で、ブリンクリーは早くも典型的なアメリカ人になっていた。すなわち舞台にあがる偽医者というわけである。「ビーフステーキ鉱山会社」などといった架空の会社の株券や、ありもしない出し物のチケットが当たり前に売りに出される、われらがアメリカの国土には、詐欺行為に特別な才能を発揮する人間が掃いて捨てるほどいたが、なかでも医療詐欺は信用詐欺の王様だった。一八三九年の万国博覧会では、カウボーイの格好をした男が舞台に上がって大量のガラガラヘビを殺し、ヘビから採集した油をスネークオイルとして売り出して大儲けしている。

当然ながら、偽医者は、あらゆる時代のあらゆる文化で栄えてきた。病気を治療できるという可能性ほど、人間から冷静な判断力を奪うものはないからだ。詐欺行為のほとんどは人々の強欲につけこむものだが、偽医者は、ユングの世界の奥深くに分け入って人間の精神に火をつける。すなわち、死の恐怖と、そこから逃れる奇跡を求める欲望につけこむのである。近づいてくる死を前にすれば、われわれはみな、つけこまれる隙だらけの初心《うぶ》な子どもになってしまう。

それでも、アメリカ以上に偽医者に騙されやすく、その詐欺行為が広く蔓延《まんえん》している国はないだろう。騙しのパイオニアたちが西部へ集団で出かけ、そこでひと山当てると、またべつの場所へ消え、新たな土地でまた人を騙す秘技を他者に教える。詐欺師はリョコウバト〔北米に生息していた渡りをするハト〕と同じぐらい、そこらじゅうに生息していたのだ。当時のアメリカ人は、病院を体《てい》の良い葬儀屋と見ており、医師は患者の病気を治癒させないことで利益を得ていると見なされて、実際そのとおりの病院もあった。

しかも偽医者は単に容認されていただけでなく、大喜びで迎えられた。アメリカ人の精神的風土にはひねくれた断層があって、それは遥か昔の共和制の夜明けに生まれた。

十九世紀前半にジャクソン民主主義が隆盛となり、フランス革命を彷彿とさせる勢いで、民衆万歳の熱狂が巻き起こった。その結果、牧師、医師、法律家といった国家のエリート層の権威は（少なくとも精神的に）失墜し、学のある者が突如として侮蔑の対象となった。そうして医学の世界では、資格を持たない医師が容認されたばかりでなく、無資格医の横行を助長する気風が生まれたのである。民衆の地位が高まった結果、三つの州を除いてアメリカ全州が医師の免許制度を廃止。十九世紀半ばに、マサチューセッツ州が教育家のレミュエル・シャタックに州の衛生調査を依頼したところ、こんな報告があがってきた。「この州では、男も女も、学のある者も無学の者も、正直者も不正直者も、みな医師を名乗って、あらゆる人間に『治療』を施せる。結果、治癒することも、命を落とすこともあるが、いずれの場合も医師に説明責任はない。これぞ自由の国なり！」

こういった規制緩和の結果、オクラホマ・ランドラッシュ〔オクラホマに白人が未開の土地を求めて殺到した〕の影響さながらに、その後何世代にもわたって偽医者がはびこるようになった。資格を持つ医師たちが反撃するのも難しい。彼らの資格自体にも怪しいところがあったからだ。たとえばアメリカ建国者らの友人であったベンジャミン・ラッシュは、独立宣言に署名をしたアメリカ医学の父ということで一般的に知られており、死して久しいにもかかわらず、依然としてアメリカで最も有名な医師として語り継がれている。勤勉で、誠実で、医療について国民に真摯に助言をする役目を果たしていたが、じつはこの医師、誠実であるのと同じくらい、とんでもない見当違い男でもあって、事実上、死者を生み出す機械として機能していた。水銀を少量加えた甘汞《かんこう》（激しい下痢や歯茎の出血を引き起こし、よだれがとまらなくなる）で人体を爆発させ、熱い鉄で（目的のない痛みを加えて）火ぶくれをつくり、タバコの煙で浣腸をし、パイント単位の大量瀉血《しゃけつ》をするのが好きだった。故意ではないもののジョージ・ワシントンを死に至らしめた男として、この医師を記憶している者もいる。もちろんどんな物事にも良い面と悪い面はあるもので、ラッシュのような医師たちがいたおかげで、この時代はまだ、心臓、肝臓、腎臓、そのほかもろもろの人体部位に発症する変性疾患〔動脈硬化など組織が変質する病気〕に苦しむ患者は皆無に等しかった。なぜならそういう病気になるまで長生きできる人間はまずいなかったからだ。

となると、本当に責められるべき偽医者は誰か？　疾病や病毒に関する明確な知識がない時代に、果たして手探りの医療行為は問題といえようか？　地震に効く薬を買うのは金をどぶに捨てるも同然だとしても、ラッシュと同時代に活躍したエリシャ・パーキンズのような男が、「ガルバニック・トラクター」なるものを持って現れ、患者の身体にかがみこんで、二本の金属棒を動かして呪《まじな》いを唱えるというのはどうだろう。少なくとも彼はヒポクラテスの教えに従っているわけで、健康被害はない。ドクター・ラッシュ同様、ドクター・パーキンズも、それが正しいと思ってやっている。実際にはどちらも間違っているわけだが、片方は賞賛され、片方は非難される。そういった歴史を見ると、なぜジョン・ブリンクリーに騙された人間――とりわけ病人や、病気に脅《おび》える人間――が、ステージに上がった若造に対して、疑わしきは罰せずの原理を適用したかが理解できるというものだ。

仲間が瓶に詰めた販売用の薬を山のように抱えて聴衆のあいだを練り歩くあいだ、ブリンクリーは、生命力や活力を与えるという薬の効能を盛んにいいたて、それがこんなにも安い値段で手に入るのだと聴衆に熱っぽく訴える。

「完売です、ドクター！」

「諸君、でかした！」

小さな劇団は数か月のうちに解散し、ブリンクリーはもう二度と歌ったり、踊ったりを仕事にすることはなかった。重要な教訓を得はしたものの、彼は十九世紀の道化師ではなく、二十世紀の偽科学者なのである。その後はドクター・バークの下で働き、少なくとも世間的にはまっとうといえる職業人になった。しかし、かつて人生のお手本にしていたエイブラハム・リンカーン同様、ブリンクリーに搭載された小さなエンジンは休むことを知らず、一九〇八年になると彼は再び走り出し、大都市を目指して北へ向かった。

2

シカゴはブリンクリーにとって新天地ではあったが、少なくともひとつ馴染みのものがあった。すなわち霧である。大穀物倉庫が並ぶシカゴ河岸一帯に発生する濃い霧は、グレートスモーキー山脈のそれと同じだった。ときに町の一部が霧に呑みこまれてしまうこともある。路地や小道からゆるゆると流れてきた霧が、家の戸口に滞留して嵩《かさ》を増し、蒸気や石炭の煙と混じり合う。そのなかからふいに通行人が現れるさまは、まるで白日夢を見ているようだった。

このシカゴの濃い霧を光が晴らした。最近の万国博覧会では、スネークオイルといっしょにエジソンの偉大な発明が大々的に宣伝され、以来シカゴは彼の最重要顧客となった。ある住民の言葉を引けば、シカゴの町は、「上り坂にも下り坂にも、あらゆるところに信じられないほど長距離にわたって街灯が並び、一年分の蠟燭を一週間で使い切るごとく、贅沢な光を惜しむことなく浪費している」といったありさまだった。夕暮れどきにゴールドコースト沿いを散策するブリンクリーに、彼が夢見ていた世界を初めて見せたのも、この光だった。

早くも汚染が進むミシガン湖を一望する通りには、豪華な建物がずらりと並んでいる。さながらライン川沿いの城、ゴシック様式の要塞、中世の見張り塔と見まがうような建築物の合間に垣根や厩舎があって、扉のない厩舎からは極上の馬の尻が覗いている。趣味がいいとばかりはいえぬ建物もあったが、じつはそこが大事だった。この新興の上流階級――ボタンや干物や豚肉の加工で財を築いた家々――は、派手派手しいばかりで、慎みというものを知らない。そういった臭《にお》いはそよ風のなかにも嗅げる。リビー家、スウィフト家、アーマー家は、一帯に七十五マイルにわたってのびる家畜飼育場の下水を、錬金術によって、上流社会にふさわしい、ありとあらゆるものに変えていった。すなわち仮装パーティーや夜会、シルクハットや砂時計型のガウン、フランス人がかぶるシラサギの羽根飾りのついたビロードの帽子に真珠のチョーカーといったものである。ブリンクリーにいわせれば、それこそまさに正しい金の使い道だった。

ほかにも、シカゴにはブリンクリーを引き寄せるものがあった。ミシシッピ川の上流にも近いこの町は、家畜産業（後には酒とブルース）の中心地であって、それもまた偽医者たちを自然と集める要因になった。ブリンクリーが専門とする男性機能向上に目をつけた金儲けだけでも、ここにはチャンスが山のようにあった。ラインハルト兄弟とともに、パッカーズ・プロダクト・カンパニーがここを本拠地とし、雄ヒツジの睾丸から抽出したといわれるオーキス・エキスを生産していた。会社のレターヘッドには、ユニオンストックヤーズ（シカゴ南部に開設された食肉加工の中心地）の写真が配してあり、そこにアーマー社（肉の冷蔵法や加工法を開発した精肉業者）の本社ビルも見える。別にパッカーズはアーマー社と提携しているわけではなく、ただ単に、オーキスと巨大食肉加工会社のイメージを結びつけたかっただけだった。競合会社のアニマル・セラピー・カンパニーでは、利益を巡って共同経営者同士が争い、片方がホールをつっきって歩いていって、相手の眉間に銃弾をぶちこんでいる。これがシカゴで儲けようとする詐欺師たちの気風なのだった。

しかしブリンクリーはこういったことには一切関心がない。少なくとも当面はそうだった。彼がこの町にやってきたのにはまた別の目的があって、つまりは医学校へ通おうというのである。束の間ではあるが、まっとうな道を行こうとしたと考えることもできるが、おそらくは、夢の実現には少しばかりの威厳と、もっと多彩な道具立てが必要であると理解したのだろう。いずれにしても、ことは早急に進めないといけない。サリーと結婚し、ふたりの娘が生まれ、三人目がお腹のなかにいて、父親として家族を食わせていかねばならない責任があるのだった。

さて、どこの学校に通うべきか？

ブリンクリーと同じ立場にいる人間なら、答えはわかりきっていた。信頼に足る、医師の母教会、米国医師会がシカゴを本拠地にしている。この医師会が保護監督する正統の学校がこの地でいくつか開校して、真面目で堅実な学生を多数引き寄せていた。そのひとりがモリス・フィッシュベイン。ブリンクリーがやってきてまもなく、彼もこの町にやってきた。フィッシュベインはインディアナポリス出身のずんぐりむっくりした若者で、東欧からの移民であるガラス製品を扱う商人の息子だった。医者を目指したのは、家の近くの公園で定期的に目にする光景に触発されたことも理由のひとつだった。近隣で癌治療をする偽医者、ドクター・ベンジャミン・バイを訪ねた患者たちが、そのあとで公園のベンチにすわって休んでいく。バイは、顔や首の癌を専門にし、焼灼性の泥膏をつかって治療していた。フィッシュベインは後に書いているように、そこで目にした「見るも無惨な患者の外見」を一生忘れなかった。頭に巻いた包帯から血がにじみだしていたという。そうしていたま、フィッシュベインは、(破滅を招く医師の名を冠した)ラッシュ医科大学に入学しようとしていた。シカゴで最も古い医科大学のひとつで、シカゴ大学と密接なつながりを持つ、米国医師会に聖別された由緒正しき学校だった。

一方ブリンクリーは、あらかじめどの学校に入るか決めてはいなかった。まず外堀を埋めることを考える性格から、いろいろな学校を見てまわることにしたのである。選択肢はいくらでもあった。

米国医師会から認可されたラッシュ医科大学は、逆症療法〔病気とは逆の状態をつくりだす治療〕と呼ばれる医学を教えていた。米国全土で知られている療法で、科学実験——実験室で薬を開発する——と外科手術を基礎にしている。しかし、逆症療法だけが当時の医学の主流だったとはとてもいえない。細かく枝分かれしているキリスト教の各宗派がそれぞれ異なる福音を教え諭すように、医学療法もまた、整骨療法〔オステオパシー〕、脊柱指圧療法〔カイロプラクティック〕、同種療法〔ホメオパシー〕、生薬治療などなど、定評があって成功を収めているものが多数存在する。そういったものすべてを米国医師会は憎悪し、糾弾したものの、それは階上の住人がしょっちゅう階下におりてきて騒音の苦情を申し立てるのと同じだった。つまり誰も耳を貸さない。免許制が廃止されて、素人医師が野放しになったのを危惧して、一八四七年に米国医師会が設立されると、医師になるための道のりは大きく変わったものの、現行のそれは混沌たる過程を、また別種の混沌たる過程に替えたに過ぎなかった。つまり、各療法の医師それぞれについて、ほとんどの州が独自の免許交付委員会を持っていたのである。これ以上に手ぬるく、不正のまかり通るシステムを人為的につくるのも難しいだろう。

ブリンクリーはいろいろ見てまわって、最終的にベネット折衷《せっちゅう》派医科大学を選んだ。全米でおよそ五千人いる開業医のうち、医師免許を持っているのは四パーセントという時代、折衷主義医療は主として、生薬による治療に期待をかけていた。そのすべてが詐欺だったわけではない。折衷主義医療は、瀉血や水銀による治療にずっと反対してきた。もっと信頼に足る学派がそういった治療を認めていた時代から早くもその弊害に気づいていたのだ。またこの折衷主義医療が提唱する植物に関する学説のなかには、時代に先んじていたものもあった。しかしそれと同時に、いいかげんな当て推量――米国医師会は「おばあちゃんの知恵袋に頼る民間医療や呪術医の治療に近い」といっていた――がたくさんあって、それゆえほかの学派より学習課題は楽で、学費が安かった。

ブリンクリーは二十五ドルの入学金を高利貸しから借りて、一九〇八年六月二十六日から大学に通いはじめた。

昼は学生、夜は電信技手という生活で、日が落ちるとダウンタウンにある〈ピッツバーグ・ジョー〉に寄って、十セントの夕食をかきこむ。厳しいルーチンだったが、周囲の証言では、それを勤勉にこなしていたらしい。そうして疲れを癒やすために酒を飲み、日を経るごとに酒量が増えていくという、シカゴ市民お決まりの道を彼もたどる。当時ここでは、一帯に広がる家畜飼育場のせいで飲料水に家畜の風味が混じり、病気になったり死亡したりする市民の数が異常に増加していた。健康被害から身を守るために、水代わりにアルコール飲料を飲む人間が増えていき、少なくとも、それが酒を飲む格好のいいわけになっていたのである。

そんな生活を三年も続けるうちに、過重な労働と酒に心身を蝕まれ、ブリンクリーは徐々に陰鬱な性格になっていく。彼が無宿者と卵の酢漬けを友に、ビールジョッキに鼻をすり寄せているなか、成功者たちはベネディクティン〔フランス産の甘いリキュール酒〕をすすりながら、窓の向こうに見える自身のヨットを眺めている。その頃には妻のサリーは、ギリシア神話のハルピュイアさながらに、ガミガミうるさいだけの女になっていた。性格の不一致が目立ってきたというより、問題は、どちらも相手を好きではないという単純な事実が判明したことだ。しかしサリーには、ブリンクリーという人間がよくわかっていた。ああやってむっつりしているのは、人生を大きく変える一発勝負に出ようと考えているのであって、「自己憐憫に浸ったあとで、必ず自信を取りもどす」、それが彼の強みだと後にサリーはいっている。卒業までまだ一年を残してブリンクリーは学校を辞めた。金が尽きたというのが本人の言だが、そうでなくても、いずれ辞めていただろう。ある種の人間にとって卒業資格は、いくらでもでっちあげられるものだった。

それから二年が経った一九一三年の早春、日が落ちる時分にブリンクリーは、あの有名なブレーヴォート・ホテル*のバーにいた。

そのときブリンクリーはシカゴのダウンタウンに暮らしていた。波乱に富んだ旅がはじまった場所からぜいぜい半マイルしか離れておらず、折々にミッドウエストまで散策の足をのばしていた。じつはブリンクリーは妻と子どもたちを捨てて——サリーとの離婚の手続きは面倒で取らなかった——旅に出ていたのだった。目的は本人にもわかっていない。二年のあいだ借金取りたちから逃げまわって鉄道を乗り継ぎ、事情が許せば酔っ払う。これといって何をするでもなく、セントルイスに数か月ほど潜伏していた。そうして一九一三年、齢二十七にして、とうとうシカゴへもどってきた。成功者になることを渇望しながら、依然として具体的な方策は何もない。

離れているあいだに、シカゴは様変わりしていた。風紀を建て直す聖戦のさなかにあって、安酒場や終夜営業のオイスターバーがその標的になっていた。しかしブリンクリーはもう社会の底辺で儲けるのにはすでに見切りをつけていた。どうせ人目を忍ぶ商売をしなければならないのなら、これからは社会の上層でやろうと思ったのだ。

ブレーヴォートはシカゴ屈指の高級ホテルである。ロビーはハーバードクラブ〔ハーバード大学の卒業生が利用できる社交場〕を何倍にもした広さがあって、えび茶色の革の肘掛け椅子と壮大なシャンデリアを備えている。ロビーに隣接するバーは、当時としても華美な造りの男性専用の空間で、クリーム、ローズ、グリーン、ゴールドの内装に、鏡張りの直線的な柱を合わせて、ヨーロッパの古い時代に流行《はや》ったロココ調装飾とは一線を画している。中央に設置された曲線が美しいバーカウンターには水晶の雪片がちりばめられていた。

懐事情からすれば、ブリンクリーには到底手が届かない世界だが、気分的にはぴたりとはまった。どこに目をやっても、彼が憧れてやまない人種が大勢集まっている。態度も声もでかい金持ち連中が、みな一様に太鼓腹を突き出して一ドルの葉巻を口にくわえ、アルコール度数の高い酒を片手に、景気のいい話で盛り上がっていた。

ブリンクリーとジェイムズ・クローフォードがここで互いを見つけたというのも、驚くには値しない。場に似合わぬ貧相な格好をした野心家ふたりは、ここでは嫌でも目につく。どちらにも連れはいない。クローフォードが片腕を失っているという事実も、ブリンクリーの医師魂に火をつけたかもしれない。あるいは、お互いの目のなかに、いかさま師特有の光があったのを見抜いたとも考えられる。

ふたりは酒を酌み交わした。クローフォードは二十三歳で、ミシシッピ州オックスフォード出身。狩猟の事故で片腕を失ったというが、たとえ腕が二本あっても、一廉《ひとかど》の人物にはなれそうもないとブリンクリーは早々に見抜いた。

＊一九〇六年にシカゴのループ地区に建てられた、街のエリートたちが集うホテル。

それでも話し相手にはなる。さらにありがたいことに、この男はつかえそうなのだった。

3

ブリンクリーとクローフォードが手を組んだとき、偽医者たちは危機に陥っていた。騒動のはじまりは、一九〇五年にアメリカの総合雑誌『コリアーズ』がサミュエル・ホプキンズ・アダムズの時代を先取りした告発を紹介したことにあった。「The Great American Fraud（アメリカの驚くべき詐欺）」と題したそれは、「売薬の儲けの手口と薬品業界が公衆にもたらした危険な被害の全貌を暴く」という宣言からはじまっている。そうして全米が驚いたことに、アダムズは宣言どおり、それをやってのけたのである。

「騙されやすいアメリカは、今年だけでも七千五百万ドルを売薬の購入に費やすことになる。この巨額の売薬には、大量のアルコール、驚く量のアヘン剤と麻薬、強い作用を持つ危険な心筋弛緩剤からはじまって、油断ならない肝臓刺激剤まで、さまざまな種類の薬品を基に無用の混ぜ物が驚くほど過剰にふくまれており、これは明らかな詐欺である」

全部で十一の記事を通じて、アダムズは売薬産業をぼろくそに叩く。ベンジャミン・フランクリンの義母と、その義母のつくった「かゆみに効く有名な軟膏」まで歴史を遡ってこき下ろしているが、強い非難の矛先は、同時代の怪しげな薬品づくりに携わる二百六十四の会社と個人に向けられ、すべて実名が公表されている。効能を謳っていながら、それらの薬に効き目はない。それだけならまだしも、アダムズが舌鋒鋭く糾弾するのは、重篤な健康被害をもたらす売薬だった。コカインやアヘンを無頓着につかうことで、「無垢な赤ん坊の身体を麻痺させ、有望な青年を犯罪者にし、うら若い淑女を売春婦にする」と彼はいう。さらに「ペインズ・セルリーズ・コンパウンド（二十一パーセント）」や「ホステッターズ・ストマック・ビターズ（四十四・三パーセント）」といった有名な薬品のアルコール含有率も暴露している。そういった売薬のなかでもベストセラーといえるのが、「全米で最も著名な特効薬」ペルーナで、これはシンシナティのS・B・ハートマン医師が製造している。ブリッジを楽しむ老婦人や、隠れ酒を嗜みたい御仁に大人気となって「ペルーナ酔い」なる新語まで生まれ、インディアン事務局が特別保留地《リザベーション》での販売を禁じたところ、ペルヴィナ、プルナ、ペリナ、アヌレプといった類似品が続々と世に出る運びとなった。アダムズの暴露記事が出てから一年もしないうちに、ハートマンは国税局から勧告を受けることになった。売り物に本物の薬を入れるか、そうでないなら「バーを開業」せよ。

しかし、『コリアーズ』に掲載された一連の記事（と合わせて、シカゴの食肉加工場に潜入したアプトン・シンクレアの小説『ジャングル』）に対する最も重要な反応は、一九〇六年に初めて、純正食品薬事法が制定されたことだった。この法律にも業界のネズミが隠れる穴を残しておいたのは議会のお約束。ともあれ、「無知は傷つきやすい異国の果実と同じで、ちょっと手を触れただけで新鮮さを失う」とレディ・ブラックネルがいうように、売薬のもたらす災禍が広く一般大衆の知るところとなったいま、偽薬の製造で楽に稼ぐ道は閉ざされた。しかも『コリアーズ』と足並みをそろえて、米国医師会では独自に詐欺防止部門を新設し、その牽引役に高校の元化学教師、ミルウォーキー出身のアーサー・J・クランプを迎えていた。

将来を画策していたブリンクリーとクローフォードは当然ここで考える。もはや強壮剤と銘打った偽薬などで小銭を稼いでいる場合ではない。エジソンの時代にふさわしい、何かこう派手に大儲けできる道を探そう。

時――一九一三年夏のある日。場所――サウスカロライナのグリーンヴィル。目抜き通りに沿ってごちゃごちゃと並ぶ表札や看板のなかに、最近仲間入りしたばかりの威厳に満ちたブロンズ製の表札。階段の一番下に設置されたそれには、こう書かれている。

「グリーンヴィル電気治療所」

治療所自体は、コーヒー通りとメイン通りの交差する角近く、靴屋の階上にあった。この先では、煉瓦造りの百貨店が紐やリボンや突っかけサンダル、糖蜜などを販売し、レストランの裏では、うだるような午後に自主休業にして外に出てきたふたり連れが、たいてい嚙みタバコをクチャクチャやって、ゴミにたかるハチに唾を命中させている。この界隈で知られている成功者に、シューレス・ジョー*がいるが、彼を除けばグリーンヴィルは、雨の日に靴を飲みこまれた人間が「こいつは肉食か」と悪態をつく、赤っぽい泥ぐらいでしか知られていない。

これより先に、ふたりはテネシー州のノックスビルに出かけている。そこではブリンクリーがかつて師と仰いだ上司が、まだ梅毒博物館を経営していた。ドクター・バークは寛大にも、クローフォードに二週間かけて、帳簿のごまかし方や顧客心理の操作法といった奥義を授けた。その返礼としてクローフォードは、活動を開始する際に彼の威信を借りてドクター・バークを名乗ることにした。ブリンクリーはブレイクリーと名を変える。それからふたりはいくつかの町に探りを入れ、このグリーンヴィルに白羽の矢を立てた。

まず床屋に行って髭と髪を整えてもらう。それから整髪料のベーラムの香りを豪勢に漂わせて、グリーンヴィルにある、つけで買える店を片っ端からまわる。衣類、家具、事務所、電話、いずれも買うなり借りるなりして調達。さらに通りをはさんだ並びで店をひらく薬剤師を訪ねて、薬や医療品をまんまとせしめた。この年配の薬剤師は旧弊を改めぬ輩で、憂鬱症の患者に水銀剤の丸薬を出し、いまだに裏側の棚からヒルを取り出して患者の瀉血を行っている。この男の隣に並べば、北からやってきたふたりは最先端医療の使い手に見える。おまけに、保守的であること間違いなしのグリーンヴィル――町を流れるリーディー川に橋をかける必要があるなら、神様がとっくにかけてくださっていると主張する人間もいた――でも、電気をつかった病気治療を支持する人間が増えてきていた。電気軟膏は全米で売られているし、電気ヘアブラシ、電気コルセット、電気ベルトとっ

＊サウスカロライナ出身の外野手。ホームランを打ったときにスパイクを脱いで走ったのでこのあだ名がついた。

たものが登場し、電気食品なるものまで宣伝されている（マグノ・エレクトリック・バイタライザーの生みの親、トマス・A・エジソン・ジュニアが一九〇四年に詐欺の罪で訴えられた事実を人々は知らなかったか、あるいは気にしなかった）。そしていまブリンクリーとクローフォードのおかげで、グリーンヴィルにも電気治療所ができた。デイリーニューズ紙に掲載した彼らの広告は、全男性への露骨な挑戦という形を取り、これを目にした男はみな、ズボンの中身を覗くか、自分の下半身に目を落とすことになる。

「きみは男としての自分に自信を持てるか？」

これに対する答えは、うれしいことにほとんどが「ノー」だった。それで、ブレイクリーとバーク、ふたりの医師のもとに、悲嘆にくれた男性の一群が毎朝自信なげにやってくることになった。職種は銀行家から農家までさまざまで、若い盛りもいれば、目もかすんできた年寄りもいる。混雑した待合室にすわり、天井からぶら下がるハエ取り紙の下で、ほとんどがむっつり黙りこんでいる。自分の名前が呼ばれると、机の前まで歩いていって、そこでドクター・バーク、本名クローフォードから問診を受ける。南部訛りで片腕を失っているところから、この先生も南部の同志として傷つき苦しんだのだろうと患者は親しみが湧いたかもしれない。

ドクター・バークは患者にいくつか質問をしてメモを取った後、手を差しだして二十五ドルを受け取る。費用は高額だった。そこから患者は治療室へ向かう。治療室ではドクター・ブレイクリー

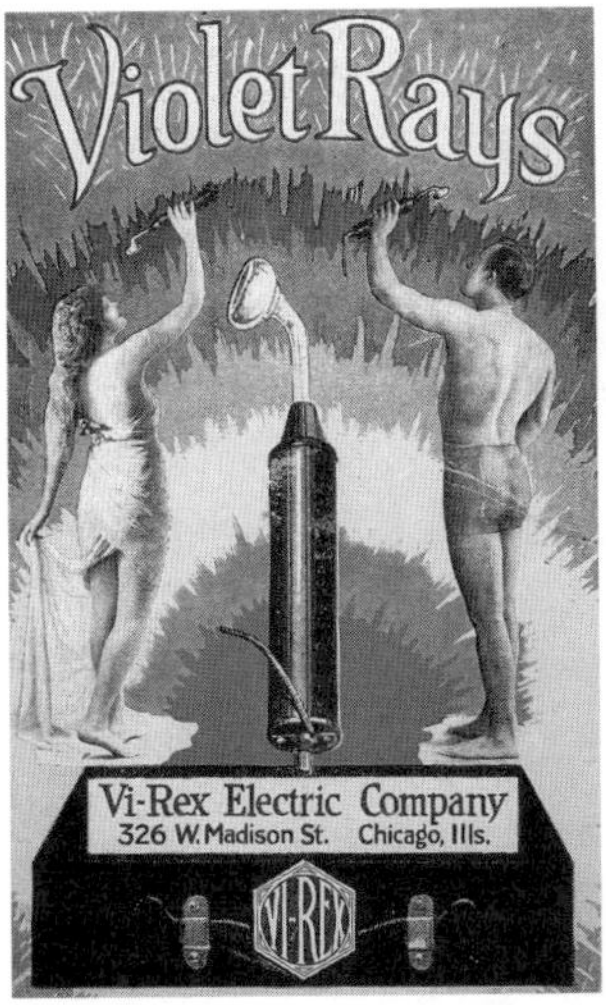

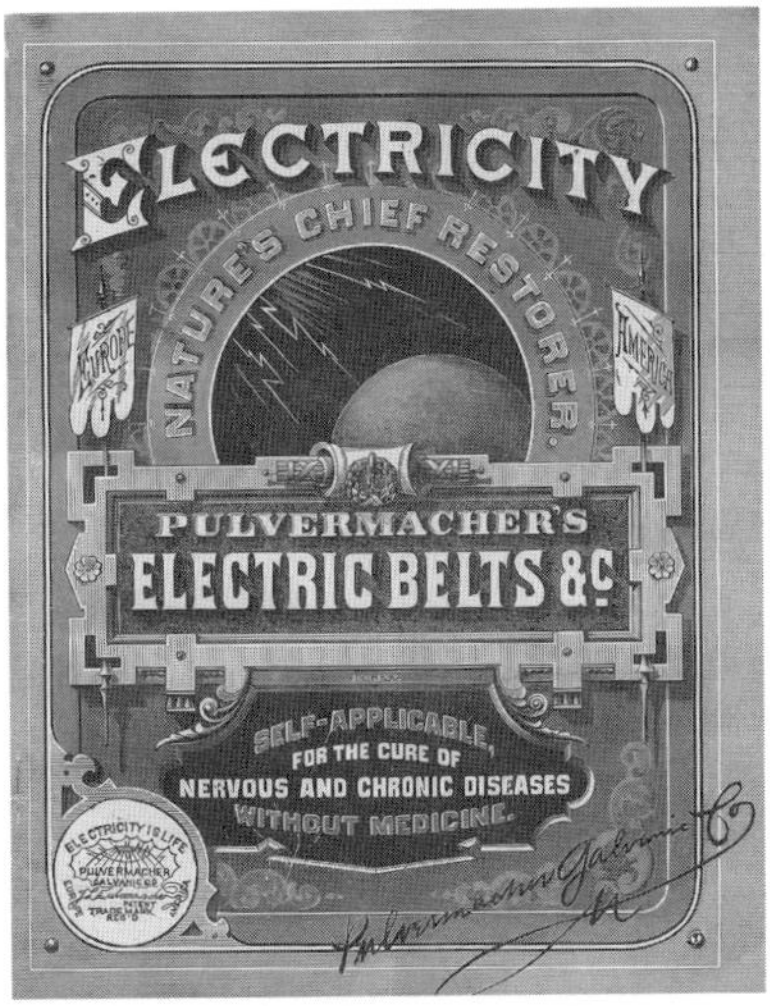

左図：「バイオレット光線で個性、魅力、活力増進！」電気には、あなたをいっそう輝かせる効果が期待できる。右図：最新の死刑技術として流行した電気は、あらゆる病気の治療法としてももてはやされ、ブリンクリーは1913年に自分が「電気医」であると称した

が午前中いっぱいかけて、次々と訪れる患者の尻に色水をせっせと注射している。それはなんですかときかれれば、ドイツ産の電気薬品だと答えるのみ。

七月の下旬になって、ふたりは町からずらかった。どれだけの金を稼いだのかはわかっていないが、地元紙の報道によると、三十人から四十人の商店主が、つけを回収できずに頭を抱えたらしい。

メンフィスに知っている女の子たちがいるとクローフォードがいったひと言がきっかけで、ふたりはミシシッピで途中下車した後、メンフィスで骨休めをすることにした。暑さを勘定に入れても、娯楽を十分に楽しめる町で、周辺には綿花畑や蒸気船といった観光スポットもある。町にはカンカン帽とストライプのネクタイがあふれ、白いロングドレスを着た女性が大勢いて、まるで花嫁でいっぱいの町のようだった。

そんな町でブリンクリーはミネルヴァ・テリサ・ジョーンズと出会った。ミニーことミネルヴァは、おそらく以前にクローフォードと親交があったと思われ、このとき二十一歳だった。地元の著名な医師の娘で、川船に乗ってダンスに出かけるのが好きだった。写真を見ると明らかなのだが、このミニーには不思議な特性があった。魅惑的な女性と、すきっ歯の田舎者、ふたつのまるで違う側面を持っていて、そのどちらもが好ましい。少なくともブリンクリーの目にはそう映ったようだ。

一九一三年八月二十三日、出会ってわずか三日で、ふたりはピーボディ・ホテルで結婚式を挙げた。ティベリウス・グラックス・ジョーンズ医師とその妻、そしてこれまたティベリウスという大層な名のミニーの兄も列席した。クローフォードが新郎の付き添い人を務める。この佳き日を台無しにしないため、自分にはすでに妻がいることを、ブリンクリーはミニーにはもちろん、誰にもいわなかった。

打ち明けたのは西部へ出かけたハネムーンの最中だった。ミニーからは、いっしょに問題を解決しましょうとありがたい反応を得たものの、帰ってすぐミニーが父親に話したところ、激怒された。そうこうするうちに、グリーンヴィルの保安官が現れたのである。

統計的に見て、これは異例のことといっていい。当時、州をまたいで警察が動くのは難しく、めったにないことだった。殺人事件でもなければ、まず動くことはない。しかし、ブリンクリーとクローフォードの場合、詐欺の手口があまりに巧妙だったため、グリーンヴィルの多くの住民を怒らせてしまった。デイリーニューズ紙によれば、「被害者らは電気治療を施された際の熱気で身体に麻痺が残った」という。金を失ったことよりも、騙された事実が悔しく、被害者らはなんとかして復讐を果たしたかった。

ヘンドリックス・レクター保安官は、四十ドルの報奨金を約束する指名手配ポスターを全国の警察署に郵送し、電話で追跡調査をした。そしてとうとう、ノックスビルの当局がブリンクリーと思われる人物をつきとめた。本物のドクター・バークとの線から明るみに出たのは間違いない。テネシーで集中的な捜査がはじまった。

一九一三年十二月八日、レクター保安官は、新郎――悪いのは全部クローフォードだといいはった――に手錠をはめると、グリーンヴィルに連れ帰るべく列車に乗った。夜を徹しての旅で、そのあいだずっとふたりは手錠でつながれている。暗がりのなか、ほかの乗客はいびきをかいたり、靴箱のなかに入れてきた弁当を食べたり、停車駅で窓からフライドチキンやジンジャーケーキを買ったりしていたが、囚われの身には食べ物も提供されない。

グリーンヴィル刑務所はリトル・シベリアという名の方がよく知られている。空き瓶の転がる雑草だらけの空き地に石の山を築いたような建物だった。窓はどれも小さく汚れていて、通りに面した窓のひとつはガラスが割れており、寒気を閉め出すために枕でふさいであった。独房は二階にあって、こちらは文字どおりの野ざらし。ガラスはなく、鉄柵があるだけだった。

つかまったブリンクリーは、文書偽造と、無免許で医療行為に手を染めた罪を問われた。

妻から遠く離れて鉄の簡易ベッドでクリスマスを過ごすのは、ブリンクリーにとってまさに艱難《かんなん》辛苦《しんく》といえようが、少なくともひとりで耐えずには済んだ。彼が提供した情報のおかげで、クローフォードがカンザスシティで見つかったのである。そこで相棒はパン屋の販売員をしていたという。ブリンクリーがここに到着した十日後、クローフォードもやってきて、通路をはさんだ向かいの独房に入れられた。釈放にはどちらも三千ドルの保釈金が必要だった。

夢に描いた女性と結婚してわずか四か月で、重婚者、偽造者、偽医者の罪に問われて収監された。おそらくこの経験によってブリンクリーは、スカーレット・オハラと同じ決意を固めたのだろう。これ以降彼は、刑務所入りをことごとく回避する才能を発揮していく。

4

一九一二年にモリス・フィッシュベインはラッシュ医科大学を卒業した。在学時には、名のある教職員に気に入られて、大いに幅をきかせていた。シカゴ病院で外科部長を務めていたハンガリー人の医師、マックス・ソレックも彼に目をかけたひとりだ。そうして準備万端で社会へ出ることになったのだが……さて何をしよう？　フィッシュベインは決められない。病理学と小児医学のあいだで迷いつつ、特に専門を決めずにマコーミック感染症研究所で働くこと数か月。しかし蓋をあけてみれば、専門を決める必要はなかった。それ以降彼は、患者の世話から一切手をひくことになる。一九一三年八月（ブリンクリーが結婚した月）、フィッシュベインは米国医師会の発行する臨床雑誌『ジャーナル・オブ・ジ・アメリカン・メディカル・アソシエーション』（通称ＪＡＭＡ）の編集助手という臨時職をオファーされる。先方が彼に目をつけた大きな理由は、その速記の腕だった。ほんの腰掛けのつもりだったこの職が、フィッシュベインをひとつの大仕事に駆り立て、それが生涯専心するライフワークへとつながっていく。すなわち、当代随一の偽医者バスターという奇抜な肩書きで、後にブリンクリーの臭跡《しゅうせき》を追う地獄の猟犬になるのである。

ディアボーン通りに建つＪＡＭＡの質素な事務所に、二十四歳のフィッシュベインは知識を即座に吸収する知性と、写真のように鮮明な記憶力を持ちこんで、当時世間を賑わせていた医療の大きな課題に取り組んでいった。とにかく早口でよくしゃべる（「いうべきことがたくさんあるから」というのが本人の言）。この話題では、一般読者は食いついてこないんじゃないか、とジャーナルの記事について苦言を呈されると、「信じられないというように、目をまん丸にした」と同僚のひとりがいっている。すでに禿げ上がってジャガイモのようにも見える頭のフィッシュベインは、

「早熟といってよく……自分が会ったときにはまだその器ではなかったものの、いずれＪＡＭＡを背負ってミスター・米国医師会と呼ばれる日もそう遠くないと思えた」と、当時彼に出会った人物は評している。

フィッシュベイン自身は、アーサー・Ｊ・クランプに感服していた。『コリアーズ』の告発記事の反響を受けて、米国医師会の調査部門の長となった男である。物腰が柔らかく、神経質、休みの日には野鳥観察をするときけば、線の細い男だと思われるかもしれない。しかしミルウォーキーで高校教師をしていた時分、偽医者に診せたばかりに幼い娘を失って以来、そうした不埒な輩を全滅させることにクランプは生涯を捧げていた。一九〇六年から医療詐欺を暴き立てる記事を精力的に書いている彼だが、ばかげたことを楽しむユーモアのセンスもあって、新しい標的を攻撃する前に、『不思議の国のアリス』の一節を読むのが好きだった。本人いわく、やる気が出るそうだ。

ある日のこと、クランプは新しくやってきた編集助手に、売薬の膨大なコレクションを見せた。まるで頭蓋骨の洞窟か、ジェファーソン大統領のワインセラーに足を踏み入れた心地がして、さすがのフィッシュベインも言葉を失った。クランプの机には、最近彼が見つけて槍玉に挙げようと考えている「カルドゥイのワイン」の瓶が立っている。アルコール度数十九度の「子宮鎮静剤」で、子宮の不調を改善するといった効能を謳っている。これが詐欺であることをふたりは力を合わせてＪＡＭＡの記事で暴き、その後二十年以上にわたって続くパートナーシップのこれがはじまりとなった。師弟関係から始まったが、最終的にはクランプが、デューク・エリントン〔ジャズ作曲家・バンドリーダー〕に対するビリー・ストレイホーン〔ジャズピアニスト・アレンジャー〕と同じ役割をすることになる。舞台袖でマエストロの演奏を助けて盛り上げる、腹心となったのである。

貸した金を回収できなかった人間は無数にいて、それが詐欺師たちには有利に働いた。弁護士たちは訴えをひとつの和解案（総額数千ドルを支払う）にまとめ、それをグリーンヴィルの商人たちが受け入れた。クローフォードはふたり分の保釈金のほぼ全額を支払い、その相棒はというと、出す金が無きに等しい。ミニーの父親が電信で二百ドル送金してくれたのは、娘の懇願に負けたか、あるいは先見の明があったかのどちらかだろう。というのも、後に大成功を収めると、ブリンクリーはこの義父とミニーの兄と妹をすべて社員にするのである。グリーンヴィルの騙された商人たちがどれだけの金額を手にしたかは記録に残っていない。おそらく詐欺にひっかかった事実を恥じて、声高に話すのをためらったのだろう。

十二月三十一日、取引に署名がなされた。「一刻も早く町から逃げようとあわてるあまり、ブリンクリーもクローフォードも荷物を刑務所に置きっぱなしにした」とデイリーニューズ紙が書いている。ふたりの協力関係はここで終わりを告げた。

メンフィスでは、ミニーが誠実なジュリエットよろしく、ブリンクリーの帰りを健気《けなげ》に待っていた。それから三年、まだ正式な夫婦にはなっていないまま、ふたりはカンザスとアーカンソー、ふたつの州を放浪し、そのあいだはブリンクリーが旅まわりの医者として働くことで、なんとか暮らしを立てていた。オズの魔法使いに出てくるかかしの脳と同様に、ブリンクリーに足りないのは医師免許だけだったが、最終的に金を出して手に入れた。一九一五年の五月七日、カンザスシティの電気医科大学（略称EMU）は彼に、ドクター・デイト・R・アレグザンダーの署名した免許を授与。ブリンクリーはEMU（裁判記録には、「正体のはっきりしない組織で、いくらでも融通が利くが、ずいぶん前から機能していない」とある）の卒業生になるために百ドルを支払い、その結果八つの州で医師としての活動を認められることになった。

最初はアーカンソー州ジャドソニアで開業医になろうとした。客を集めるために、彼にはちょっとした秘策があった。折々に貸し馬屋から馬を一頭借り、急ぎ往診に呼ばれたかのように、馬を駆って町から颯爽と出て行くのである。しかしこれはうまくいかず、また別の土地へ移るしかなかった。それでも離婚手続きのほうは完了し、晴れてミニーと正式な夫婦になることができた。ふたりがどれだけ愛し合っているかを証明するように、その後も長きにわたって安泰な結婚生活が続くことになる。

一九一六年の数週間、ブリンクリーは「医師兼事務員」としてカンザスシティの食肉加工場に勤務している。暇な時間には、雄ヤギが交尾しているのをじっと観察した。数分後には食肉にされるというのに、これはまたどうしたことか。一考に値するとブリンクリーは思い、後に彼は、雄ヤギの「旺盛な性欲」に胸を打たれたと書いている。ヤギはほかの家畜に比べて病気になりにくいと、食肉検査官からそんな話もきいた。

雄ヤギたちを凝視しながら、ブリンクリーはどこへ向かうとも知れぬ焦燥感に胸を焼かれていた。自分はいま三十一歳。無名のまま世間に忘れ去られていいのか？　あの偉大なドクター・エイブラムズ——サンフランシスコのアルバート・エイブラムズ——のようになりたいと、そう思っていたのではなかったか？　エイブラムズこそ、怪し気な医療の世界で当時最も凄腕と謳われた人物だった。古典的なヴァンダイク髭と黒いリボンのついた鼻眼鏡がトレードマークの彼は、一九一〇年に出版した『脊椎療法』で一世を風靡した。「指先でもハンマーでもいい、背骨を一定のリズムで素早く叩くこと」で病気の診断と治療は可能になるというのが彼の主張だった。まもなく、そこに新たな工夫が加わった。「発電活性装置」という針金のついた箱をつかうのである。まず患者の血液を一滴、箱のなかに入れる。それから別の健康体の人間に西を向かせ、その頭にたくさんの針金を接続する。この健康体の人間の腹部をタッピングすることで、ドクター・エイブラムズは患者の病気に診断を下すだけでなく、患者の信じる宗教まで当ててしまうという。後にこの装置は「オシロクラスト」と呼ばれるものに替えられる。改造したインチキ装置で、これをエイブラムズは量産して、同業者に貸し出すこともしていた。

つまりブリンクリーが憧れていたのは、こういった華々しい活躍だった。怪し気な目的につかうさまざまな振動計、スペクトロクロム脳下垂体刺激剤、足踏み式の乳房拡張器などなど、突拍子もない発明品のどこかに成功の鍵が眠っている。そうブリンクリーは信じていた。

5

テキサス州エルパソの北東にある軍用地フォートブリスで、ジョン・R・ブリンクリー中尉は医務室で腹ばいになって、苦悶の息をついていた。

一九一七年の夏、まだ侵略を試みようという野蛮人たちの姿はさし迫ってはいなかったが、それでも気の滅入ることにブリンクリーは徴兵され、第六十四歩兵連隊付きの医師としてここに送られた。後に本人が思い出して語るところによると、その仕事は極めて大変だったらしい。「普通なら十人でやる仕事をひとりで引き受けていた。二千二百八人の新兵を擁しながら、医療物資も衣類も何もない。自分が唯一の軍医官で、昼も夜も身を粉にして働いた。総員にワクチン注射を打ち続ける一方、連隊の衛生環境にも気を配る……受け持ちの新兵たちは、腸チフス、天然痘、麻疹、髄膜炎など、あらゆる感染症でバタバタと倒れていき、外科手術が必要となれば自らメスを手に握る一方、兵舎にいる患者、病室に置いている患者をひとりひとり訪ねて治療し、報告書を書き上げ、さらに週に二回、翌朝六時に陸揚げするからその準備をしておくようにとの命令を受け……これをたったひとりの医務官がすべてこなしているのだから、八月に入って極度の疲労で身体を壊し、病院に運ばれたのも不思議はない」。回復すると、「外科医から障害者の認定書」をもらい、それからは

「ボランティアとして、政府に奉仕した」と本人は書いている。

じつのところ正式な記録には、従軍していた二か月と十三日の半分以上の時間を彼は医務室で寝て過ごし、自分は「直腸瘻《ろう》、それも複数箇所」にそれがあると症状を訴えていた。それで、つかいものにならないとなって、八月に解雇されたのである。

手持ちの最後の数ドルも尽きた頃、ブリンクリーはある新聞広告に目を留めた。人口二千人を擁する、カンザス州のミルフォードという町が医師を探しているというのだ。さっそく中古の古い小型車に荷物を積んで夫婦そろって出発し、一九一七年十月七日に現地に到着した。町のはずれでブリンクリーがブレーキをかけると、車が身震いしてとまった。ミルフォードはふたりに嘘をついていた。人口は二千人ではなかった。どれだけ多く見積もってもせいぜい二百人。

ウィチタの北九十五マイルに位置するこの町は、米国における地理上の正確な中心から十マイルのところにあって合衆国のへそといってよく、旅行者の興味を掻き立てて当然だった。一八五九年にこの地を訪れたジャーナリストのホレイス・グリーリーは、水牛がそそくさと通り過ぎていったと書いている。「そうでなかったら、こんなところはさっさと出て行ったほうがいいと、こちらから牛に忠告しただろう」と。その時代から町は二ブロックまで成長し、一度思い切った勝負に出て、こともあろうに一九〇四年にセントルイス万国博覧会でつかわれた大きな建物をここに移築したものの、現在もからっぽのまま放置されて見向きもされない。汽車の停車場はトウモロコシ畑のなかに埋もれている。

ミニーはミルフォードをひと目見るなり、涙にくれた。

しかし、来てしまったからにはしょうがないと、ふたりは腕まくりをした。ブリンクリーは二部屋を借りて、正面の部屋を商売につかうこととして、奥の部屋に鉄のベッドを置いた。ドラッグストアのようなクリニックを開業したものの、それから数週間もすると、夫婦それぞれで名をあげようということになった。ブリンクリーは何マイル先までも往診に出かけて雪の日も休まず、ミリーは助産婦として外で雇われた。しかしそこまでやっても、生活はかつかつだった。

そんなある日、農場で働く四十六歳の男性、ビル・スティッツワースがこのクリニックのドアを叩いた。大柄で、ひげ面の顔にくしゃくしゃの帽子をかぶっている。やってきた目的は、どう考えても受胎告知ではなく、この男が大天使ガブリエルだとはとても思えない。少なくとも初対面の印象はそうだった。

「頼みがあるんだ」椅子にすわるなり、スティッツワースがいった。「見た目じゃあ、どこが悪いのか、わかんねえよな。見るからにたくましい大男だ」

ブリンクリーはうなずいて、顎髭を撫でる。いまとなってはもう癖になっていた。

「だが、俺はもう終わってんだ」患者は思い切って切り出した。「ムスコがまったく立ちゃしねえ。情けないったらねえ」

それからとうとう、事情を事細かに説明しだした。

ドクター・ブリンクリーは正直に答えた（おそらく、この土地にはもう少し長く腰を落ち着けていたいと考えたのだろう）。過去数年にわたって、「血清や薬剤や電気」を試してきたが、そういう症状に対しては、何一つ効かなかった。こればかりは治療法がないのだと。

しばしふたりは、窓の外をじっと見ている。

「俺にも、ヤギのキンタマと同じもんがついてればなあ」農夫はいって、家畜の旺盛な性欲に思いを馳せる。


そのあと実際にどんなやり取りがあったのかは諸説ある。一九三〇年代に、自身の宣伝のためにブリンクリーが人に頼んで書かせた幻想と妄想の伝記『ある男の一生』ではこうだ。「医師は半眼になって、よくよく考えた……そしておもむろに、首をゆっくり横に振った。彼は父親から倫理規範を叩きこまれていて、いかなるときでも誠実な行動を心がけよ、とりわけ本当に正しいものであるという確証がない限り、治療行為に手を染めてはならないと厳命されていたのだ」

農夫はもう必死で、懇願の口調がやがて威嚇に変わってきた。ためらいながらもブリンクリーは反対を唱える。万が一間違いが起きたらどうするんです？　しかしこの患者はノーという答えを受け付けようとしない。医師はとうとう折れて、ならばやってみましょうと答えた。

それがブリンクリーの側の説明である。スティッツワースの家族は、金を出すといいだしたのは医師のほうだと主張している。もっと金を出すから、数百ドルで実験台になってほしいと申し出たというのだ。いかなる経緯があったにせよ、ブリンクリーにすれば、それは成功への切符に違いない——もちろん、うまく行けば、の話なのだが。大きな夢を実現しようと考える人間のつねとして、ブリンクリーもまた市場規模をいつも気にしていた。たとえば、癌患者が病人のなかに占める割合はがっかりするほど小さい。しかし、生殖器が用を為《な》さないというのは、日差しを放出できない太陽同様、人間にとって死活問題であり、治療に望みをかける患者は大勢いるはずだ。医師の看板を掲げるのに、こんなにいい市場がほかにあるだろうか？

とりあえずいまの段階では、医師も患者も世間に知られたくなかったので、二日後の夜、ミルフォードの町が眠っているあいだに、スティッツワースはこっそりクリニックにやってきた。するりと服を脱いで手術台に上がる。そこへ、マスクをつけ、手術用のガウンを着用し、ゴム手袋をはめたブリンクリーが、聖餐式のパンを運ぶように、小さな銀のトレーを両手で捧げ持って近づいていく。トレーの綿のベッドの上にはヤギの睾丸がふたつ。ブリンクリーはトレーを置くと、麻酔の用意をし……。

十五分もかからずに手術は終わった。医師か農夫か、どちらかが相手に金を支払ってから、農夫は家に帰った。

それから何日かが過ぎた。医師の心のなかで、金儲けのチャンスと恐怖がせめぎ合う。そして長い二週間が過ぎたところで、農夫が満面の笑顔でまたやってきた。

いまやこの治療は公然の秘密となった。スティッツワースが噂を広め、また別の三十八歳の農夫が物は試しとやってきた。成功！　地元民がほかにも次々とやってきた。床屋のチャーリー・タサンもそのひとり。ミセス・スティッツワースは、ヤギの子宮でも同じことをしてほしいといってきかない。

「(ブリンクリーも)薄々わかってきた」と伝記の執筆者、クレメント・ウッドが書いている。「自分は並みの医師とは違って天賦の才を与えられている」――そういう尊い医師は、米国医師会の

「嫉妬深い臆病者たちのルール」に縛られてはならない。

数週間後、ブリンクリーは外科手術を学び直すため、シカゴへ行った。教わるのは、かつてモリス・フィッシュベインを指導した教授、マックス・ソレック医師。しかしブリンクリーは落第した。教授が後に語ったところによると、「アルコールに溺れて授業にちゃんと出てこない。酒にはもう手を出さないで、もっと価値あることに力を注ぎ、人間として、医師として、自身を向上させなさいとたしなめたものの、『わたしには、とっておきの切り札がありましてね。いずれ全世界がそれを耳にすることになるでしょう』と、そういうのである」

6

一九一七年十一月に、農夫のスティッツワースにメスをふるったブリンクリーは、内分泌腺《ないぶんぴつせん》移植の先駆者となった。しかし、これに目をつけたのは彼ひとりではなかった。加熱するメディアが大衆を煽り、「突破口」を見つけたと競って喧伝するひと握りの科学者たちに鼓舞されて、生殖機能の「若返り」が世界的に大流行する兆しが見えてきたのだ。方法に違いはあるだろうが、人類史上、最も偉大な発見に遭遇したという点で、科学者たちの意見は一致している。人類は、生殖能力のみならず、若ささえも手に入れられるとば口に立ったというのだ。

さようなら、ヨーグルト。一九〇八年にノーベル生理学・医学賞を受賞したイリヤ・メチニコフは、不老長寿の食品としてヨーグルトの効能を盛んに喧伝し、マンハッタンのビジネスマンが重役会の席でポケットから濃縮ヨーグルトのチューブを取り出してひと呑みする風景があたりまえになった。それで寿命が延びると、みな信じていたのだ。一方、イェール大学のフットボールコーチ、ウォルター・キャンプは、日課として行う体操で同じように不老長寿の効果が得られると謳っていた。しかし、メチニコフもキャンプも、宣伝に偽りありというべきか、ともに七十歳前後に亡くなってしまい、新たな魔法が取って代わるようになる。ごく一部の健康マニアに留まらず、今度はそれが幅広い層に浸透していく。

生殖機能に活を入れるという考えは、ジャズエイジ〔米国で第一次世界大戦の後を受けジャズが流行した退廃的な世相〕と呼ばれた時代に、ごく自然に受け入れられた。戦争の恐怖が終わって、男も女も虫取り網を持って快楽を追い求め、効能があるといわれればなんでも飲み下す。たとえばロイヤルゼリー、そしてヴァイタリティ・ヴァインと呼ばれる蔓《つる》植物から抽出した「ペガ・パロ・カクテル」。しかし、単なる快楽の追求ではない、もっと切実な思いで、そうしたものに期待をかけた者たちもいた。数百万の若者が戦場で命を落とし、社会で最も活躍できる世代が、西洋社会（とりわけヨーロッパ）からすっぽり抜け落ちた。その巨大な空隙を埋めるために、当座は年配者が頑張らねばならない。引退は先延ばしにして働き続け、可能なら子どももつくってほしいというのが社会の要請だった。なかにはこれを、自分たちの階層の義務だと考える者もいた。堕落した若者の子孫たちに、白人の未来を奪われては困るというわけだ。つまり若さを取りもどすことは時代の精神であり、なかでも真っ先に取り組むべきは男性機能の回復だった。

太古の昔から人類がぼんやり夢に描いていたことが、ここに来て急務となった。二足歩行で立ち上がったときから、ペニスもなぜ同じように立たないのかという問題が人類を悩ませ、この問題をなんとかして解決しようと、さまざまな研究が行われてきた。世界で最も古い医学文献として知られる、いわゆるエドウィン・スミス・パピルスは、紀元前十七世紀に書かれたもので、古代エジプトにおける外傷手術の様子が驚くほど理路整然と記されている。しかし裏を見るとそこには、「老人を二十歳の若者に変える呪文」といった言葉が記されているのである。古代ギリシアでは、テオフラストス〔植物学の祖といわれる〕という哲学者がサティリオンと呼ばれる薬草を推奨したところ、たちまち取り尽くされて絶滅したという。それに続く数世紀には、クローブや生姜が推奨されたほか、ロバの乳で睾丸をマッサージするといったことが各時代に流行した。イングランドでは一〇〇〇年頃、男たちが「ラブ・ブレッド」（裸の処女たちが畑を跳ねまわったあと、反時計まわりに収穫した小麦をつかったパン）なるものをむさぼり食っていた。中世には、弱ったペニスの潤滑剤として、ラクダのこぶに入っている脂肪を溶かしたものが好まれた。

しかし、もうそんなばかな真似はしなくていい。人類はとうとう叡智を見つけた。サイエンス！テクノロジー！　ここに至ってそれらが新たな信仰対象になったのだ。人類のはじまりはアダムではなくサル。世界を支配するのは合理性。空飛ぶ飛行機もインスタント・コーヒーも、すべて合理性の賜物《たまもの》。しかし、その合理性が、偽医者の黄金時代をも生み出したことに、気づく者はほとんどいなかった。

というのも、科学が次々と不可能を可能にしていったことで、人々はなんでも信じやすくなったのだ。少なくとも電気なら、光を生み出すから目にすることができる。しかし、一九二〇年代に入って、量子物理学やソナー〔音源を用いた探知〕のような目に見えないものを対象とする学問が生まれた。カリフォルニア州パサデナにあるウィルソン山観測所では、ペティットとニコルソンの両教授が、熱電対〔異種金属の接合を用いた温度センサ〕という驚くべき新装置を生み出したおかげで、火星が人類の居住に適することを証明した。ジャックハンマー！　原子核破壊！　目眩《めまい》を起こしそうな驚異の数々が現実になる世界では、もはや不可能はないと思えてくる。その結果、平均的な市民は大口をあけたニシンのように、なんでも真実だと思って呑みこんでしまうようになった。ある時代に人々がどれだけ信じやすかったかを測るものさしのひとつが、その時代に間違いなく存在するとされた謎の生物の数である。ふたつの大戦をはさんだこの時代、さまざまな生物の目撃情報があって、その探索が盛んに行われた。たとえば、スノリゴストス〔アメリカの沼地に棲むという巨大なワニに似た生物〕、オゴポゴ〔カナダの湖に棲むという海蛇に似た怪獣〕、オーストラリアン・バニヤップ〔アボリジニの伝説に出てくる沼沢に棲む怪物〕、ワーリング・ウィンプス〔テネシー州の山脈にいるというゴリラに似た動物〕、ルーベラード〔ワシントン州に生息するとされるセンザンコウに似た動物〕、ラッカボア〔片脚が伸びた丘陵に棲むというイノシシの一種〕、クロスフィーステッド・スニー〔極寒の凍土で繁殖するという鳥〕といったものである。

医学の驚異も同様に、なんでもかんでも信じられた。金属製の機器を頭に装着して鼻づまりを治し、癌の治療にラジウムを飲用するといったことが、当時の理論にすべてあてはまったのである。なかでもあっさり信じてしまうのが科学者自身だった。形成外科や整形外科が発達（多くは戦争に起因）すると、「生物学の知識により、われわれは肉体の老化を思い通りに調整することができる」日が来ると予測するジュリアン・ハクスリーのようなイギリスの科学者も現れ、同時代の多くの科学者が彼に賛同して、その日はまもなくやってくる、来年にも、来週にも、と考えるようになった。医学と衛生学の発達によって、すでに米国の平均寿命は飛躍的に伸びている。一八七〇年には四十一歳だったのが、一九二〇年代初頭には五十五歳を超え、いまとなっては天井知らず――聖書に記された寿命[*]が現実になる可能性があるという研究者もいる――、それもこれもすべて、愛すべき生殖腺と、内分泌学という勇ましい新科学のおかげだった。

ホルモンを分泌する器官、すなわち内分泌腺に関する斬新な研究は、顔の両側に髭を長く伸ばした生理学者でハーバード大学の元教授、シャルル＝エドゥアール・ブラウン＝セカールの、奇想天外な発想から芽生えた。国の内外で高い評価を受ける研究を長きにわたって続けた後、彼は一八八〇年の末にその道をはずれた。七十歳を過ぎて、「かんしゃく持ちになって生殖能力が衰え、胃腸障害と泌尿器障害」（別の医師の説明による）に苦しんだために、パリに構えた小さな研究所に引きこもって世間から忽然と姿を消した。しかし一八八九年六月一日、フランス生物学会に再び現れた彼は、その講演で世間を大いに沸かせることになる。自身の身体に犬とモルモットの睾丸乳剤を注入して、時の翁を征服したと発表したのである。「すべてががらりと変わった。そうして自身に備わっていた力を余すところなく取りもどした」とブラウン＝セカールはいう。すなわち、性的能

＊聖書の創世記には、初期の人間はほぼ千年生きていたと記されている。

力と、そんなものがあることも忘れかけていた「排便能力」の両方を取りもどしたというのだ。

これに対する聴衆の反応はといえば、「不信と激怒の嵐」だったと伝えられている。しかし、もっと広い世界ではそんな抵抗には遭わなかった。パリのル・マタン紙は即座に、若返り研究所創設の資金調達のために、定期購読者を募集。定期購読者はその研究所で、偉大なる「睾丸液」の接種が受けられるという触れこみだ。さらに数週間もしないうちに、薬剤師組合が、スペルマインと呼ぶ独自の混合物を発表する。「精液、子牛の心臓と肝臓、雄牛の睾丸」に加えて、部位を特定しない「アルコール漬けにした解剖標本の表皮」の一部を混合したといい、これを接種すれば「ブラウン＝セカール博士が認めたような活性化作用が得られる」とのこと。ほかのメーカーも同様の製品を生産しだしたが、科学者が追試実験をしたところ、ブラウン＝セカール博士が認めたような結果は生まれず、その手の市場は一時的に勢いを失った。

ブラウン＝セカールの発見は精査によって破綻したものの、その努力は決して失敗ではなかった。その後数十年も大勢の偽医者たちの懐を温めたばかりでなく、ちゃんとした科学者たちの興味を引き、彼の主張はどことなく本当らしく思えるという——正しい——直観を導き出させたのである。すなわち、活力と筋肉量を増やす鍵は、生殖腺の分泌のどこかに潜んでいるのであって、それを見つけることさえできればいいのだと、そう信じられるようになったのである。つまり教授の間違った思いこみはナイルの源流であって、そこを源に、それ以降数十年にわたって生殖腺の研究が盛んになり、一九三〇年代に生まれたテストステロンの分離と合成のような画期的な出来事につながって、蛋白《たんぱく》同化ステロイド、すなわち筋肉増強剤のドーピングといった事件も生まれる。ブラウン＝

セカールという木の実から、堂々たるオークの木が育つことになるのである。

しかしながらブラウン゠セカールの研究の追跡検査も、初期の段階では科学者たちの情熱に反して手がかりはまったく見つからなかった。ブラウン゠セカールの間違いは、乳剤をつかったところにあるという仮説も出た。乳剤では十分な効力が得られないというのだ。だったら、生殖腺自体をいじったなら……という考えから研究は一気に勢いを増し、一流の科学者たちが熾烈な競争を繰り広げるなか、ちょうど第一次世界大戦の時代に、競合するさまざまな「発見」の最初の波が訪れる。

ＪＡＭＡに入ってまもなく、モリス・フィッシュベインはシカゴの通りで医師のＧ・フランク・リッドストンに出くわした。イリノイ大学の泌尿生殖器外科に所属するリッドストンは、専門分野の深遠な著作以外に、『はったり屋ジム』、『紳士たち』、『水ギセル越しに』といった小説まで、世にも稀な幅広いジャンルの著作を世に送り出した、節操のない人間として知られている。この男と出くわしたときのことを、フィッシュベインはこう書いている。「ちょっとおしゃべりをしていたら、ふいに彼が『ここに手を入れてさわってごらん』という。上着とシャツの前をはだけて、彼はわたしの手を脇腹に導いた。左右どちらの脇腹にも六個以上の小さなこぶがある。これはいったい、なんだと尋ねたところ、『睾丸だ』という。肉体を若返らせるために、死体から入手した睾丸組織を自身の皮下に移植したのだそうだ」

ブラウン゠セカール以来、ほとんどの実験は、下位の霊長類の生殖腺を人間に移植するものだった。ところがリッドストンはここで大きな飛躍を果たした。すなわち人間の睾丸を人間に移植するということをやってのけたのだ。「別に大それたことをやろうとしたわけじゃない」と彼は書いている。「簡単な話だ。つまりなんらかの危険をはらむ実験に他人を巻きこむのはフェアじゃないというのがまずひとつ。医者の友人に頼んで手術をしてもらったら、自分がその世界の先駆者になるチャンスを逃してしまうというのがもうひとつ。だから自分を実験台に、自分で手術を行うことにした」という。その結果、ニューヨーク・タイムズ紙のフレーズを借りれば、彼は外科医、患者、臨床立会人の「尋常ではない三位一体」を実現したのである。

ドナーを見つけるのが難しいのではないかと思うが、これがじつに簡単。カリフォルニアにあるサン・クエンティン刑務所の主任外科医レオ・スタンリーのおかげである。ここでは毎年三人から四人の囚人が絞首刑に処されるため、比較的若い男性の睾丸が文句なしに手に入る。最初に自分の身体で成功を実証したリッドストンは、それ以降も、囚人をつかって実験を続けた。死んだ囚人の睾丸を氷で冷やした食塩水に漬けておき、それをほかの囚人に移植する。その大半は仮釈放の見こみがない受刑者である。ドクター・スタンリーの報告によると、移植手術を受けた囚人のほとんどが若返ったらしい。七十二歳のマーク・ウィリアムズには軽い認知症の症状が見られたものの、移植手術を受けてから五日もしないうちに活気づき、「ジョークを理解することもできた」という。この医学的躍進は、単なる性的能力の向上を遥かに上まわると、リッドストンは主張する。自身の白髪が再び黒々としてきただけではない。睾丸の移植は老化のスピードを遅らせるばかりか、老化を逆行させることもできると、囚人の実験を通してわかったという。ＪＡＭＡをはじめとする科学誌は彼の仕事を大きく讃える記事を掲載した。ドクター・スタンリー自身もリッドストンに触発されて独自の実験に飛びこみ、それから数年かけて、動物と人間の両方の睾丸由来物質を六百四十三人の囚人と十三人の医者に移植した。その心躍る発見の数々を彼は『内分泌学』誌で詳細に語っている（スタンリーはまた、身体的魅力に欠ける人間は、世間に復讐する手段のひとつとして犯罪に手を染める傾向が強いという独自の理論を提唱し、囚人に鼻の美容整形手術を施すプログラムもはじめている）。

反論や批判の声も大きくあがったものの、こういった例は西洋の科学界に散った火花のように、一種局地的な喜びをもたらした。マックス・ソレック医師は、シカゴでよくリッドストンの姿を見かけるそうで、彼の「熱意は熱狂といえるまでに、激しく燃えさかっている」と書いているが、肉体の若返りを目指した、また別の偉大な人物ふたりも、同様の熱意を持って舞台の中央に躍り出た。

このふたりもリッドストン同様、歴史から抹消されたか、オーウェルの記憶の穴〔小説『1984年』に登場〕に放りこまれたかして、今日では知られていない。パスツールやキュリー夫人のような、やはり当時の先駆者である研究者たちは、その道の始祖として崇められているが、現代のアンチエイジング業界（延命や不老不死を目的として行われる実用的な施術は、現在ではこうした別の名前で呼ばれている）は、業界の始祖たちの肖像画を待合室に飾るのを好まない。というのも、そういった先駆者たちの勘違いは甚《はなは》だしく、せっかく若返り術に興味を持ってやってきた客も、その理論をきいただけで悲鳴をあげて逃げ出すからだ。そう、彼らは間違っていた。しかしそのおかげで、ほかの人間たちは正しい道を見つけた。もっと幸運な先駆者たちが果敢に戦って真実を手に入れたように、彼らも果敢に戦って、誤りを手に入れたのである。科学においては、恋愛同様、信と愚のあいだに明確な線を引くことが極めて難しい場合がある。

ロシアに生まれてフランスに帰化したドクター・セルジュ・ヴォロノフは、パリを本拠地に、コレージュ・ド・フランス〔フランス国立の高等教育機関〕生理学研究所所長として活躍した。「フランス人よりもフランス人らしい」という友人の言もある魅力的な人柄で、身長は六・四フィート、たくましい想像力を持っており、生殖腺と長寿に興味を持ちはじめたのは一八九八年と早かった。エジプトで、副王アッバース・ヒルミー二世の侍医として仕えていた頃に、王のハーレムに所属する宦官を数名治療していた。彼らはたいてい肥満して病気がちだった。「若年から白髪が生え、老齢に達するのはまれである……こういった悲惨な症状の原因は、睾丸がないことに直結しているのだろうか？」とヴォロノフは書いている。もしそうであるなら、一般人のいわゆる老化は、おそらく生殖腺の摩耗によって引き起こされ——それは非常に局所的なものであるから、回復させるのも難しくないだろうと彼は考えた。

それでテストをしてみた。初期の実験で、子ヒツジの睾丸を年老いた雄ヒツジに移植したところ、老いたはずのヒツジの毛がふさふさと増えて、再び性欲が湧いてきたのがわかったと彼はいう。この研究が第一次世界大戦によって一時中断されると、ヴォロノフはあちこち旅してまわって、さまざまな負傷者を治療しながら、患者自身の骨をつかう「自家移植片〔移植のために同一個体からとった組織片〕」をつかう技術（ほかでは数十年前から安全につかわれている技術）を編み出し、火傷《やけど》した皮膚を胎膜と取り替えた。しかし、それからまもなく動物界から呼び出しがかかる。今度はヒツジではなかった。

さらに実験を推し進めた後で、ヴォロノフは断言した。「思い切っていってしまうと、肉体のたくましさも、臓器の質も、サルのほうが人間より優れている。しかもサルには、人類の多くが苦しんできた身体的欠陥及び遺伝性や後天性の病気が発生しないのである」

ヴォロノフの方針は明確だった。一九一四年、まずはサルをドナーにして、その甲状腺を知的障害を持つ少年に移植した。手術は大成功だと報じられ、「少年の知能は正常になり、軍隊でも働けるほどだった」という。いまやヴォロノフは確信した。霊長類の下位に属する動物の生殖腺は、永遠の若さの素《もと》とまではいわずとも、それに近いものを持っている。彼の計算では、サルの睾丸は、人間の男性に百五十歳まで健康で活動的な人生を送らせる力がある。百五十年目が来たときには、長らく馬車を一頭で引いてきた馬のように、バタンと倒れて終わりだ。あとは証拠を固めるだけだった。

その一方で、若返り術のもうひとつの巨星、ウィーンのドクター・オイゲン・シュタイナッハはまた別の聖杯を追求していた。生物学研究所の教授であるシュタイナッハは、フロイト、マーラー、ライヒ、ウィトゲンシュタインとともに町で最も名誉ある団体に身を置き、「ジュピターの再来を思わせる風貌で、見事な赤褐色の顎髭を生やした堂々たる人物」と同僚から評される男でもあった。自己中心的で短気、心のなかでつねに妄想をくすぶらせていて、それが年々ひどくなっていく。乗馬に情熱を注ぎ、血のように赤い執務室を構え、生命の鍵を握っていると、街で彼を指さして拍手を送った人々はそう信じていた。

ヒツジやサルの睾丸を移植したヴォロノフや、自分をふくめ人間に人間の睾丸を移植したリッドストンと比べると、シュタイナッハのやり方は単純だった。マウスに対して行った実験により、若さは「管を紐でくくる」すなわちパイプカットによって回復できるという結論を出した。「射精に

左図：セルジュ・ヴォロノフ博士。彼は、サルの生殖腺を人に移植することで150年生きられると主張していた。右図：ウィーン出身でヴォロノフのライバルであったオイゲン・シュタイナッハ博士。失われた若さが精管結紮や卵巣への放射線照射によって回復できると信じていた

伴う分泌作用」を堰《せ》き止めれば、分泌物が全身に逆流し、一種の温室効果により男性性が強化されるという（後年には、消費されなかった精液は尿中に放出されることが明らかになる）。ライバル同様、彼も証拠を出した。すなわち、「患者は若さとエネルギーと元気が全身にみなぎるのを感じた。それ以前とはがらりと変わって、現在彼は人生劇場の終盤にあって、まるで冒頭にもどったかのようで……」といっている。そのなかには、髪の成長、視力の向上、多くの病気の治癒といった効果もふくまれていた。つまりはうまくいかない男性の能力を、ぐっと引き上げたのである。ヨーロッパで勝利を収めた後、シュタイナッハの名前は米国で最初にその分野の専門家として世に出るようになる。『ニューヨーク・メディカル・ジャーニー』誌が、老化との戦いにおいて、彼の仕事を「偉大なる進歩」と評したのである。

永遠に若くあれ！　一九二〇年代初頭から一九三〇年代の終わりまで、人間の生殖腺を中心に置いたメイポールダンスに大勢が加わった。こういった動きの全体を見据えてヴォロノフは、『ライフ』というあっさりしたタイトルの自著で意見を述べている。「将来の外科手術は、人体の生殖腺を生きながらえさせ、必要ならば取り替えることに特化されるに違いない。それによって命を長らえ、活力や健康を……個人レベルでも人類レベルでも、いまの時代、これを超えるほど重要な科学的発見があるだろうか？」

7

一九一八年の八月、ジョン・ブリンクリーはカンザス州ミルフォードに、全十六室から成る新しいクリニックをひらいた。ブリンクリー健康研究所というのがクリニックの名前で、そのなかに（彼の宣伝パンフレットによると）ブリンクリー・ジョーンズ医院、ブリンクリー・ジョーンズ関連会社、ブリンクリー研究所、ブリンクリー看護師訓練学校などが併設されている。なかに入ってみると、病院というより、大きくなりすぎた民宿といった感じだ。内装はマホガニーとペルシャグルミのパネル貼りで、壁紙は空色。建物の建設に携わったのは町の住民で、電気関係の契約業者もふくめ、みな大喜びだった。彼らによればブリンクリーは、この界隈で最も高額の賃金を支払ってくれたそうだ。

ブリンクリーの人気は急上昇した。おとぎ話のような結婚をした気前のいい雇用主というだけでなく、カンザス東部の小さな町に一大好景気をもたらした上に、その冬に史上最悪といわれるスペイン風邪が世界的に流行すると、ブリンクリーは患者を助けるのに並々ならぬ力を発揮し、その派手な活躍は誰の目にも明らかだった。「先生はスペイン風邪を退治する不思議な力を持っているようでした。はっきりしたことはわかりませんが、それがなんであれ、とにかく効いたのです」と彼の側近のひとりが語っている。「たぶんそれは、ノースカロライナの山中で少年時代を過ごした際に身につけたものでしょう」ライリー砦の近くで千人以上の発症者が出たときにも、ブリンクリーは現場で治療に当たっている（本人が勝手にでっちあげた軍隊での偉業とは大違いだ）。それと同時に、穴ぼこだらけの泥道に一九一四年型フォードを走らせ、身体を弾ませて農家を一軒一軒まわった。運転手のトム・ウッドベリーの記憶では、「彼は素晴らしい医者で、スペイン風邪流行のさなかに助けられなかった患者はひとりだけ。とにかくあちこちの人を助けてまわった」という。地元の主婦はこういっている。「彼がわたしたちを助けてくれたんです。偽医者なんていわれていますけど、それをきくたびに胸が痛みます。あの人は偽医者なんかじゃありません、信じてください」

その冬は石炭が不足したことで患者らは一層の苦境に陥り、ブリンクリーが先頭に立って、スペイン風邪の患者に石炭を緊急で配給するよう政府に掛け合った。これまでの彼の不行跡を考えると、本当かと耳を疑う。この時期、ブリンクリーは評判を取ろうとしていたのか。それとも、そうするしかない立場に立たされていたのか。なにゆえ偽医者の職業倫理に反する行動に出たのか、理由は定かではないものの、人々のために尽くしたこの数か月は、ブリンクリーの生涯で最も善良な人間として生きた時期だった。

しかし、戦後初の若返りブームのニュースが新聞を賑わすと、まもなくブリンクリーも本来の軌道にもどり、再びヤギと向き合うことになる。一流紙はそんな彼を初めのうちは見向きもせず、もっぱらヴォロノフやシュタイナッハ、リッドストンを褒めちぎるばかりだったが、ミルフォードからやってきた男には、そんな冷遇は痛くもかゆくもない。彼らが打ち立ててくれた信用にちゃっかり乗っかって、せっせと私腹を肥やすのだった。

おまえは下流だといわれようと、ドクター・ブリンクリーはライバルたちにはない強みがある。すなわち、二枚舌と、市場の潮目を見抜く天才的な目と、動物の選択眼であり、それらを大事に育んでいった。最初期の患者たちはアメリカ中心部の農場主で、彼らのあいだでは精力旺盛な家畜といえばヤギであり、それを証明する場面を日々の暮らしのなかでさんざん目にしている。そもそも言語のなかでも、ヤギはそういう動物として扱われ、ヤギのような《ゴーティッシュ》といえば、みだらで好色なことを示す。ギリシア神話には半分ヤギで、半分人間の男である牧神パンが出てくる。パンは谷間のあちこちを跳ねまわって、森の精たちを陵辱していた。時を下って紀元前八世紀頃に生まれた仏典『スシュルタ・サンヒター』には、催淫剤の処方箋にヤギの睾丸が登場する。「百人の女と寝る」男は、「ヤギの睾丸」を食すべきだという。「乳で茹でた睾丸にゴマとネズミイルカの油を加えるか、あるいは睾丸に塩と粉末トウガラシと上澄みバターを混ぜ合わせる」といいと書かれている。こういった知識のすべてが人間の意識に潜んでいて、ブリンクリーの患者たちもその一部を頭の隅に置き、犠牲となるヤギと、掛け売りお断りかつ例外なしの現金七百五十ドルを持って、カンザスにある彼のクリニックを訪れるのだった。

クリニックをひらいて早々、ブリンクリーは大宣伝に値する快挙を収め、ここではじめて、大都会の新聞記者たちが彼のもとへ押し寄せることになった。ブリンクリーが初めて睾丸移植を手がけた男の妻、ミセス・スティッツワースが玉のような赤ん坊を産んだのだ。名前はビリー。たぶんヤギにちなんだのだろう（雄ヤギをビリー・ゴートという）。医師と赤子がカメラに向かってにっこり微笑む写真には、「外科医ジョン・ブリンクリー。ヤギの生殖腺を男女に移植することで失われた能力を蘇らせ、科学界を驚かせた」というキャプションがついている。このニュースが広まると、移植を求める女性たちがどっと町に押し寄せ、ミルフォードの森や草原にテントを張った。勇猛果敢なミセス・スティッツワースとヤギの子宮のおかげで、ブリンクリーはその方面で副業を展開することに。受胎能力を増進させ、皺を減らし、乳房を発達させるとして、ヤギの子宮移植を手がけることになったのだ。

ヤギの睾丸の有用性については、これまで誰も目を向けることがなかったとブリンクリーはいう。かつての患者たちからの手紙にはどれも、「性欲が驚くほど増進した」とあり、その詳細についてはみな「ほのめかすだけにとどめておきたい」といったことが書いてあったという。そしてさらに喜ばしいニュースは精神的な病を負った若者への効果だとブリンクリーはつけ加える。

> この症状はもう治らないから、ずっとこのままでいるしかないと、とうとう医者に宣告された。それで彼はわたしのもとを訪れたのだが、この手術に失敗したら自殺をすると心を決めていた。
>
> 移植手術が終わって三十六時間が経過したところで、この患者の体温が三十九・四度を越えたが、それから二十四時間経つと平常にもどり、以来ずっと平温を維持している。彼の頭はしだいにはっきりしてきて、見かけも気持ちも以前より若々しくなり、結婚も考えるようになっ

た。これまでずっと彼を悩まし、眠りを妨げていた恐ろしい悪夢が消え去ったのだ……。

　精神に問題を抱える患者の二例目（今回は自慰のしすぎが原因だった）は、若い銀行員で、州の施設からわたしのもとへ送られてきた。性腺の移植を行うと、彼の頭の靄《もや》は完全に晴れて、現在は大銀行の頭取を務めている。


　性の問題と早発性認知症の改善は、まだ序の口に過ぎなかった。「カンザスのポンセ・デ・レオン」*は、まもなくヤギの生殖腺の驚異的な力を発見する。肺気腫から鼓腸まで、大きなものから小さなものまで二十七の病気に効くというのだ。ただし百パーセントではないと、ブリンクリーは慎重になる。自分の手術では、成功率はわずか九十五パーセント程度。さらに「精神の病」に関しては成功率がもっと下まわると、抜け目なく但し書きを付け加えている。

　これがきっかけとなって、ブリンクリーの名が米国医師会のレーダーに初めてひっかかった。怪しい大言壮語にいつでも懐疑的な医師会は、ひとりの私立探偵を覆面捜査官としてクリニックに送りこんだ。探偵はそこで、半身不随の六十代の女性に出くわした。この患者は脊髄に腫瘍があり、その治療にブリンクリーはヤギの子宮をつかっていた。「患者はおぼつかない足取りで、一歩、また一歩とたどたどしく歩いていた」と探偵が報告している。「部屋から部屋へ移動するのに手を貸したのだが、その女性は自分が歩けるようになったことをわたしに見せたいようだった。ごくごくゆっくりと、足をひきずりながら歩いて、以前より力が出るようになった気がすると、そういうのだった」

しかしブリンクリーの飯の種はあくまでインポテンツの男性である。そちらの事業が拡大すると、駅からクリニックまでシャトル便を提供するようになった。駅に着いた患者を、たいていは月曜日の午後に、〝ハッピーハリー〟がマイクロバスで出迎える。運転手の帽子を斜めにかぶり、目をきらきら輝かせるこの男を、患者たちは医師から送られてきたダイレクトメールで、あらかじめ知っている。そのメールにはミニーの紹介もあった。「もしミセス・ブリンクリーがあなたのそばに住んでいたら、庭で咲く美しい花々や、菜園で採れたトウモロコシを焼いたものを分けてくれるだろう。日曜日には、あなたの家まで大きな容器に入った手作りのアイスクリームを届けにいく。このアイスクリームがじつに美味い」といった具合だ。そして患者たちがバスから下りると、そこにミニー本人が、クッキーを焼くのが趣味ですという母親のような笑みを浮かべてクリニックのドア口に立っている。そうして、「まあまあみなさん、ようこそいらっしゃいました」と迎えるのである。

到着した患者は、「集合部屋」でスリッパとガウンを着用する。そこで初めて医師その人と対面するのだが、このひとときで、患者はもうすっかり信用してしまう。この時期の写真に写るブリンクリーは、ゴム縁の丸眼鏡をかけた小柄な紳士で、（ヤギにちなんだのか）顎髭を生やしている。小首をちょこんと傾《かし》げれば、知的な医師そのもので、ヨーロッパ人相手に堂々たる議論ができそうに見える。この外見に加えて、「あらゆるエネルギーは性欲である」とか、「男の若さは生殖腺の若さである」といった看板にしている理念が合わされば、場末のフロイトができあがる。しかもそれ

＊ 若返りの泉を探しているあいだにフロリダを発見したスペインの探検家。

が完全なでたらめでもないのだ。個人の内面や集団心理といったものを、ブリンクリーは不思議と理解していて、それが成功に欠かせない重要な鍵となっている。男と女の関係より、男と男根の関係のほうが、悩みの根はずっと深いことがちゃんとわかっていて、その知識を徹底して活用する。これまた彼の大きな強みのひとつだった。

もちろん、ときに思わぬ問題が発生することもある。ある日冒険心あふれる一団が、新しい性腺を移植してもらうために、カリフォルニアからどっとやってきた。この目的のためには、トッゲンブルク種のヤギをつかうのが一番だとブリンクリーは決めていたが、このたびやってきた患者たちは、もっと贅沢なアンゴラ種のヤギでお願いしたいという。気づいたときにはもう手遅れで、術後の患者たちの睾丸からは、目を見張るような強い香りが漂っていた。

とはいえ、おおむねブリンクリーは成功を重ねていったといえる。ヤギの性腺移植によって、ミルフォードのビジネスマンと妻のあいだに無事赤ん坊が生まれ、夫婦は科学に敬意を表して、その子をチャールズ・ダーウィン・メリンジャーと名づけた。クリスマスになればブリンクリー夫妻はクリニックの屋上にあがり、地上で腕をのばす近隣住民に向かって、七面鳥、ガチョウ、アヒルの肉をぽんぽん投げていく。どれもオーブンで焼けばすぐ食べられるようにしてあった。

そういった隣人愛にあふれる、地域社会に深く根ざした善行からすると、ブリンクリーには詐欺を働く気はなく、シュタイナッハ、ヴォロノフ、リッドストンのように、自分の技術が本気で役立つと信じていたとも考えられる。

実際どうだったのかは、酒に酔うと患者たちを「バカヤロウ」呼ばわりするといった、ささいな

顎髭を生やしたジョン・ブリンクリー。1920年撮影

点から読み取れるかもしれない。もっと大きなところでは、ヤギの性腺移植の手法がまったく一貫していない点にも注目したい。動物の性腺をニンニクのように薄切りにして患者に移植するかと思えば、小さな睾丸を大きな睾丸内に接合することもあって、それをブリンクリーは、「リンゴにビー玉を埋めこむようなもの」といっている。また手術自体も、まるでクリスマスプレゼントを袋に投げ入れるように簡単に済ませることがある。問題は技術にあるのではなく――実際本気でやればブリンクリーは腕のいい外科医なのだ――その杜撰といっていい品質管理にあった。ブリンクリーが手術をするのは、カクテルアワー〔アルコール飲料の出る夕食前の午後五時から八時頃〕の前後であり、事業規模が拡大するにつれて、自分以上に医療資格の非常に怪しい助手たちに多くの仕事を任せるようになっていく。結果、それから数年のうちに何十人という患者が亡くなった。手術中に死亡する例もあれば、家に帰ってまもなく息を引き取る場合もあった。重い身体障害に生涯苦しむことになる患者も大勢いた。それでも、彼のクリニックを大量殺人工場と結びつける人間が現れるのは、もっとずっと先になってからで、この期間ブリンクリーは、手術の結果がどうであれ、患者から必ず代金を要求していた。

一九二〇年代初頭にはこんな噂が広まるようになる。ブリンクリーはヤギが不足すると、近所の農場から盗んでいるというのだ。その頃ブリンクリーは事業の急拡大を狙って、専門の宣伝マンから助言を求めようと考えていた。それでカンザスシティからH・ロイ・モスナットがやってきて、彼のドアを叩いた。驚いたことにこのモスナット、ブリンクリーが何をやっているのか、まったく知らずにやってきて――少なくともふたりの記憶ではそうだった――仕事の内容を本人からきいたとたん、歓喜して跳び上がった。

「これは成功したも同然！　ドクター・ブリンクリー、あなたはもうその手に百万ドルをつかんでいます！」

スティッツワースの農場へ車で向かう道すがら、モスナットは恋する男のような目で世界を見ていた。（「ああ青空に、白い雲がふわふわ浮かんで……」）モスナットはポンプのそばでスティッツワースと打ち合わせをし、それが終わると、ポケットに話のメモを詰めこんで、来た列車に飛び乗った。カンザスシティに帰って、綿密な宣伝計画を練ろうというのである。

これはまさに運命的な瞬間だった。ヤギの性腺をつかったいかがわしい商売が宣伝によって躍進《やくしん》の道に向かったばかりではない。それ以上に重要なのは、まさにその宣伝活動こそが、彼を米国医師会と衝突する道へ追いこんだことである。米国医師会では、会員（ブリンクリーもそのひとりだった）に対して、いかなる宣伝活動も禁じていた。以前からそうだったのが、サミュエル・ホプキンズ・アダムズが『コリアーズ』で連載をはじめてから、一層締め付けが厳しくなった。アダムズが暴露したところによると、アメリカの新聞社の広告収入の半分は売薬業界がもたらしているらしく、そこに途方もない不正癒着があった。広告でありながら、ニュースのように報じられることは日常茶飯。そうでなくても売薬の広告は荒唐無稽で、眉をひそめさせるものが多かった。人々が自身の頭を銃弾で撃ち抜く木版画（神経症を放置した結果だという）からはじまって、アンクル・サムが「わたしは毎月十万箱のエクスラクス〔チョコレート風味の下剤〕をつかっていると、ここに証言する」と記した巻物にサインをする、愛国心に訴える全面広告まで。「健康」とメディアが手を結んだこの手の広告は、堅気の医者なら悪魔と同じように追い払う。

宣伝活動をはじめたことで、ブリンクリーは米国医師会の正式な敵となった。しかも折良くというべきか、ブリンクリーはモスナットの仕事が気に入らない。手ぬるいというのだ。何しろ自分のことを書いてくれたのは、全米でたったふたりの記者だけなのだ。

しかし、じつはそれで十分だった。

8

一九二〇年六月、シカゴにあるアメリカン・ホスピタルの主任外科医マックス・ソレックは、エレベーターのなかでフランク・リッドストン医師と出くわした。リッドストンは、その建物のなかに診療室を持っている。

「マックス、いまちょっと時間はあるかい?」リッドストンに誘われたときの顚末を、後にソレックは次のように説明している。

――彼の診察室に入って、ドアの鍵を閉めてすぐ、なんの説明もなしに彼が服を脱ぎだした。こっちは訳がわからず、動揺するばかり。と、ふいにリッドストンがこちらを振り返った。古代のアポロ神のように素っ裸で……。

「見てくれ」

――長らく医者をやっていると、ちょっとやそっとのことでは驚かないが、これには完全に度肝を抜かれた……リッドストンには睾丸が三つあったのだ。

腹壁に移植するだけでは飽き足らなくなったイリノイ大学の教授は、実験のハードルをさらに上げて、処刑された囚人の睾丸を自身のそれに追加したのだった。今のところ、三つの睾丸は最高の結果を出しているとリッドストンは断言する。性欲絶倫、頭脳明晰で頭の回転が早くなった。しかも、殺人犯の睾丸を移植したからといって、犯罪衝動のようなものはまったく感じていないという。性腺よりもアマチュア写真に興味を持ち、怪しい話は決して信じない百戦錬磨のソレックも、リッドストンの話に耳を傾け、その救世主然とした威厳に満ちた面持ちを見ているうちに、これは信じていいのではないかと思えてきた。とうとうと語るリッドストンの話に心を奪われて、ソレックは三時間のあいだ、そこにすわっていた。

しかしきいていているうちに話の内容とは別に、あることに気づいた。リッドストンの興奮の奥に、ふつふつと煮えたぎる怒りのようなものが見えたのだ。ちょうどその数日前の六月十二日に、セルジュ・ヴォロノフが、サルの睾丸を人間に初めて移植したというニュースが世界を驚かせた。リッドストンは、ヴォロノフが自分の研究（ＪＡＭＡで発表した）からアイディアを盗んだものと信じて疑わず、本来なら自分が注目されるべきところを、サルの睾丸をつかうなどという姑息な手で世間の注目をさらったのに激怒していたのだ。ソレックは思う。ひょっとしてリッドストンの三つ目の睾丸は、科学の追求というより、相手より一歩先んじるための発作的な復讐ではなかったかと。

リッドストンの気持ちもわからなくはないが、ソレックにとっては、つねに真実の追求が最優先。

それですぐにニューヨークに発つことにした。そこでヴォロノフがアメリカで初めて公開実験を行うことになっていたのだ。コロンビア大学の教職員、学生、内科医、外科医といった錚々たる観衆を前に、ロシア人のヴォロノフはなぜかフランス語訛りの英語を駆使して、自身の技術を披露した。それでソレックは確信した。やはりリッドストンではなく、ヴォロノフこそが正しい道を進んでいる。同じことをこっちの町でもやってくれないかと、彼はヴォロノフをシカゴに招待した。

ヴォロノフは勝ち負けなどといった狭い了見で物事を見ることはしない。勝者というのは得てして鼻持ちならないものだとわかってもいた。それでシカゴに着くなり、リッドストンの研究室を表敬訪問した。このアメリカ人の最近の研究を知るなり、ヴォロノフは大声で叫んだという。「ああ、それは素晴ラシイ！　あなたは貧者のために手術をし、わたしは富者のために手術スル！」

リッドストンは逆上した。アイディアを盗んだ泥棒野郎が、いま自分の研究室にいて、あちこちに貼ってあるラベルや、開いた引き出しのなかをじろじろ覗きこんでいる。しかもこの男を呼んだのは裏切り者のソレック。こいつの技術を披露するために、わざわざ町に連れてきたのだ。リッドストンが恐れたように、それは今年の一大イベントとして扱われた。「われわれにとって、今日のこの日がどれだけ価値あるものか！——あらゆる専門家たちがシカゴに集結した！」ソレックはそう書いている。「われわれの病院にある円形劇場は、隅々までぎっしり人で埋まった。観衆のどこを見ても、あちこちに著名人が混じっている」ステージに上がったマジシャンよろしく、若く美しい妻を助手にして、ヴォロノフは犬をつかった講義で満場の観衆を魅了した。そのなかに欠けていた重要な人物はふたりだけだ。ひとりはリッドストン。六十五歳で早々とこの世を去るまで、彼は生涯ヴォロノフを許さなかった。そしてもうひとりは、ジョン・ブリンクリー。会場に飛びこもうとしたところをソレックが見つけ、かつての「下劣な」生徒を門前払いしたのだった。

しかしブリンクリーはそこに無駄足を踏んだわけではなかった。モスナットの宣伝活動のおかげで注目を浴びた彼は、その腕前を披露してほしいと、シカゴのパーク・アヴェニュー病院に招かれたのだった。そんなわけで、回春医療の花形三人が同じシカゴの町に居合わせた一九二〇年の夏、若返りを希求する大衆の熱は最高潮に達して、「ミルフォードの救世主」がトップスターに躍り出るための舞台が用意されたのだった。

この頃になると、ブリンクリーは宣伝文句を洗練させていた。あのビリー・スティッツワースの誕生以来彼は、妊娠を望んでやまない女性たちを助けることが自分の使命だとよく口にしていた（「母親になりたい女性から山のように届く手紙に埋もれるドクター・J・R・ブリンクリー」）。ある女性は、「この世界にひとりの赤ん坊をもたらすことができるなら、わたしは自分の命を差しだします」と書いており、そのような手紙が郵便袋にいくつも入って、彼のもとに届くのだった。その「悲痛な」思いに「圧倒」されて、ブリンクリーは苦境にある女性たちをできるだけ多く助けるために自分は神から才能を授かったのだと答えている。子宮を切除した女性もヤギの子宮を移植することで子どもを授かることができるのを発見したのは、まさに神のお導きだという。

しかしながら一九二〇年代半ばになると、ブリンクリーはそういった使命から徐々に離れていく。乳房を大きくするとか、皺を減らすとかいった仕事もやめて、患者のターゲットを男性に絞ったのだ。おそらく女性は男性より結果にうるさいとわかったからだろう。それ以降、彼の仕事において、女性を母親にすることは副次的なものとなり、寝室で失敗する男たちを「子ヒツジに囲まれた雄ヒツジ」に変貌させるというのが、一番のセールスポイントになった。男たちはまるでゾウに乗るように、プラシーボ効果に嬉々として乗った。それどころか彼らは何でも信じてしまうようで、雷に二回打たれたあとでもヤギの睾丸は性生活の助けになるのかと、手紙できいてきた男もいた。

その夏、ライバルたちが集まる場に顔をそろえたのが幸いして、彼らの威光のお裾分けを受けたブリンクリーだったが、じつは陰で競争相手に大きく水をあけていた。ライバルたちが公開講義や実験に真摯に取り組み、科学誌に研究の進捗状況を寄稿するといった仕事に忙殺されているあいだ、彼だけは、そういった雑事をすべてすっ飛ばして、苦しむ人々の助けになる仕事ができたのである。

ブリンクリーのもとに群れを成して押し寄せる人々は、農夫や労働階級の庶民に限らず、身分も職業も多種多様だった。当時、イギリスのある医療ライターが、どこまでも騙されやすい人間の性質について思いを馳せている。「偽医者や詐欺師に対して、最大の防御になるのが教育だとはよくいわれる。しかし、わたしにはとても信じられない。これまで見てきたところ、社会階層の上流になればなるほど、健康問題の流言が広く浸透しており、いわゆるインテリ層は最も騙されやすい」

実際そのとおりであることが、その夏シカゴのパーク・アヴェニュー病院で証明された。ブリンクリーはそこで三十四人の患者(うち三十一人が男性で、患者のなかには、判事、議員、裕福な既婚女性がふくまれていた)にヤギの性腺の移植手術を施し、手術の合間には記者たちとよく話をした。ヨーロッパでも性腺移植が「受け入れられて」うれしいと彼はいう。率直にいって、陰嚢に入れたヤギの性腺を「人間に同化」させる自分の技術は、旧世界の専門家たちを遥かに凌駕しているといっていいでしょうと自負する。同じアメリカ人医師でありながら、逆上しているリッドストンと違って、こちらは比較的まともであると記者たちは判断し、彼を喜んで表舞台にひっぱりだして報道した。シカゴで最初に手術を終えた患者たちが手術室から出てくるか来ないかのうちに、歓声が巻き起こった。「老齢の患者に活力を蘇らせ、若返らせる。その手術がJ・R・ブリンクリー医師によって行われた……この成功により、彼のもとには仕事がどっと押し寄せた」カンザスからやってきた尊師のおかげで、シカゴの住民は「失われた若返りの泉を見いだした」のだ。

とりわけ、ひとつの証言が、ミルフォードの救世主を全国的なスターに押しあげた。証言者は七十一歳のJ・J・トバイアス。シカゴ・ロー・スクールの大学総長で、シラキュース・ヘラルド紙によると、「痩せていて、小柄ながら屈強で、闘志満々の態度で」驚くほど力強い握手をしてきたという。手術の後、彼は本当に若返ったと感じたのだろうか？

「二十五歳も若返った気分だ」と総長は声を張りあげた。「まるで別人のように、元気一杯で力がみなぎり、健康そのものだ。仕事だってやる気満々。かつては病弱で、老いぼれてくたくたに疲れていたが、手術で完全に若返ったよ」

そういったあと、彼はボクサーのファイティングポーズを取った。

「ずっと老いを感じていたのに、再び若返った。それはどんな気分ですか？」と記者がきく。

「最高だよ！……あまりに素晴らしすぎて、夢のようだ。この手術の真価を一般大衆はまだわかっていない。性腺移植のニュースはときに軽率に語られることが多いが、本来なら、最大の敬意を持って賞賛されるべきなのだ」

新聞記事には、ロー・スクールの大学総長が飛び上がって宙《そら》で踵を打ち合わせる写真が掲載されており、これがあまりに衝撃的で、全米津々浦々に抜き刷りが広まった。

とはいえ、みんながみんなドクター・ブリンクリーに心酔したわけではなかった。彼の病院が、八月のさなかに十五匹のヤギを院内で待機させておくことを保健省はよしとせず、シカゴの労働組合からも突然、大きな怒りの声があがった。組合の夏の会議で、ブリンクリーは労働者の敵として非難されたのだ。「そういった手術によって米国の出生率が上がれば、得をするのは雇用者側。組合労働者は不利を被《こうむ》り、賃金の値上げも難しくなる」というのである。

一方ソレックはことあるごとにブリンクリーを罵倒した。ヤギの性腺移植は「神の冒瀆であり、猥褻であり、汚らわしい行為」であるばかりか、「身体的にも生理的にも不可能であって、それを可能だとするのは、大衆の騙されやすさにつけこむ節操のない人間だけである」という。

しかしサルは例外なのか、ヴォロノフが町を出たあと、ソレックはアメリカン・ホスピタルの屋上に実験的な動物園をつくった。シロネズミ、モルモット、ウサギ、アカゲザル、ヒヒそれぞれを複数匹、併わせて二匹のチンパンジーを、人参、蕪、バナナ、ジャガイモ、オレンジ、ココナッツ、干し藁の餌をそれぞれ大箱に入れたものといっしょに檻に入れたのである。自身の医業はそっちのけで、自分もそこに住みついてしまった。「数千ドルをサルたちのために費やすまでになり……昼も夜も動物たちとときを過ごした」と書いている。

「大昔から人を引きつけてやまない若返りの謎が、二十世紀になって、とうとう解明されるなどということが、本当にあるのだろうか？　その謎を追求しようとして、これまでどれだけ多くの人間が誤った道へ踏みこんでしまったか、わたしはよく知っている」

9

もっと、もっと、大胆になれ、つねに大胆であれ……

シカゴでの手術が終わった後、ブリンクリーは宣伝の炉を掻き立てて火をがんがん熾《おこ》し、所によってはジョン・ブリンクリーという名に神秘の輝きを見る人間も出てきた。一九二一年の夏にニューイングランドをまわった際、ヤギ性腺移植の王は、目下それに匹敵するまた別の凄い移植実験を行っていると口にし、動物の異種間で眼球を移植するという一例をあげた。「現時点ではまだ（盲目を治すことが）できるとはいえませんが、六か月後には、可能になると思います」と、コネティカットの医師たちを前にそう語っている。しかし、その手の実験をブリンクリーが行った証拠は残っていないし、それ以降、この件について言及することもなかった。それなのに、たった一度口にしたその言葉がひとり歩きをするようになった。ブリンクリーとしてはそれで十分。まもなく巷では、あの医師は死者を蘇らせることもできるらしいと、まことしやかにささやかれるようになったのである。

ミルフォードにもどってくると、性腺移植はビジネスとして完全に軌道に乗っていた。患者が自分でヤギを引っ張ってくる時代はもう終わって、アーカンソーの生産者に、定期的に四十四のヤギを配達してもらうよう手配してある。届いたヤギをブリンクリーはクリニックの裏手にある柵に入れておき、手術前に患者をそこへ案内して、群れのなかから自分と最も相性の良さそうなヤギを選ばせる。

ブリンクリーの下で働く従業員は、彼という人間をつかみかねていた。最もそば近くに仕える者でさえそうだった。わたしは六連発銃もつかえるんだとマッチョな自分を公言し、ときに試し撃ちを披露してみせることもあったが、ふだんの彼は地方の知識人として通っていた。細部に目端《めはし》が利いて、外部との交渉においても自信満々。それでいて、ときに見る者が首を傾げたくなるような内気な行動に出る（長く彼の下で働いた職員は「初対面で人に会うとき、先生はとても緊張していました」と証言している）。電話に出させるのもひと苦労で、一日のうち数時間、クリニックから姿を消していることもある。助手のドクター・オズボーンにブリンクリーが語ったところによると、用事を片づけると同時に医師の神秘性を高めるためだという。「予定をぎっしり詰めこんでおいて、面会も、電話対応も、まったく無理だと思わせたほうがいいんだ。話をしたからといって、患者の病気は治らない」

内側では、行動に駆り立てるエネルギーが甲高い音を立てているのだが、ほとんどの場合、それは表に出てこない。しかしある夜には、大酒を飲んで隣人の車を斧で叩き壊すといった暴挙に出ている。また別のときには、病院の裏庭に患者たちがどっと飛び出してきたことがあった。いったいなにごとかと見ていると、やがてその後から、べろべろに酔っ払ったブリンクリーが肉切り包丁を振りまわしながら飛び出してきた。一九二一年の三月には、ジェシー・ウィルソンという名のミルフォードの住人が、ブリンクリーからの保護命令を裁判所に発令してもらっている。その件についてブリンクリーはこう説明している。「おそらくわたしは、この人物が脅えるようなことを何かいったのだろう。逮捕まではいかなかったが、この人物を撃たないという保証金（千ドル）を払わないといけなくなった」

巷では、ブリンクリーがクリニックの主任助手、オズボーンの耳をかじりとったという話も信じられていた。

それでも地元住民の大半は、こういった暴挙を天才医師の単なる奇行としてとらえていた。それというのも、彼のおかげでミルフォードの町が潤っているからだった。これまでに誰も見たことのない大病院を建てただけでなく、彼が資金を出して、新しい歩道や新しい下水環境、新しい郵便局が町にできた。「ブリンクリー・ゴーツ〔ブリンクリーのヤギたち〕」と名づけたリトルリーグの新しいユニフォームができ、町に電灯が設置され、新しい銀行ができたのもすべてブリンクリーのおかげだ。さらに彼は、鉄道駅まで二マイルの道を敷き、クマを一頭購入して動物園までつくろうとした（クマの吠え声がうるさくて夜眠れないので結局ブリンクリーが射殺し、動物園の話は立ち消えになった）。その寛大な資金援助に町の住民がひるんだのはたった一度だけ。新しい教会にブリンクリーが自分の名を冠そうとしたときである。「ミルフォード教会はキリストが建てたものではないから、彼の名を冠する必要はない。ブリンクリー・メソジスト教会とするべきだ」と、ブリンクリーが主張したのを住民は覚えている。結局、神とキリストと自分を讃える銘板をつけさせ、聖職者から次のような熱狂的な賛辞を受けることで手を打った。「これまでわたしが出会ったいかなる人間にもない力があなたにはあって、それがわたしの身に不思議な影響を与えています。ある土曜日など、あなたの前から走り出てラジオ局に行き、自分でもまさかという言葉が口をついて出てきました。評論家にいわせると、わたしはあなたをナザレのキリストになぞらえたも同然で……わたしはあなたのそばにいると、まるでイエス・キリストのような聖なる存在とともにいるような気がするといったのです。非常に高い精神性を持つあなたから霊感を受けるのだと」

こういった祝いの催しが次から次へ突発的に行われ、地元住民は誇らしげにブリンクリーを神輿《みこし》に乗せて担ぎ上げ、町ぐるみのどんちゃん騒ぎをしたのだった。その模様を当時の地元紙が次のように報じている。「ある月曜日の午前十時、メソジスト教会に群衆が集まって、ウォルター・タグを先頭にみなが手に旗を持って行進をし、公園へ向かった。向かう先にも群衆が待ち受けている……旗への賛辞はJ・R・ブリンクリー医師が寄せ、それから国歌斉唱となった」ミニーの誕生日は町ぐるみで祝われ、その席でブリンクリーは、この先も、もっと凄いことを次々とやってみせると住民に約束した。そのひとつが、ホワイトハウスをモデルにした、百貨店付きの新しい病院の建設である。「町の一ブロック全体を敷地面積とし、百万ドルの資金を投入して、食料品店をはじめ、さまざまな店舗、ジム、水泳プール、美容院、わたしのクリニックの部屋、さらにはオーフィウム劇場〔サンフランシスコにある劇場〕と同じぐらい大きな劇場も併設して、そこで最高の演劇やトーキーを上演する」というのである。

完成を見るまでは、そういった出し物は、本物のオーフィウム劇場で上演してもらうしかない。カンザスシティに遊覧旅行に出かけたブリンクリーは、床屋の椅子の背にもたれた瞬間、鏡の前で襟をつけている男が目に入った。片腕しかないのに、じつに器用である。

ブリンクリーがそちらにボーイを送り出し、ボーイはジェイムズ・クローフォードの肩を叩いた。その再会について、彼はこう語っている。「(ブリンクリーは)俺に、『どうだい、うまくやっているかい』ときいてきた。こちらが『まあ、そうだね』と答えると、自分はカンザスの小さな町で病院を経営しているといってきた。カンザスのミルフォード……そこでうまくやって、かなりの金を稼いでいるというので、『ひょっとしてその病院も、昔俺たちがやっていたようなもんかね』ときくと、『ああそっくりだ』とかなんとか、そんなことをいった」

このときブリンクリーは詳しいことは話さなかった。珍しく自慢話をしなかったのは、事実を丸ごと相手に教えるのは危険だと思ったからに違いない。というのも、そのときのブリンクリーは一回七百五十ドルの手術を月に平均して五十回引き受けており、年収は五十万ドル(一九二〇年代の貨幣価値で)に近かったのである。患者の多くは、クリニックにやってくると、これからどのような処置が行われるのか説明も受けないままに、手術台に横たわる。「ヤギの性腺はジャガイモと同じで無駄がない」とネブラスカに暮らす七十七歳のA・B・ピアースはいう。「ジャガイモを細切れにして植えると、各々についている芽がすべて発芽する」

ブリンクリーにはまた、隠れた収入源があった。これはドクター・リッドストンに触発されてはじめた。カンザスのポンセ・デ・レオンは、折々に人間の睾丸の移植手術を行ったのである。売りこみ先は、豪邸や高級ワインに慣れた人々だ。

当然ながら、顧客は富裕層限定となる。それより数年前から、困窮した若い男性が睾丸の片方を売りに出すといった実態が明るみに出ており、不埒な金持ちのために若者を誘拐して睾丸を抜くことが横行しているという、さらに不穏な報道もあった。そういった輩と比べれば、ブリンクリーは倫理の鑑といっていい。彼が扱う商品は現在のところ、死刑囚の檻房《かんぼう》から直接仕入れているのである。ある石油商人が、友人といっしょにヤギの性腺移植手術をしたいと思ってブリンクリーに問い合わせをしたところ、こんな返事が返ってきた。


あなた方のような資力があれば、最高の手術を受けて、若さを完全に取りもどすこともできるのに、なぜそちらを選ばないのでしょう？　若く健康な男性の睾丸を移植することも可能だというのに、なにゆえ自分を牧場の家畜程度に貶めて、ヤギの性腺などを入れようとするのでしょう？

わたしならお力になれます。もしご友人と同時にクリニックで手術を受けることができるなら、ひとりにつき五千ドルで、紛れもない人間の睾丸を移植できます。通常は最低でも五千ドルは必要な手術でして、つい最近ロサンゼルスの患者さんは、その手術に一万ドルを出しました。人間の睾丸を手に入れられる医者はほとんどいませんが、わたしの場合、大都市で暮らす古い友人が調達してくれるのです。

もちろん、人間の睾丸を移植する手術には高額の費用がかかります。何より睾丸自体が高価

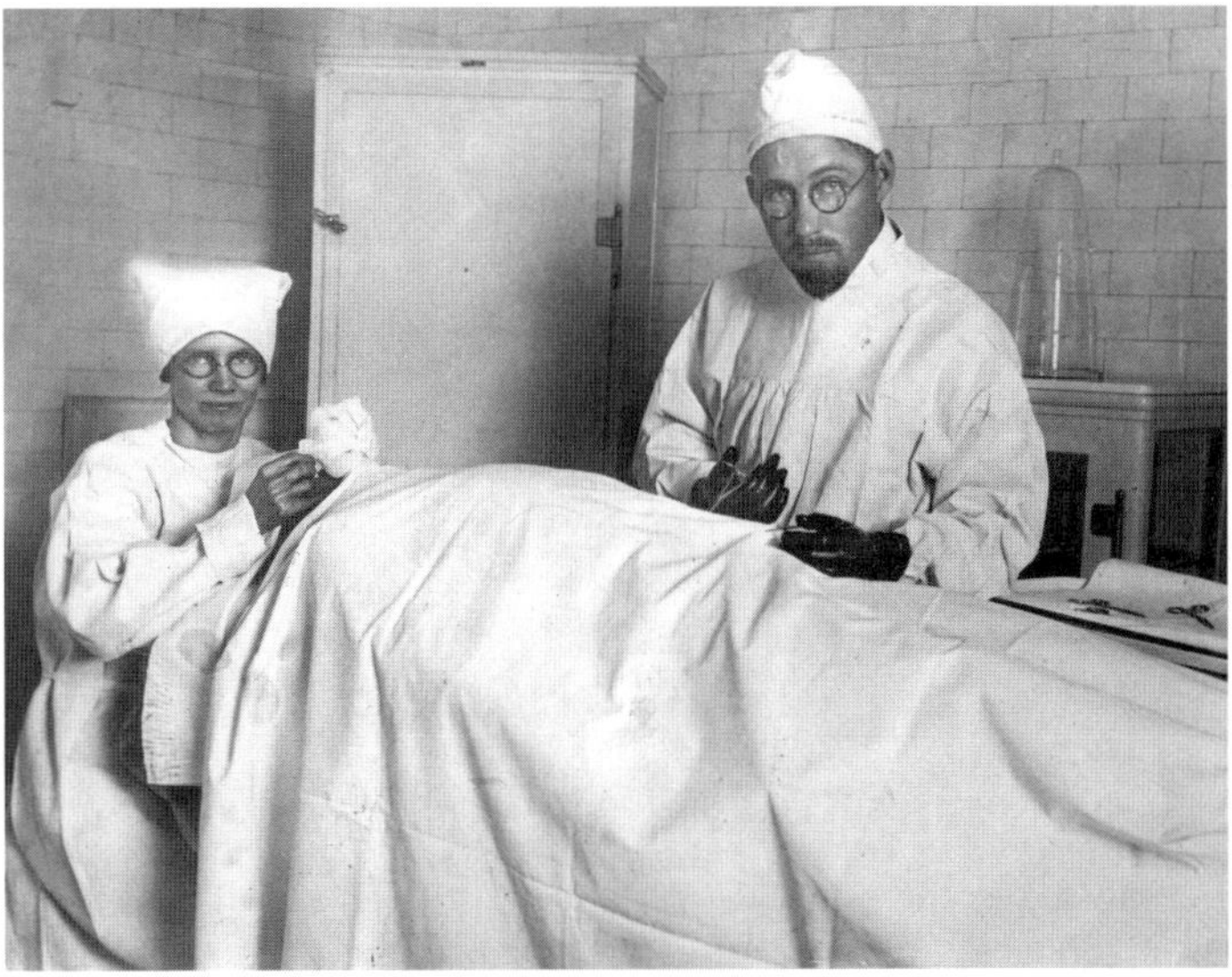

さあ、ヤギをこちらに――カンザス州ミルフォードにある有名なクリニックで手術を行うブリンクリーとその妻ミニー。カンザス州歴史協会提供

です。よってこちらには事前に知らせていただく必要があります。たとえば、あなたとお友だちがこの手術を受けると決め、その日から六週間はいつでも手術を受けに来られる状況が整ったら、こちらに連絡をいただきます。それからすぐ、こちらは購入を担当する代理人に連絡をし、睾丸探しに動きだしてもらいます。数日で入手できることもあれば、数週間待っていただく場合もあります。いずれにしろ、こちらの用意が調《ととの》いしだい、患者さんにはすぐに手術ができる状態でここへ来てもらわなくてはなりません。さらに、あらかじめ保証金として費用総額の少なくとも四分の一にあたる現金を送ってもらう必要があります。そうすれば、こちらがわざわざ借金をして損失を出すこともありません。

移植する睾丸は健康なもので、病気はまったくないと保証いたします。また、睾丸の売り手は三十五歳を超えない男性と制限をつけますから、移植するのは、強くて生殖力を有する睾丸となります。

さらにもうひとつ、最高の保証をいたしましょう。移植する睾丸が適合せずに壊死するようなことはまずありませんが、万が一そうなった場合は、手術から六十日以内でしたら、新しい睾丸とお取り替えいたします。その際には技術料として、通常の手術料金だけをいただきます。

この豪華な選択肢は、広い世間にはほとんど知られていない。当然ながらクローフォードの耳にも入らず、彼は再びブリンクリーの人生から、しばらくのあいだ姿を消すのだった。

いったいどうしてブリンクリーはこれだけの成功を収められたのか？　長い一日の終わりには、

彼は密造酒を手に、従業員数名とクリニックの一階にある部屋で緊張を解きほぐした。話に熱が入って、酔いがまわってくると、ふいにブリンクリーは道具を保管している棚に飛びついて、「これから、おまえたち全員の喉を切ってやる」と脅す。看護師たちが押さえ付けようとするものの、ブリンクリーはそれをふりきって、客として訪れていた義理の父、ティベリウス・グラックス・ジョーンズ医師の親指に嚙みついて重傷を負わせた。

階下で悲鳴や物が壊れる音がすると、二階にいた患者たちは不安になった。ある者はベッドから跳ね起きると、シーツを数枚つなぎ合わせて、それをたどって窓から外へ下りていった。ところが地面に着く前に、彼は建物の脇でとまり、急にしんとなった一階の部屋に聞き耳を立てた。じつはこのときにはもう、助手のドクター・オズボーンがブリンクリーの頭に板を叩きつけて、事態を収拾していたのだった。

10

一九二二年の二月、ブリンクリーはロサンゼルス・タイムズ紙のオーナー、ハリー・チャンドラーからぶしつけな招待状を受け取った。西海岸に来て、編集者のひとりにヤギの性腺を入れろというのだ。「手術が成功すれば、きみをアメリカ一有名な外科医にしてやろう。失敗したら、徹底的にこき下ろしてやる」とチャンドラーは書いている。すでにアメリカ一有名になっていた外科医は、迷うことなく誘いを受けた。

まるでアヒルが新しい池に滑りこむように、ブリンクリーはロサンゼルスの町にすんなり溶けこんだ。町の目抜き通りは、不動産投機家であり、「磁力ベルト」をつかう偽医者でもある、ゲイロード・ウィルシャーにちなんで名づけられている。この人物は医者につきもののヴァンダイク髭を生やし、派手なチョッキを着て格子柄のズボンを穿いていることで知られていた。じつのところ、この人口およそ六十万人のワンダー・シティは、全米で最も偽医者がはびこる町として多くの専門家（モリス・フィッシュベインもそのひとり）に知られていた。地元の作家マヨ・モローはこんなことをいっている。「いかなる魔法使い、土占い師、予言者、聖なるジャンパー*、薬草医、踊るデルビーシュ、蛇使い、偽医者、心霊術師、あるいは各種黒魔術師、悪魔研究者、関節運動治療師、妖術師、奇術師、霊媒師、背中さすり治療師、拷問治療師、新機軸の糖尿病治療師などなど……そういったものを名乗る邪眼の持ち主は、ロサンゼルスにやってくれれば確実な成功を望める。ただし競争は熾烈だ」と。また、ニューヨークからやってきたある人物は、こんなことを書いている。どこを見ても「建物全体がオカルトと異様な団体結社に捧げられていて」、そういう集団を率いる者たちは「謎めいた戯言を紙に書き綴り、贅沢なキモノを着て通りを練り歩く……そうして半端な教育を受けた人々の眼前で、安っぽい学識をひけらかすのだ」。

まばゆい太陽の恵みあふれるこの地には、偽医者が跋扈《ばっこ》するだけでなく、その餌食となる大量のカモが集まっていた。その扱いについて、ブリンクリーはすでに熟知している。仕事を引退した者、ここで新たな人生のスタートを切ろうとする者、そういう面々が数千という単位でアメリカの中央部から押しかけてくる。人生に疲れた男女が、小金を貯めるなり、古い家屋敷を売るなりして、死ぬ前に海を見たいと思うのだろう。小さなバンガローに暮らし、玄関先にヤシやバナナの木を植え、ときに同好のよしみで集まり、ときになんらかの理由をつけて集団で町を練り歩き、庭でのらくらとすごす。しかし、まもなく彼らは、することがなくなってしまうのだった。退屈――これは多くの者たちにとってショックだった。楽園に退屈などあってていいはずがない。温暖な気候と、オレンジの花やヘリオトロープの花の甘い香りに心を持って行かれそうになると、生まれながらのピューリタンたちは、当然ながら神を頼ることになる。しかしここでは、ほかのみんなと同じように、神もまたふだんとは違う装いで現れるのだった。

明日三時、レオン・タッカー医師が音楽の使者たちを伴って聖書の大総会を開催。オルガンチャイム、巨大なマリンバフォン、ビブラフォン、バイオリン、ピアノ、アコーディオン、バンジョー、ギターほかの演奏あり。
――ウィルシャー・バプティスト教会

神の力教会のミス・レイラ・キャストバーグ（進歩的思想）

＊カルヴァン派メソジスト教徒の一派で、礼拝中に飛び跳ねたりして陶酔状態に至る。

十人の伝道師が語る話を聴講あれ——十人が勢ぞろい。

ユダヤ教からの改宗者N・C・ベスキンが大成功を収めたツアーから帰り、

慈善のための資金集めをグレンデールで開催。

なにゆえわたしは、キリスト教徒になったか。

ユダヤ教徒の衣装に身を包み、興味深い道具一式を披露する。

こういったさまざまな礼拝が日曜の朝に行われた。それ以外にも、聖別された古いアパートの一室や、香の焚かれた奥の部屋などをつかって、精神世界への奇妙きてれつなツアーが週に七日販売されて、何千という人々が、これまでの堅苦しい礼拝を捨てて、こちらの列に並ぶのである。

心の穴を埋めるのにもうひとつ、非常に効果的なのが、自身の健康にかかずらうことだった。そもそも中西部からの移民の多くは、太陽の下で骨休みをしたいと思ってカリフォルニアにやってくるのである。ビンゴにも飽きてきた彼らが、初対面の人間と顔を合わせた際に、「ご出身はどちらですか?」という質問の後に決まって口にするのが、「ご体調はいかがですか?」のひと言であるのは驚くべきことではない。しかも仕事を辞めて居住地を離れ、はるばるカリフォルニアくんだりまでやってくる人々は、当然ながら夢追い人である。そういったあらゆる条件が重なって、この町は、かつてないほど大きなカモの群れが集まる場所となったのである。

話をもとにもどそう。ブリンクリーはハリー・チャンドラーに会いに行き、彼の部下にヤギの性腺を移植する手はずを整えた。チャンドラー自身も活力に満ち満ちた人物である。大柄で、年齢は五十代後半。少年時代にはキューピッドを思わせる丸ぽちゃの顔が愛らしく、顔写真がフレームに入れて販売されていた。その面影はいまもかすかに残っているものの、柔和な面差しの奥に、じつは途方もない強欲を隠している。「南カリフォルニアにおける、現代のミダス王」と呼ばれた男は、石油からはじまって、航空機や新興の旅行産業まで、ありとあらゆるものに事業の手を広げていた。彼が経営するヨセミテ国立公園会社の最終目的は、そこにショッピングセンターとホテルを建てることだった（「景色を見てキャンプをするぐらいしかやるべきことがないと、たくさんの苦情が出ており、それで人々の要請に応えることにしたのだ」と会社の役員が説明している）。しかしこのときチャンドラーが主としてやっていたのは、土地転がしだった。百五十万エーカーにも及ぶ南カリフォルニアの極上の不動産を、まるで強迫観念に駆られるように、買っては売ることを数年にわたって飽くことなく繰り返していた。オーエンズ川から放水するロサンゼルス上水路の建設にも一枚噛んで、それだけで一億ドルを稼いでいる。谷を流れる水を農家から奪ってロサンゼルスに流すことで、現在の町に一大建築ブームが起こる素地をつくった悪名高いプロジェクトである（映画『チャイナタウン』でジョン・ヒューストン演じるノア・クロスという人物はチャンドラーをモデルにしている）。それに先だってチャンドラーは、メキシコの一部を自分のものにしようと、パンチョ・ビリャ〔メキシコの革命指導者〕に民兵組織を差し向けてもいる。これは外国政府に対して「暴動を起こそうとする企て」だとされて、チャンドラーは裁判に付され、同じ業界人――ロサンゼルス・タイムズ紙の有力な広告主たち――が組織する陪審から、無罪の判決を下された。

チャンドラーのつくる新聞は下劣であるということで、大方の意見は一致している。

そのチャンドラーとブリンクリーはじつに馬が合った。ブリンクリーは十二の州で医療行為を行うライセンスを持っていたが、そこにカリフォルニア州はふくまれていない。それでチャンドラーはブリンクリーのために裏で糸を一、二本引いて、三十日間の免許を獲得させた。その一方でブリンクリーは永久ライセンス獲得の申請もしており、そのために、来訪医師の立場から珍しく正確な説明を試みている。「研究室での分析によると、ヤギの性腺の八十九パーセントから九十パーセントはコロイド状のイオン化物質でできており、それがラジウムのように放射物を発散する。それには三つの主要な光線がふくまれる。すなわち、アルファ線、ベータ線、ガンマ線である。これらはホルモンを生成することができ、それが血流に流れこむのである」と。ブリンクリーはアレキサンドリア・ホテルを本拠地にして、まず編集長のハリー・E・アンドリューズに移植手術を施し、一九二二年三月二十三日に、この手術は成功だったと公言した。その後ブリンクリーは同様の手術を、米国巡回裁判所の判事や、ハリウッド映画に出演する無名の俳優たちにも施した。数名の記者によると、チャンドラー自身も性腺移植手術を受けたらしい。

性腺に新たな命。ドクター・ブリンクリーの手術を受けた患者たちが、
ここに明らかな改善を証言。
「不治」とされていた病にかかった多くの者が治癒し、

千二百の手術がすべて成功した。
――ロサンゼルス・タイムズ紙、一九二二年四月九日

ブリンクリーは四万ドルを稼ぎ、チャンドラーは彼をどこまでも褒めちぎった。まもなく証言が出はじめると、期待どおり、複数の効果があったとみなが口をそろえていう。あるカリフォルニアの住人は、「身体のむくみが引いて、よだれの量もずっと減った」といって、新しい性腺を移植してくれた医師に感謝を捧げている。バスター・キートンが二巻物の新しい無声映画『キートンの警官騒動』に、ヤギの性腺のギャグを盛りこみ、それ自体も大きな宣伝になった。

手術の時間に空きが出ると、ブリンクリーはよくロサンゼルスの町を探索し、ひたすら魅了された。日が落ちると、スポットライトが空を縦横に照らして、電飾がまぶしく輝く街で――一九三〇年には人口は二百万人になっていた――ムービーパレス〔豪華な装飾を施した映画館〕や豪華なダンスホールが一層きらびやかな姿を見せる。オーエンズ川の水吐き口から流れこむ水といっしょに、快楽と繁栄が（「いかなる精神の麻薬にも薄められることなく」とオルダス・ハクスリーが書いている）この町へどっと流れこんでいた。偽医者たちは地元の政治にも影響力を持っていた。米国医師会が中心になってワクチン接種や伝染病患者の隔離、狂犬病予防のための犬の口輪装着といったものを義務づけようと尽力したものの、これらすべてを偽医者たちが潰した。いいかえれば、ここはエデンの園なのだ。

目下チャンドラーは、ロサンゼルス初のラジオ局ＫＨＪ建設のまっただなかにいた。ブリンクリ

ーはそれを見て、神の啓示を受けたかのように奮い立った。商工会議所が、よその州から来た著名な医師に、ここに腰を落ち着ける気があるなら十万ドルの病院を建設しようという申し出をしたところ、ブリンクリーはすぐに病院建設にふさわしい土地を探しはじめた。

引っ越しを考えたのは、これが初めてではなかった。二年前の夏に事業が大成功を収めた後、ブリンクリーはミルフォードを出てシカゴへ移る野心的な計画を立てた。「じつのところ、わたしたちが考えているのは、新しい医学校の建設なのです」と一九二〇年に発表している。「その教育課程をすべて習得するには、おそらく四年が必要になるでしょう。動物の性腺移植が数週間程度で教えられると思われては困ります。それだけの期間ではほんの一部しか学べません」ミルフォードではやれるべきことはすべてやったが、これ以上、町を丸ごと自分の肩で背負うのは、荷が重すぎるとブリンクリーはいう。

それまで医学界は多かれ少なかれ、ブリンクリーの行動に嫌悪を感じながらも、静観していた。しかし、こうなるといくらなんでも放っておけず、シカゴの著名な医師たちが力を合わせてブリンクリーを攻撃した。ヤギの性腺移植手術そのものが眉唾であるばかりか、ブリンクリーはイリノイで医療行為を行う免許も持っていない。医学校をはじめる前に、まずは自分自身がちゃんとした医学校を卒業するべきである。シカゴ・ロー・スクールから科学博士号――J・J・トバイアスがでっちあげた名誉学位――を授与されたばかりだなどという、与太話が通用すると思うな。

だが、最終的にブリンクリーの夢にとどめを刺したのは、米国医師会だった。ヨーロッパ及びほかの諸国が性腺の夢のような可能性に浮かれるなか、米国医師会が率先して警戒の声をあげた。J

ＡＭＡの社説で、性腺移植による若返りについては今後さらなる研究を求めると訴え、「半端なデータをつなぎ合わせて技術の成功譚に仕立てる安易さ」に対して警告しつつ、いまはまだ医師会では判断を差し控えると述べた。なかでもモリス・フィッシュベインは懐疑的で、「若返りの秘策が見つかったといって人々の希望を煽る前に、もっともっと確実な証拠が必要である」と訴えた。ヤギの性腺をつかうなど、ばかばかしいにもほどがあるとフィッシュベインはいい、かつて米国医師会の会長だったアーサー・ディーン・ビバンはブリンクリーの主張を「戯言」だと斬り捨てた。

そんなわけで、ブリンクリーはシカゴから追い出されたのだが、結果的にこれは幸運だった。敵の領地で、しかも米国医師会本部の影が差す場所で商売をするというのは、自分からいざこざの種を蒔いているも同然であり、大陸を半分挟んだ先へ引っ越すのが得策だったのだ。好都合にも両者のあいだには、医療委員会どうしの不仲と無数の騒がしい新聞社があって、緩衝材となってくれる。カリフォルニアの甘い空気そのものも、ここはいいぞとブリンクリーを誘っている。有り体《てい》にいえば、ここならもっと金が稼げるぞというのだ。ふさわしい引っ越し先を見つけるのに数週間を費やして――まるでチョコレートの箱から選ぶかのようだった――やがて最終的にエンセナーダのヒダルゴ・ホテルに決めた。六月十八日、このホテルを三十六室の部屋を有する病院に変えるとブリンクリーは発表。「エンセナーダに決めたのは、気候が、とりわけヤギの性腺移植に適していたからです」とブリンクリーはいう。「手術を首尾良く進めるには、気温はセ氏二十一度ほどがよく、急激な気温変化は避けなければなりません……もしこれでいけるとなったら、ロサンゼルスの実業家たちが五十万ドルから百万ドルの資金を投入して、いつでも病院を建てられるよう準備万端整えています（ブリンクリーの場合、夢の裏にまた別の夢がある。どっちが本当に実現したい夢で、どっちが宣伝のための魔法の雲なのか、区別が難しい）」。新しい病院は、「バトルクリーク保養地沿いに建設」するとブリンクリーはいい、そこならヤギの性腺もおまけについてくるらしい。ヤギはデル・モンテの牧場主から供給されるという。

一方シカゴでは、ブリンクリーのほぼ予想どおりに物事が動いていた。全体的に見て、米国医師会の首脳部は、目に触れるところにブリンクリーがいない限り、彼を忘れることができた。しかしメンバーのひとりは、何があろうと忘れはしない。モリス・フィッシュベインの頭のなかには、二年前にシカゴで行われたヤギの性腺移植の公開手術が、忌まわしい記憶として焼きついていた。カリフォルニアから派手な宣伝が飛びこんできたいま、フィッシュベインは仕事にかかった。それは徐々に熱を上げていき、まもなく彼の仕事における最重要事項になっていく。すなわち彼は、ジョン・ブリンクリー医師の打倒に生涯をかけることになるのである。

11

一九二二年八月、ブリンクリーがカリフォルニアの免許交付局から免許が下りるのを待っているとき、シンクレア・ルイスはシカゴのモリソン・ホテルの自室で机を前にすわっていた。

小村の暮らしを辛辣に描いて絶賛された風刺小説『本町通り』。それが生みだした好調の波に乗っている彼は、妻のグレイスに手紙を書いて、出会ったばかりの非凡な男のことを知らせていた。「フィッシュベインは驚異だよ！　科学、論理学、医学に限らず……文学や歴史など、森羅万象にわたる知識を有している。ユーモアがあって、気前がよくて、好奇心に満ちて……いまも彼は、新しい世界の扉をあけようとしている――つまり、最強の学識と良識を持って、悪いやつらを叩き潰そうというんだ」

たしかにフィッシュベインは人にそういう印象を与える人物だった。陽気で、好奇心の塊といえる彼は、現代のミスター・ピクウィック*といわれることもあった。あのピクウィックに医学を教えこみ、ボルシチ・ベルト〔ユダヤ系アメリカ人に人気のリゾート地〕の水に数年間漬けておけば、まさにフィッシュベインができあがる。しかし、そのあふれんばかりのエネルギーは、ディケンズその人のほうに近いだろう。ゴルフ場でプレイの合間にジンラミー〔ふたりで遊ぶトランプゲーム〕を楽しむかと思えば、レオポルドとローブが起こした残忍な殺人事件**に夢中になって、弁護側と検察側の両方に、医学面からの助言をしたこともあった。彼と出会ったとたん、いますぐ部屋を出ていきたい強い衝動に駆られる人間もいるが、たいがいは、その類い稀なる人間性に引きつけられた。フィッシュベインには、過去にも未来にも目を向けず、いまこの瞬間だけを生きていると思わせるところがあって、それが長所でもあれ

＊　ディケンズの小説『ピクウィック・クラブ』に登場する人物。陽気な人柄のために事件の中心人物になる。
＊＊　シカゴの裕福な学生ネイサン・レオポルドとリチャード・ローブが十四歳のボビー・フランクスを惨殺した事件で、これをもとにヒッチコックが映画『ロープ』をつくっている。

ば、短所にもなった。

手紙の続きで説明しているように、そういった点以外にも、ルイスはフィッシュベインに心酔していた。その前日、思いがけずドアをノックする音がしたと思ったら「ドクター・モリス・フィッシュベインとカール・サンドバーグ〔ピュリッツアー賞詩人〕、そしてシカゴ・デイリーニューズ紙の文芸編集者ハリー・ハンセン、キース・プレストンがやってきた。おまけにモリスはしれっとした顔で、釣り用のクーラーボックスに入れて何か（密造ウィスキー）を持ちこんできた。それでこっちは、ルームサービスに電話をして、ホワイトロック〔ミネラルウォーター〕とぶっかき氷、薄手のグラス五つを持ってきてもらった……それから晩飯を食べにいき、そのあとフィッシュベインの部屋に行って、夜通しおしゃべりに花を咲かせた。結局昨夜はそこに泊まって、いまもどってきたというわけだ」。

一九二〇年代、移動祝祭を楽しめるのはパリだけではなかった。アールデコ熱に沸くシカゴの町では、どれほど野暮ったい店でも、ナイトクラブに必要な華やかな光をまとっていた。それが、「アメリカで最も豪華な舞踏場」として宣伝された〈トリアノン〉のような本物ならば、携帯用の酒瓶を忘れたとしても、その装飾だけで酔える。フィッシュベインがとりわけ愛してやまないのは劇場で、学生時代には小遣い稼ぎに、公私ともにサラ・ベルナール〔フランスの舞台女優〕の付き人まがいをしていたこともあって、シカゴを訪れる人があれば決まって、建物自体が目を楽しませる豪華な劇場やムービーパレスに案内するのだった。トランプ遊びも大好きで、ノース・サイドにあるベン・ヘクト〔米国の小説家、映画プロデューサー〕のアパートメントで、サンドバーグやクラレンス・ダロウ〔レオポルドとローブ事件で、ローブの家族が雇った名弁護士〕とポーカーを楽しむこともあった。

フィッシュベインを通じて、ルイスはこういった娯楽のすべてに触れることができたわけだが、それ以上に彼にとって大きかったのは、〈シュレーゲルズ〉の仲間たちに紹介されたことだった。ノース・サイドの高架下というやかましい場所に建つ〈シュレーゲルズ〉は、ドイツ式のレストランで、雄ジカの枝角が飾られたこぢんまりした部屋で、客は陶製の大ジョッキに入れたビールを楽しむ。木製の渦巻き装飾や金箔、曇った鏡が独特の雰囲気を醸し出す店内には、あちこちで葉巻の煙がくゆっている。テーブルにはバターの大きな塊と、籠に入った焼きたてのライ麦パン。料理はといえば、ウィンナーシュニッツェルや林檎のパンケーキといったお決まりのものに加えて、ウナギのアスピック〔魚の煮汁にゼラチンを加えてつくるゼリー〕やシカ肉のローストといった変わり種もあり、いえば、なんと「フクロウ料理」も出してくれる。とはいえ、喧噪の源は厨房ではない。食事エリアの右手奥で、アルゴンキン・ホテル円卓派〔ニューヨークのアルゴンキン・ホテルに集まった作家たち〕よろしく、それよりもっとダイナミックでエネルギッシュな討論が定期的に行われているのである。

当時のシカゴは最も熱い文学シーンの舞台になっていて、H・L・メンケン〔米国のジャーナリストで文芸評論家〕がいうように、激しい文学論争が繰り広げられていた。「耳をつんざく鬨《とき》の声がしたかと思うと、あちらで物が割れ、こちらで殴り合いがはじまる。批評家同士が互いを侮辱して鼻を引っ張り合い、話をきいていて義憤に駆られた外野の有志たちが徒党を組んで突撃する。インク、耳、タイプライター、形容詞、椅子の脚、『ギリシア詞華集』からの引用が混じり合って、店内の空気は混沌としている」店の狭さを苦にもせず、一九一六年からはじまったこの戦いは、ヘクト、サンドバーグ、シャーウッド・アンダーソン（甘い声と、趣味の悪い靴下で知られていた）、エドガー・リー・マスターズ〔米国の詩人・小説家〕や、いまはその名も忘れられたあだ花のような者たち、そして頭の回転が速く、押しの強い地元新聞社の若者たちを巻きこんで続いていた。もしここに集まった者たちを一箇所に隔離でもしようものなら、全員がうぬぼれか自信喪失で死に絶えることだろう。それでも議論の中身が面白いのは、ここに集まった男たち（女性はいなかった）がみな、単なるゴシップに堕さないよう心がけていたからだった。話題は、形而上派の詩人からはじまって、ロシア人の行動科学やオジブワ族の習俗にまで多岐にわたり、自分の意見こそが正しいのだと一番強気に主張するのは、たいてい無知の輩か酩酊した者だった。この大騒ぎのさなかで男たちは記事を殴り書きし、ウクレレを引っ張り出す者までいる。フィッシュベインはといえば、弁が立つこと右に出る者はいなかったと、ベン・ヘクトが記憶している。「学識豊かな医学者は雄弁を振るうことにも長けていて、その青白く丸い禿げ頭は、われわれのテーブルに建つ知識の灯台さながらに輝いていた。彼には魅力がたくさんあり、いかなるトランプゲームでも勝てないというのが、その最たるものだった」

ルイスは〈シュレーゲルズ〉で大歓迎を受け、メンバーたちがひらく私的なパーティーでも引っ張り凧になった。酔いがまわってくると、酒で失敗した愉快な武勇伝を語りだす。ひとりですべての役をこなす寸劇も披露すれば、高層の窓の桟の上をそろそろと歩きだして、女性たちに悲鳴を上げさせもする。

ルイスとフィッシュベインはそうやって親交を深めていったが、つねに意見が一致するわけではなかった。きみは名前を変えたらもっと成功できるよと、小説家は医師に勧める。フィッシュベインという名はあまりにユダヤ的だというのだ。これに対して医師は、それはキリスト教徒の偏見で

〈シュレーゲルズ〉にて作家、ジャーナリスト、編集者たちの集い。前列右から３番目にモリス・フィッシュベイン、後列右から３番目にベン・ヘクト。1924年撮影

あって、きみこそ、そういうところを変えるべきだといい返す。あるときフィッシュベインはランチの席で、どんどん膨れ上がる米国医師会の偽医者ファイルについてルイスに話をし、それを調べながら医学をテーマにした本を書かないかと勧めた。しかし作家は断った。

作家の頭は別のことでいっぱいだった。すなわち、労働運動の偉大なる指導者、ユージーン・V・デブスを訪ねようというのだ。そもそもシカゴまでやってきた本来の目的はそれで、彼を主人公に次の小説を書こうと思っていた。国民を大いに奮起させたデブスは、米国社会党の公認候補者として、これまでに五回、大統領選に出馬している。最後の選挙戦は一九二〇年で、戦争反対の運動をした罪で収監されたアトランタの刑務所から出馬。大統領候補、服役囚九六五三番として、異色の選挙戦で百万票近くを獲得した。しかし、長きにわたって政治運動に邁進し、二年もの刑務所生活を送ったつけがまわって、身体的にも精神的にも限界が来ていた。それで現在、シカゴ郊外にあるリンドラー療養所で回復に向けて療養中だった。デブスはこの病院を、「加減抵抗活性機《リオスタット・ダイナマイザー》」による療法で名を馳せた偽医者、アルバート・エイブラムズ医師に勧められた。

フィッシュベインはエイブラムズを「世界で二番目に狡猾な偽医者」と呼んでいた。一番はもちろんブリンクリーだ。デブスが入院している療養所の院長ヘンリー・リンドラーのことも同じぐらい軽蔑していた。リンドラーが治療プログラムに、エイブラムズ考案の「振動破壊機《オシロクラスト》」を入れているのもその一因だが、この療養所はもっぱら「自然療法」で有名で、これまたフィッシュベインは唾棄すべきものと見なしている。かつて穏やかな流行を見た時期もあった自然療法だが、一九二〇年代に入ると、全国でかろうじて一ダースの医学校が残っているだけだった。フィッシュベインが嬉々として朗唱してみせる、この医学校の学習課題には、地震療法、グルコキネシス、ゾーンセラピー、理学療法、占星術診断、実践括約筋学、骨相学療法、化学色素療法、虹彩診断、牽引療法、按摩療法がふくまれる。簡単にいえば、自然療法というのは、時代遅れの民間療法を寄せ集めたがらくた市のようなもので、「搾取のチャンスを提供する、あらゆる形の療法」なのである。リンドラー自身は、自然療法のカイロプラクターであり、フィッシュベインが「学士製造所に等しい下等な学校」と呼ぶ、悪名高いシカゴ国立医学校の卒業生である。その学校は、地元の衛生局からは「シカゴ一卑しいところ」と呼ばれている。

それにしても、どうしてデブスほどの人間が、偽医者に騙されるのか？　フィッシュベインにいわせると、デブスのようなある分野の先駆者——自分の頭で自由に考える人間——がしばしば詐欺にひっかかりやすいのは、自由な思考を自分の専門分野以外にも適用してしまうかららしい（「政治における自由思想家は、政治のあらゆる問題を解決する万能策に飛びつくのと同様、科学における万能薬にも飛びつくのだ」）。フィッシュベインはこういう話をルイスにして、小説のモデルはさておき、なんとしてでも、その療養所から逃げ出すようデブスを説得しなければいけないと訴えた。

いまひとつ納得できないルイスは、自分で療養所を見にいくことにした。

これといったニュースもない日、カール・サンドバーグは〈シュレーゲルズ〉にやってきて、ライ麦パンのハムサンドを頼んで、暇をしているほかの客たちと大きなテーブルに着いた。デイリーニューズ紙の記者であるサンドバーグは、〈シュレーゲルズ〉に集まる面々とは趣を異にしており、それゆえに一目置かれていた。活発でも現代風でもない、口の重い人間で、博士号を持つ農夫といった印象の男だった。サンドウィッチを二口か三口食べ終えたところで、サンドバーグはポケットから数枚の紙を引っ張り出した。

「家にいる子どもたちのために、物語を書いていてね。夜寝る前に読んできかせているんだ。できているところまで読んでみるから、きいてほしい」そういって、肝臓とタマネギの村に暮らす小さな少年の話を読みだした。

ほかにも彼は、「糖蜜の樽と三人の少年と秘密の大望」とか、「トウモロコシの妖精の見分け方」といったタイトルの物語を書いていた。

「それ、出版するつもりかい？」誰かがきいた。

「そんなことは考えもしなかった。子どもたちのために書いているだけだったから」

しかし本当はそうではなかった。サンドバーグには密かな野心があった。家に帰ると書斎で、編集者のアルフレッド・ハーコートに手紙を書いた。子ども向けの新しい短編集『ルータバガ・ストーリーズ』の宣伝計画や、ウィンドウ・ディスプレイについて相談する手紙だった。

「この本はヤギの性腺よりいいと、そう推してくれる批評家がいないものかね？」

12

どれだけ踏みつけにされても別れない愛人のように、ミルフォードの町は再び彼を受け入れた。一九二二年の秋、ブリンクリーは二度目の恥辱を被ったあとで古巣にもどった。カリフォルニア州医療委員会が、彼の免許申請書を調べたところ、嘘八百であることが露見。卒業したと書かれているベネット折衷派医科大学をブリンクリーは卒業していなかった。ボルティモアのミルトン・アカデミーに通った記録もまったくない。履歴書にはそういった齟齬《そご》が至るところに散見された。おそらくハリー・チャンドラーの強力なコネがあるからと安心していたのだろう。それに、数千というほかの偽医者が、ここカリフォルニアではうるさいことをいわれずに商売できているという事実もあって、自分の場合にも医療委員会は、ゆるゆるの審査基準を適用してくれるだろうとブリンクリーが高をくくっていたとしてもおかしくない。それなのに蓋をあけてみたら顕微鏡をつかって精査するような緻密さで、彼の経歴は徹底的に調べあげられていた。そこにモリス・フィッシュベインが一枚噛んでいて、申請者の為《な》した悪事の数々を審査側に吹きこんだことをブリンクリーはまだ知らない。それでも、これには米国医師会がなんらかの形でかかわっていると直感的にわかったようで、以降彼らを宿敵と見なすようになる。

本人は姿を消しても、カリフォルニアはブリンクリーを忘れなかった。サン・クエンティン刑務所のレオ・スタンリー医師は、ヤギの性腺移植について自ら実験を開始。ロサンゼルス・タイムズ紙がその模様を「犯罪という病を撲滅する」という特集で追跡し、拍手を贈った。こういった取り組みに対してブリンクリーが苦情を申し立てることはなかった。彼を激怒させたのは、自分がロサンゼルスを離れたとたん、雨後の筍のように即席のクリニックが次々と現れ、ヤギの性腺移植の奥義をブリンクリー本人から伝授されたと喧伝する輩が後を絶たなかったことだ。そういう連中はみな偽医者だと告発する広告をブリンクリーは全国規模で大々的に打つはめになった。

とはいえ、こぼれたミルクを嘆いても仕方なく、前へ進もうとブリンクリーは思い、「打たれたら、倍返しで逆境を跳ね返せばいい」とミニーにいっている。金儲けのチャンスがある限り、めそめそしないのがブリンクリー流で、近頃はそのチャンスがさらに増えてきていた。

アナグマの毛皮のコートがカレッジ学生のあいだで大流行し、奔放な格好や行動をする若い女性がフラッパーと呼ばれ、威勢のいいスラング〈ほっといてよ〉None of your business を None of your beeswax といいかえるなど）が飛び交う時代になりはしたものの、この国を偉大にした原動力がなんであるか、アメリカは忘れていなかった。エイボン・フォアマンという名のボルティモアに住む少年が、ポール・シッティング*で最高記録を出したとき、市長は伝統的な価値の観点から彼を賞賛した。「七月二十日から三十日まで、十日十時間十分十秒のあいだ、家の裏に立つ二十二フィートのポールの上にすわり続けた。その不屈の精神と持久力が導き出した彼の偉業こそ、初期アメリカの開拓精神が、今日の若者のあいだでも生き続けている証明である」さらに重要なのは、この時代、あらゆる価値のなかで昔から最も優先されてきた富の追求が、かつてないほど隆盛になったという事実である。「物質主義が福音主義的なカルトのように全盛を極めた」と歴史家がいうように、職種にもよるが、高所得者層に限らないアメリカ人全体の平均給与が、一九一五年から一九二五年にかけて二割増しから五割増しにまで増えたことで、どんどん稼いでどんどんつかう風潮が広がり、その購買意欲につけこんで、消費者の足元をすくう怪しげな商売が次々と生まれた。ブリンクリーもその時代の波に乗ったが、もちろん彼は捕食者の側にまわった。類い稀な回復力と縦横の才気を武器に、時代の最先端で稼ぎまくったのである。

カリフォルニアを新天地とする話など最初からなかったかのように、その秋ブリンクリーは自分の仕事の本拠地として、ミルフォードがどれだけ理想的かを訴えるダイレクトメールを数千枚規模で発送した。「真の安らぎと静寂に満ちた田園に現代の最新技術を置く。これほど理想的な取り合わせはほかにない」実際、イギリスで最も格の高い療養所は田園にありますよねと、ミニーは新聞記者に指摘する。自分の病院もその系譜に連なると思わせるため、ブリンクリーは自身のつかう文房具に紋章を加えた。騎士、盾、花、蔓などを鮮やかな金と濃紫色で描いたのである。当時の新聞に掲載された写真には、イギリス産のウォータースパニエル〔水鳥猟に用いる猟犬〕とともに飛び跳ねるブリンクリーが映っている。

病院自体も大きく建て替えた。新しいロビーには、華麗な絨毯を敷いて椅子とソファを置き、シ

＊ 旗竿などのポールの上になるべく長くすわることで、忍耐力を示す競争。一九二〇年代の米国で流行した。

ャンデリアも設置。広々とした窓にゆったりかけたカーテンは、日差しを入れるためにカーテン留めをつかって両脇に留めてある。この新装相成った病院を宣伝する文句は、装飾過剰の極みだった。「どこからどこまでもモダンで、個室には浴槽をはじめ、最新かつ最もモダンな家具や電話が備わっている。個室のほかに、読書室、ラウンジ、広々としたロビー、食堂、モダンなドラッグストアや床屋……」

西海岸でいかなる悪評を得ていようと、それらをすべて奔流のように洗い流す宣伝文でブリンクリーは読む者を圧倒した。そして、病院を大げさに宣伝するだけでは飽き足らず、人々の心理の奥深くへもトンネルを掘って入りこんでいく。一九二二年十月二十五日の日付で、彼はダイレクトメールを方々へ送りつけた。これには『若返り』という雑誌が同梱されていて、その代金として一部十セントを送ってほしいと書いた。

親愛なるみなさまへ

自分は何か目的があって神がこの宇宙につくったのであって、いまここにこうして生きているのは決して偶然ではない。わたしと同じようにそうお考えなら、この世界をいまより素晴らしい場所にするのは、わたしたちの責務であるとわかっていただけることでしょう……精神の病や老化による病を治療し、いつまでも冴えた頭脳を維持して、次世代のために、この世界で価値ある仕事を成し遂げようではありませんか。それについて、わたしの外科手術は、時代の五十年先を行っていると自負するものであります……。

微力ながらそういった仕事の一端で、このわたしがお力になれる方はいないかと密かにさがして、あなたを見つけました。ゆえあって神に選ばれ、送り出されたあなたなら、この苦しみ多き世界に、希望のメッセージを広げることができると、そう信じています。ささやかなものではありますが、これはあなたに与えられたチャンスです。どうぞ活用してください。この雑誌をご自身で読み終えたら、ほかの方々にも読ませて、真実と希望のメッセージを伝えてください。行動するのはいま。熱が冷めないうちに、忘れる前に、どうぞ動きだしてください。

これは単なる前置きのダイレクトメールであって、ビジネスの内容についてはまだ触れていない。その一方で、ブリンクリーの部下たちは体験談を集めて冊子にする準備に奔走した。この戦略には何も新機軸はない。未承認医薬品にとって、実際に試した人の体験談というのはいつの時代でも最も効果があるもので、いかがわしい薬品を取り締まる側にとっては、これが大きな悩みの種だった。アーサー・J・クランプは、「体験談を信じるな」というポスターを制作して全国に配布した。フィッシュベインは米国医師会の刊行物であるJAMAに、見開き二ページをつかった注意喚起の特集を繰り返し組んでいた。片側のページに体験談の抜き刷りと、それを寄せた本人の顔写真と奇跡的に治癒した病気の名前を置き、反対側のページに、同じ人物の死亡証明書と、死因となった同じ病気の名前が置かれている。しかし、ことこの件に関しては、アメリカの一般大衆の注意を喚起するのはほぼ不可能だった。「平均的なアメリカ人は、馬や、箱入りの葉巻を買う場合には、注意深い消費者の鑑となる」とサミュエル・ホプキンズ・アダムズが書いている。それでいて、自身の持つ「最も貴重なもの」である健康によいときけば、見境なくどんなものにも手を出す。「幼稚な虚栄心をくすぐられた艦隊司令官や良心の欠如した上院議員、医師にあるまじき人間などが、いわれるままに嘘八百の体験談を書き、どこかの田舎の初心《うぶ》な人間や、特典として体験談に載せる以外の写真も撮ってやるといわれて舞いあがる愚かな女性も、喜んでそれに加担する。こういった体験談のどれかひとつでもあれば、期待に胸をふくらませる患者に購入を決めさせるのに十分だった。ところがその同じ人間が、新聞に載った、たったひとりの体験談を読んだだけで、毒をあおることになるかもしれない危ない薬に、喜んで財布の紐をゆるめるのである」それにくわえて、身体の不調の八割は放っておいても自然治癒するという事実がある。そこにプラシーボ効果を加えれば、出来損いの偽医者でも数年は商売繁盛が期待できるというわけだ。

一九二二年にブリンクリーが集めた体験談のなかで最も威厳があるのは、コロラドのウェズリー・ステイリー上院議員のものだった。ブリンクリー夫妻は「非常に素晴らしい夫婦で、この地球に暮らす人類最大の恩人である……わたしはヤギの睾丸をぶら下げており、それを誇りに思っている」などと書いているのである。最終的にブリンクリーはそういった体験談を百以上集めて一冊の本にまとめた。ヤギの性腺移植を受けた男性及び女性患者から受け取った感謝の手紙という触れこみで、『影と陽』と題して手術前と手術後について体験談を紹介している。

しかしそれだけやってもまだ安心はできない。このゲームは参加者が多すぎた。「過去二年のあいだ、絶え間なく叫ばれた生殖能力の衰えに、一般読者は慣れきってしまった感がある」とニューヨーク・タイムズ紙は社説でそう語っている。戦争に苦しめられた世界が、性腺に苦しめられる世界に道を譲ったわけで、どこに目を向けても、誰かが「シュタイナッハる」か「ヴォロノフる」かの手段を講じており、果たして効果はあったのか、あるとすればどちらが強力かといった議論に沸いていた。まさにその夏、ブリンクリーがカリフォルニアにいたあいだ、また別の若返り術を提唱する医師がシカゴの新聞で大ニュースになり、ミルフォードの救世主をとことんいらだたせた。

なぜまたシカゴなのか？　理由はふたつあった。ひとつ、問題の医師はフランク・リッドストンの筆頭弟子で、そのリッドストンがシカゴで働いていた。ふたつ、シカゴにはまた、インターナショナルハーベスター社の後継者である億万長者、ハロルド・ファウラー・マコーミックが住んでいる。マコーミックの妻は、ジョン・D・ロックフェラーの娘、エディス・ロックフェラーである。オーソン・ウェルズが『市民ケーン』のなかで、このハロルドをモデルにした男を登場させている。五十歳の彼が、〝歌を歌わないディーヴァ〟であるポーランドのガナ・ワルスカと恋に落ちたエピソードを盗用したのだ。ワルスカは、清純派ではなかった。すでに数回の結婚経験があり、それを誇りにしていた。「男はわたしをひと目見たとたん、みなプロポーズするの」と自慢したところ、別の女性が「そうね。でも何を企《プロポーズ》んでいるのかしら？」そういい返したと、当時の逸話が残っている。それはさておき、マコーミックはワルスカに夢中になって、一九二〇年には、シカゴ・オペラ・カンパニーの重役の立場を利用して、ワルスカをオペラ『ザザ』に主役としてねじこんだ。オペラを成功させるために世界一流のボイストレーナーまで雇ったものの結果は惨敗。このオペラは「一九二〇年代最悪の失敗作のひとつ」と呼ばれ、『ザザ』はワルスカをヨーロッパに送り返し、その尻をマコーミックが追いかけた。それから二年たっても、まだマコーミックはワルスカのプードルだった。そんな彼に性腺移植を受けさせようというのは、ワルスカの考えであるのは間違いないが、ある新聞はヨーロッパの専門家と偶然出会ったことに端を発するとしている。

「(マコーミックは) その専門家に、若さを保つために食事と運動で自分を厳しく律していると語った。運動は、屋外スポーツと体育館でのトレーニングの両方を行い、練習の甲斐あって、いまでは跳びこみ前転を連続十五回できると豪語した。すると専門家はこういった……四十を過ぎてそんな激しい運動をしたら身体を壊します。それより、性腺移植について学んだほうがいい」

マコーミックはシカゴの泌尿器専門医、ヴィクター・レスピナスに性腺移植手術をしてもらうことにした。レスピナスはリッドストンと、ともに学んだ仲である。マコーミックとしては、すべてを秘密裏に終えたかったが、その願いは叶わなかった。

H・F・マコーミックの秘密の手術
入院は性腺移植のため?
家族は黙して語らず
若さを保つのは彼の趣味
——一九二二年六月十八日、ニューヨーク・タイムズ紙一面。

シカゴ・ヘラルド・イグザミナー紙もまた、この情報を得て記者の一団を送り出した。結局のところ、ここは『フロント・ページ』の生誕地。現役の記者ベン・ヘクトとチャールズ・マッカーサーが書いて、その四年後にブロードウェイで大当たりしたジャーナリズム界を揶揄するコメディの舞台なのである。マコーミックの話を追いかける、ネタ探しに熱心な新聞記者たちは、そのオーディションを受けてもよかっただろう。情報が入ると、ウェズリー記念病院の受付にどっと押し寄せ、なかのひとりが、自分は巡査部長トマス・A・マレンだと嘘をついて、入院患者の名簿を見せるよう要求した。それで明らかになった情報をもとに、彼らはレスピナス医師の自宅を深夜に訪れて呼び鈴を鳴らし、寝ている医師を起こそうと窓に小石を投げつけた。とうとう医師が起きて窓のサッシをあけたものの、外にいる連中が何者か気づくと、医師はまた窓をぴしゃりと閉め、患者に電話をかけて警告した。しかし、イグザミナー紙の記者たちはすでに近くの電柱に仕掛けをして、医師の電話を盗聴していた。

記者たちが苛立ったことに、それでも詳細はほとんどわからない。マコーミックは病院の関係者以外立ち入り禁止の別棟に入れられていたのだ。それから噂が広がった。患者は新しい睾丸をイリノイの鍛冶職人から受け取ったというのもそのひとつで、そこから酒場では、こんな戯れ歌が歌われるようになった。

大きな栗の木の下で
村の鍛冶屋が立っている
ふさぎこむ鍛冶屋の

その睾丸は、いまや
マコーミックの股間に

その後ニューヨーク・タイムズ紙に、事実に基づいた、もっとしっかりした記事が載った。「ミスター・マコーミックと同じ病院に、身元不明の若い男性がいたことが判明。見るからに男らしいこの若者は、立派な体格と高度に発達した運動能力を持っている。見事な肉体ゆえに選ばれた彼は、ミスター・マコーミックの犠牲になることで、マコーミックの富の一部を自分のものにしたのだと、院内ではもっぱらの噂である」

二日後、レスピナス医師がとうとう記者たちに話をし、マコーミックに人間の性腺移植手術を施したという巷の憶測を全面否定した。信じる者は誰もいなかった。何しろ性腺移植はこの医師の十八番である。その腕に物をいわせずして、どうして五万ドルもの報酬を得たのか？　医師が事実を秘匿したのは、思慮深さからか、幼稚な意趣返しか、または単に腹黒いだけなのか。理由は定かではないものの、隠したことによって、とんでもない憶測が生まれた（ひょっとしてその移植手術は何か動物の性腺をつかったのではないか？　ヤギでなかったら、サルか？　それともまだ医学界一般では知られていない奇跡を起こす物質をレスピナス医師が発見したとか？）。

最終的にマコーミックは事実を明らかにしないまま、こっそり消えた。

しかし、「奇跡を起こす物質」が存在するという仮説が立ったことで、外科手術によらない若返り術はますます注目を浴びて、一九二二年にはその業界の主役となる。詰まるところこれは三十年前にブラウン＝セカールが提唱したものの再来で、古いワインを新しいボトルに詰めかえただけなのだが、それでも経済的に余裕がなかったり、外科手術にまで踏み切れなかったりする者たちにとっては福音だった。ブリンクリーはすでにこの市場もしっかりつかんでおり、直腸に入れる注射器つきでスペシャル・グランド・エマルジョン〔グランドは性腺を意味する〕を百ドルで通信販売していた。しかし、この市場も競争相手が多すぎた。そもそもこれは、サンフランシスコで女性向けに売り出したヤギの性腺坐薬のように、ブリンクリーが本業のかたわら販売したのが元祖であり、それを真似してさまざまなバリエーションが生まれていたのだった。「本物の性腺物質を直接あなたの性腺にお入れします」をキャッチフレーズにしたイリノイのユース・グランド化学研究所をはじめ、デンヴァーのヴァイタル・オー・グランド会社、グランダイン、グランデックス、グランドトーン、グランドル……。

その一方で、フランスでは性腺移植に代わるシンプルで画期的な療法が生まれ、手術が不要になっていた。ボルドーのクルーシェ医師が、動物の血液の輸血で患者が若返ったと発表したのである。しかしすぐに、ヤヴォルスキ医師がそれに対抗して、若者の血液を少量、老齢の人間に輸血することで若返ることができると主張する。このヤヴォルスキの患者のなかには著名人がいた。当時八十歳代のアルマン・ギヨマンは、友人のゴッホ同様、放縦な色使いで知られる印象派最後の生き残りで、フランス美術界の老巨匠である。そのため、彼に乙女の血を輸血するという、画期的な「血の婚姻」に全国民の注目が集まった。なかには、そんなものは少しも目新しくないと疑問視する者もいた。実際十五世紀に、教皇インノケンティウス七世が、若返りを期待して少年の血を飲んでいるのである。しかしギヨマンの友人も家族も、この療法は彼に驚異をもたらしたといっている。

いまのブームがあるのはすべて自分のおかげなのにと、ブリンクリーが歯噛みをしたのは間違いない。しかし、彼らを押しのけて頭ひとつ飛び出るには、いったいどうしたらいいのか？『コリアーズ』のライターの言葉を借りれば、このときブリンクリーの頭脳は「扇風機より高速で回転して」いた。

13

その波乱に富んだ一九二二年の夏、フィッシュベインのオフィスに、H・L・メンケンの紹介状を手に見知らぬ男が現れた。存在感たっぷりの細菌学者で、実際身体も大きい、ポール・ド・クライフである。サイエンスライターとしても活躍していた人物で、つい最近ニューヨークのロックフェラー医学研究所を辞めたばかりだった。それ以前にはパーシング将軍の下でパンチョ・ビリャと戦い、第一次世界大戦時にはフランスで細菌を毒ガスに活用する方法を研究していた。彼に初めて会った人間は、その柱のような首にまず圧倒される。「あらゆる新発想を、熱狂的に受け入れる、根っから情熱的な人間」と、ド・クライフは己をそう語っている。

そしてフィッシュベインもまた、ド・クライフに同じ印象を与えたことが、ド・クライフの回想録『ザ・スイーピング・ウインド（吹きすさぶ風）』を読むとわかる。「フィッシュベイン医師を評するのに、今日では鬼才という言葉がよくつかわれるが、一九二二年にわたしが彼から得た印象もまさにそれだった。まだ共同経営者という立場であったにもかかわらず、ＪＡＭＡをひとりで完全に掌握している感じで……こちらはひたすら畏敬の念に打たれるばかりだった」

頑固なゆえに人の下で長く働くのが苦手なド・クライフは、自身の使命と思える仕事を遂行すべく、シカゴにやってきた。すなわち、いかがわしい薬の嘘を暴くためで、それも詐欺師が売り歩く民間薬ではなく、立派な製薬会社が販売する市販薬の嘘を暴こうというのだ。詐欺行為を暴いて、その事実を世間に広く知らしめようというわけで、いいかえれば、フィッシュベインと同類の人間だった。当然ながらフィッシュベインはこの男に引きつけられ、ふだんならやらないことをこの男のためにやる。後にフィッシュベインは権威主義的な立場に盲目的に従っていると非難されることになるのだが、少なくともこのときだけは、ＪＡＭＡの広告主が良く思わない行動に出る危険を進んで冒す。それも医師たちには害が及ばぬようにやるのだった。

大会社が販売する市販薬について、ご存じのことを教えてくださいとド・クライフが頼むと、フィッシュベインの長広舌がはじまった。立て板に水で語る話の、その「驚くべき正確さ」にド・クライフは度肝を抜かれた。「製薬会社に踊らされてばかりを見る医師たちの話はじつに真に迫り、物語をきくような面白さがあるだけでなく、至るところに百科事典のような知識がちりばめられている。知識の雪崩《なだれ》に襲われた後、話の根幹まで到達できるよう、地ならしの蒸気ローラーをかけられたかのような、迫力と説得力なのである。それでいて不思議なのは、この見事な説明が終わったあと、わたしはフィッシュベイン医師のいったことをほとんど覚えていない」そういう体験をするのはド・クライフだけではなかった。彼に会って話をきいた人間は、少なくとも初対面では、情報を伝えてもらったというより、何かすごい体験をさせてもらったという印象を受けるのである。

話が終わるとフィッシュベインは、ド・クライフを連れて廊下を進んでいき、クランプ医師に引き合わせた。ふたりの紹介が終わるとフィッシュベインはすぐ立ち去った。

クランプは自分の棚から、次から次へ瓶を引っ張り出しては訪問者の前に並べていく。ド・クライフは興奮の面持ちで瓶のラベルに目を走らせ、コルク栓の匂いを嗅ぐ。純正食品薬事法の威力が弱まったせいで、ここには嘘を暴露しなければならない偽薬品が山のように置いてある。禁酒法以来、行き場を失った大量のアルコールを、こういった強壮剤が引き取っているのだった。ド・クライフはクランプに次々と質問をぶつける。

ふたりがそうやって話をしているあいだ、同じ建物のエレベーターにシンクレア・ルイスが乗っていて、階上へ上がっていく。

ルイスは過去一週間ほど、エルムハーストにあるリンドラー療養所に日参してユージーン・V・デブスと会っていた。労働者たちの偉大なる救世主は、いまやげっそり痩せ衰えていたが、最初に会ったときユージーンは、その骨張った両手でルイスの肩をがっちりつかんだ。「ユージーンはまさにキリストだ」と彼は妻のグレイスへの手紙に書いている。「賢く、優しく、寛大――それでいて、闘士の権化なんだ」最初に会ったとき、ふたりの話は数時間にも及んだ。社会主義者であるあなたをヒーローになぞらえ、あなたをモデルにした小説を書きたいとルイスは計画を打ち明けた。

ユージーンは光栄だと喜び、過去の逸話をいくつか語り出す。グレートノーザン鉄道に対してストライキを行った時代の話もそのひとつだった。

療養所そのものについては、フィッシュベインがあれだけ侮蔑の言葉を吐いたというのに、ルイスはこれといった強い印象を受けなかった。この療養所の日常について、グレイスに宛ててこんなことを書いている。「……午前六時（早すぎる！）に露の下りた芝生を裸足で歩き、朝食にはスモモひとつと林檎ひとつと梨ひとつ。体力増強が必須の人間は、そこにカップ一杯の生ぬるいポスタム〔穀物飲料〕が追加される。夕食（自分もいっしょに食べた）は、ホウレンソウ、全粒粉のパン、ミルク、スイカ……といったものだったが、樹木の陰になった環境は静かで、ユージーンは快適そうだった」（実際ユージーンにとって、この療養所のいいところは、カール・サンドバーグの家に近かったことだろう。サンドバーグは妻と娘たちとともに、療養所からわずか三ブロックしか離れていないところに住んでいた。入院中、ユージーンは何度か療養所をこっそり抜け出し、サンドバーグの地所のニレの木陰を、履き慣れた古靴の左右のようにふたり仲よく散歩し、プロレタリア運動についておしゃべりしていた）

しかしルイスのほうは、わからなくなってきた。本当にこれでいいのか。労働組合の話なんて、自分は書きたくないのではないか。取材と思って、シカゴで労働組合の集会にもいくつか顔を出してみた。けれど、こちらが熱心に話しかければ話しかけるほど、返ってくる反応が退屈に思えて仕方ない。『本町通り』や『バビット』〔米国中産階級の物欲に固まった人間を主人公にしたルイスの小説〕を世に出した辛辣な作家には、ユージーン・V・デブスの擁護する聖なる労働者たちが「どこにでもいる俗物」にしか見えないのだった。

そこへ来て、フィッシュベインが執拗に非難を続けることもあって、ルイスのほうでも療養所が信用できなくなり、徐々にデブスへの尊敬も薄らいでいった。八月二十六日にグレイスに宛てた手紙にこう書いている。「至極滑稽な食事やカイロプラクティック、「電子」治療などという完全なインチキ（これについては、ドクター・フィッシュベインの見解をきいてほしい）もひっくるめて、リンドラーの怪しげなプログラムに、あれだけの男があっさり騙されてしまうのがわたしにはショックだった。わたし自身、ときに道理にはずれたこともするが、証拠や根拠に基づかない確信よりも、やはり合理性を信奉するのである」

つまり、その日の午後にフィッシュベインのオフィスを訪れたとき、ルイスはそういう心理状態だった。ワシントンのホステスも顔負けの客同士を紹介する手腕に長けたフィッシュベインは、きっと何かピンと来たに違いなく、すぐさま彼の肘をつかんで廊下を歩いていき、新しい仲間に引き合わせた。そのときのことをド・クライフは次のように記憶している。「気がつけば、クランプ医師のオフィスの入り口に、ふたりが立っていた。フィッシュベイン医師が赤毛の若い男を従えている。恐ろしく背が高く、かすかに猫背で、緊張しているのか、あばただらけの顔が真っ赤になって、いまにも発疹が吹き出そうだった。明るい青い瞳でわたしを一瞬見据えたあと、彼はオフィス内に素早く目を走らせた」

フィッシュベインが紹介しているあいだ、ルイスの目は風変わりな瓶がずらりと並ぶ棚を探るように見ていた。ド・クライフはこの場面を次のように記憶している。ミスター・ルイスは棚からひと瓶取り出して、緊張に引きつる手で握った。ボルティモアで生産された強壮剤の大瓶で、瓶に貼られたラベルをまじまじと見ている。

「なんという高いアルコール度数だ」ルイスは驚いて声をあげた。「これが薬局のカウンターで買えるわけですか？」そういうと、ルイスはくるりと回転して、その青い瞳でわたしをきっと見据えた。

「あなたは調査官で、科学者ですよね。このボトルの中身を味見する勇気はありますか？」ルイスがそうきいてきた。

「味見、ですか？」わたしは答えた。「味見どころか、飲んでみせますよ！」もちろん相手はわたしにけしかけたわけではなかった。ばかな真似をさせまいとフィッシュベイン医師が飛び出してきたが、そのときにはもうわたしの口は瓶についていた。蛮勇か虚勢か、頭をぐいとのけぞらせて瓶の中身を一気にあけ、挙げ句に激しくむせて咳きこんだ。クランプ医師もフィッシュベイン医師も、ひどく心配げで、偉大なる作家のあばた顔もぎょっとしていたが、そこにはかすかな尊敬の色もにじんでいた。

フィッシュベインの記憶はそれとは少し違っている。ド・クライフはその日の午後じゅう、クランプのオフィスで、あらゆる強壮剤の味見をして過ごしたという。いずれにしても結果は同じだった。フィッシュベインが晩飯を食わせようとミシガン・アヴェニューにある自分のアパートにふたりを連れていくと、ド・クライフはトイレの便器を前に祈る姿勢になった。それからひと眠りして目覚め、ようやく回復した。

夕食の席では、ド・クライフがニューヨークで手がけていた最近の仕事が話題になった〔ロックフェラー医学研究所で働いていた〕。政治や嫉妬によって妨げを受けながら報酬は微々たるもので、やっていられないという。優秀な人材が次々と独立して、フリーランスになるのも無理はなかった。

そのうちワインの酔いがまわってきた。

ふいに罪悪感に苛まれたのか、それとも外の空気を吸いたくなったのか、あるいは人智を越えるアルコールの不思議な力がそうさせたのか。いずれにしろ、ルイスが突然、みんなでユージーンを訪ねようといいだした。ほかのふたりは反対した。もうとっぷり日が暮れている。それに遠すぎる。しかしルイスは聞く耳を持たず、それからすぐ自分たちは、「興奮した赤毛に追い立てられるようにして」部屋を出たと、ド・クライフが書いている。

タクシーの後部座席に三人いっしょに押しこれまると、人は想像以上に苛立つ。このときの様子をルイスの伝記作家が書いている。「バン・ビューレン通り、アッシュランド通り、ジャクソン通りの交わる交差点で（ルイスとド・クライフは）タクシーから降りて激しい乱闘になった。巨体の男と背ばかり高いひょろりとした男。ルイスのほうがタクシーに身体を叩きつけられ、ズボンが破れ、片脚に怪我を負った。フィッシュベインが角の薬局の薬剤師を知っていたので、みんなでそこに行き、脚の手当をしてもらってから、また旅を続けた」

それから突然、雨嵐に襲われ、タクシーがほかの車に衝突した。療養所に着いたときには深夜を過ぎていた。建物は広く、周りをぐるりと囲むポーチがついている。ところどころに灌木の枝葉が伸びるポーチに、三人はユージーンといっしょにすわり、軒先から雨がしたたり落ちるなか、ユージーンの出してきたウィスキー（結局彼も入院患者として優等生ではなかった）を飲みながら、遅くまで話をした。フィッシュベインはインチキ医療全般を攻撃し、とりわけ自然療法を激しく非難した。医療詐欺は許せない、なかでもこの療養所を経営するリンドラー医師はとんでもないペテン師であるという。いまや完全にフィッシュベインの意見に同調しているルイスも、そうだそうだと口を添え、とにかくここを出てくださいとユージーンをせっついた。

三人がそこを去ったのは午前四時。帰りの車中、結局療養所を出なかったユージーンへの失望を隠せないルイスに、いまがチャンスだとフィッシュベインは思う。労働運動の小説なんて書かないで、勇敢な医師の小説を書いたらどうだと、再度ルイスに勧めた。あるいは医療のリサーチャーでもいい、ほら夕食の席で話したじゃないか。ああいう連中の誰かひとりを主人公にして、科学の真実を追究する孤独な戦いをテーマにするんだ。その考えにド・クライフも賛成し、とうとうルイスは首を縦に振った。それからルイスは、フィッシュベインに技術顧問になってほしいと頼んだ。忙しすぎる編集者がそれを断ったのか（フィッシュベインはそういっている）、あるいはその後で考えを変えた小説家が、気まずいながらもその誘いを引っこめて（ルイスはそういっている）、ド・クライフに改めてその役を頼んだのか。真相は明らかではないものの、つまるところ、小説家と失業中の科学者が手を組むことになった。それから数週間ふたりで相談をして、小説の主人公は勇敢なる細菌学者、舞台は熱帯の国と決めると、チームは西インド諸島へ調査旅行に出発した。メンケンはニューヨークから、「ふたりを船に乗せたよ」とフィッシュベインに手紙で知らせている。

そうして生まれたのが、『ドクター・アロースミス』。一九二六年のピュリッツァー賞受賞作である。

14

どうすればライバルたちを蹴散らすことができるのか？　おそらくブリンクリーにはもうわかっていた。ハリー・チャンドラーのラジオ局を目にした瞬間に心を持って行かれたのだから。草創期の放送免許取得はまったく楽なもので、ブリンクリーは中西部で非常に早い時期、一九二三年初頭に放送局とラジオ塔の建設を開始した。

まだ漠然とはしているものの、そこに自分の一大帝国を築く未来をブリンクリーは見ていたのである。

そんな展望を描いていた人間は非常にまれだった。その時代、アメリカ人の多くにとってラジオ放送は、洞窟で暮らす原始人が初めて目にした炎のようなものだった。いかにも凄い威力を持っていそうで、まったく驚きではあるのだが、はてさて、これを何につかえばいいのだろう？　ピッツバーグのKDKA局が一九二〇年の大統領選を放送する快挙を成し遂げて以来、この新しいメディアは革命を起こすと考えられるようになった。これにより社会問題に無知無関心な層が将来的には皆無となり、世界が平和な場所になると期待されたのだ。しかし一九二二年の終わりになると、アメリカで免許を得て放送を開始したラジオ局はざっと六百にもなったが、いずれも炎というより、まだ蛍火のようなものだった。リスナーは扱いにくいヘッドフォンを通じて、どこの誰が演奏しているかわからないサックスソロの切れっ端《ぱし》がふいにきこえてきただけで興奮する。ゆえに根本的な問題については依然として答えが出ないままなのだった。大衆はどんな放送を求めているのか？大衆の求める放送は誰が送り出すべきなのか？　そのための費用は誰が払うことになるのか？

一九二三年の半ばには、良質なラジオ番組（それがどのようなものかは不明だが）を求める声が急速に高まり、半ばそれに応えるように、いかれた人間や、自分の技で大衆の注意を引きたいだけの人間が、われもわれもと放送マイクを握るようになった。W・K・〝ハロー・ワールド〟・ヘンダーソンなる人物はルイジアナのシュリーブポートでラジオ局を立ち上げ、「神の偉大さを賛美したいがために、全国に広がるチェーンストアを痛罵する」という、聖と俗をごった煮にしたような、冒瀆的な言葉に満ちた大言壮語を電波に乗せて撒き散らした。グレート・デ・ウィーズと自称する輩は、マイクを握って飛行機からパラシュート降下し、着地するまでの興奮を実況放送した。

イリノイの説教師はラジオの前の会衆に向かって地球は平らであると教えた。ちょうど世界をまわる船旅から帰ってきたばかりで、「曲線を描いている証拠はどこにもなかった」という。

簡単にいえば、ラジオは助けを求めていた。何か大きなアイディアを必要としていたのである。そういったアイディアでも最大級と呼べるものを、それから十五年から二十年のあいだ、ドクター・ブリンクリーが次々と生み出していく。

偉大な司令官がみなそうであるように、ブリンクリーもまた才能を見いだして、それに道をつけてやることができた。今回彼が見いだしたのは、ヤギの性腺にはまったく興味はないものの、その道の専門家として挑戦しがいのある仕事にはいやといえない人々だった。そのひとりが、主任技師として雇った、テキサスはダラス在住のジェイムズ・O・ウェルドン。ミュージカル映画の道をひらいたフレッド・アステアの兄弟といっても通りそうな男で、いまだ未熟なこの放送技術において天才的な力を持っていた。一九二三年の夏のあいだに、ウェルドンは送信機を一から設計して制作し、それをミルフォード郊外の小さな煉瓦造りの建物に設置した後、その近くに三百フィートの塔ふたつを建設する工事の監督を務めた。その見事な手腕にブリンクリーは安心しきって、完成までにまだ数か月かかるＫＦＫＢ（Kansas First, Kansas Best）局の建設を丸ごと彼に投げて、自身は遠洋定期船に乗ってアジアに出発した。ヤギの性腺移植の実演ツアーに出たのである。

最初の寄港先は中国で、ドクター・ブリンクリーはここで北京銀行の頭取に手術をした。患者にはほかに四人の男性と女性ひとりがいたことをミニーが覚えている。そのなかには、「中国が共和国にならなかったら、皇帝になっていたという少年の叔父」もいたという。最近やってきたこの訪問者をチャイニーズ・プレス紙が「人間改良のバーバンク」と呼んだのもここ中国だった。その後ブリンクリーはミニーとともに北へ向かい、旅の途上で盗品の骨董品を何点か購入し、サイゴンで宦官の暮らしを視察し、マラッカ海峡を渡る船上でシャムの王子に割礼を施した。

夫妻が海外で忙しくしているあいだ、国内では新しく出版された一冊の本がセンセーションを巻き起こしていた。エドワード・L・バーネイズの『世論の結晶化』である。「パブリック・リレーションズ〔広報〕」と呼ぶ新しい職業について、その実践マニュアルを書いた本だ。この内容に、ブリンクリーが最近考えてきたことがぴたりとはまった。

ある人物のイメージを磨き上げることをやったのは、バーネイズが最初ではない。それより十年前にアイヴィー・リーが、石油成金のジョン・D・ロックフェラーの冷酷なろくでなしのイメージを覆そうと、本人の手で貧しい子どもたちにダイム〔十セントの白銅貨〕を配らせることをしている。しかし、リーが自身を一時的なフィクサーと見なしていたのとは違って、バーネイズは数世紀先の未来まで見通していた。小柄で大きな口髭が目立つバーネイズは自慢屋であり、そのうち情報操作の父として知られるようになる。

一九二八年に出した続編、『プロパガンダ』でバーネイズは、広報が神の代替になるというショッキングな主張をしている。先の世界大戦で大量の人間が虐殺されたことに動揺して、数百万人が宗教から離脱した。国民は文字どおり霧のなかを手探りで歩いていて、道しるべと生きる意味を心の底から欲している。それを与えられるのは誰か？　大企業である。人間心理学の発達したこの時代、「本人たちの知らないあいだに、こちらの思い通りに大衆を動かし、組織することが可能になった」アメリカの企業はそれをチャンスととらえるのみならず、その力を行使する義務があると自覚せよ。「人心掌握の道具としての広報」がなければ、神無き世界は混沌のうちに崩壊するとバーネイズはいう。

広報は道徳的要請。人並みの大企業経営者にとって、この考え以上に魅力的なものがほかにあるだろうか？　突如としてバーネイズは社会学の星となった。叔父のジグムント・フロイトと同列に並ぶことになったわけだ。実際彼はことあるごとに、叔父の名前を口にしていた。叔父とわたしはコインの表と裏だというのがお気に入りの文句で、新聞がまたそれに色をつけて書き立ててくれる。「偉大なるウィーンの医師は個人のなかに鬱積したリビドーを解放することに関心を持っているが、彼のアメリカ人の甥は、集団の鬱積した欲望を解放（して、方向付け）することに関心がある」と、アトランティック・マンスリー紙が書いている。

しかし、そんな高尚な教えを受けずとも、「大衆の総意」を自在につくれる男がひとりいた。アジアに出発する前にブリンクリーは、すでに四つの異なる町――ミルフォード、トピーカ、シカゴ、ニューヨーク――に、少なくとも四人の男を配置していた。彼らの仕事はただひとつ。世界の眼前でブリンクリーを讃えることだった。頭が切れて創意工夫に富む医師である云々と、あらかじめ指示された見方で医師を賞揚するのみならず、新聞社に逸話の提供もする。国の内外で起きた架空の出来事をストーリーに仕立てるのである。朝のトーストを咀嚼《そしゃく》していた米国民の口がふいにとまる。モルビ〔インド・グジャラート州〕のマハラジャ、タクー・ガルブ殿下がヤギの性腺移植のために、遠いインドから遥々ミルフォードにやってくるという。一九二三年四月二十一日、ゲティスバーグの新聞スター・アンド・センチネル紙には次のような記事も現れた。

　性腺移植、日本でとうとう義務化
　衰弱していた老人たちが仕事に復帰！　良質なヤギの値段は高騰

「ヤギの性腺移植が日本で義務化された」という一文から記事ははじまる。「年老いた生活保護患者を若返らせるための政府の施策であり……過去数か月のうちに、二千人以上が手術を受けた結果、再び自分で生活費を稼ぐようになった」そのほとんどが、視力を回復して髪も生えてきたと記事は続く。さらに、学識豊かな科学者で、彼が説明すると遠いものは近くに、奇妙なものがあたりまえのものになるといわれるニューヨーク・シティのドクター・W・H・バルーが、ブリンクリーの卓越した人となりについて詳しく述べている。ブリンクリーの宣伝係のなかで、最も大げさで真に迫っているのがバルーだった。「ヤギの性腺を移植した親は、普通では考えられないほど健康で機敏になる……新しい性腺はいま生きて暮らしている人間に活力を与えるばかりか……その人間から生まれてくる赤ん坊の質も上げる。つまりドクター・ブリンクリーは、より優れた人間を生み出すことを可能にしたわけで、人類にとって最も重要な発見をしたのである」

中国を経由して帰国する途上でも、ブリンクリーはラジオ局建設がどこまで進んでいるのか、ウエルドンをはじめ関係者から送られてくる進捗状況につねに目を光らせていた。ラジオ局がどういうものだか、地元の建設業者がよくわかっていないために次から次へ問題が発生し、ついには現場で火災まで起きて、また一からのやり直しになった。それでもブリンクリーは動じない。ホテルの部屋や船室でアイディアやデザインを走り書きしては、ウェルドンに急送した。

ブリンクリーは上海で、香港行きのフランスの定期船に乗った。出航する前に市の役人たちが、この船に乗りこんだまた別の乗客、サー・ロバート・ホタンに感謝をこめて花火を打ち上げる。彼はイギリス領香港の慈善家で、中国皇帝に対する革命の資金を援助した。花火の上がる鈍い音は船が出航したあとも、夜遅くまで鳴りやまない。サー・ホタンは自分の船室に引き揚げたが、ブリンクリーは船の舳先《へさき》に居残り、その場にひとり立って、最後の花火が終わるまで、うっとり空を見上げていた。

15

なんとも妙なことが起きていた。自動車事故で軽傷を負って療養中のイヴリン・ライオンズが自宅のベッドで横になっている。異変が起きたのは、彼女の体温をH・J・ヘフネット医師が測ろうとしたときだった。ミシガンの地元紙エスカナーバ・デイリー・プレスによれば、「ほぼ瞬時に水銀がガラス管のてっぺんまで上昇して、ガラスが割れた」という。医師はうろたえたものの、米国気象局からもっと丈夫な温度計を取り寄せた。それでもう一度試してみる。驚いたことに体温は四十七・七度。来る日も来る日も高熱が続いて、四十五・五度を下まわることはない。それでいてこの若い女性はどういうわけか生きている。この不思議な現象が噂になって、まもなく全米の新聞が一面で報じるようになった。事実をたしかめるためにほかの医師たちも呼ばれたが、誰ひとり説明をつけることはできなかった。「異常な体温を呈しながら、彼女は正気を失っていない」

とヘフネット医師は報告している。

それは一九二三年の三月はじめのことだった。高熱が確認されてから二週間が経ったが、そのあいだの患者の平均体温は四十六・一度。この頃になると、町は記者、偽医者、占星術師でいっぱいになり、これを食べれば治ると、さまざまな種類の健康食品の売りこみで騒々しくなっていた。郵便でも大量のアドバイスが寄せられて、郵便配達人がその重さによろめくほどだった。ある海外の新聞では編集者がミス・ライオンズに、「シリア教会の信徒のみが知っている」薬草を嚙めば、必ず健康を回復すると約束した。またカリフォルニア在住のある女性は、その熱は「ラジオ霊」がロシアから電波を通じて撒き散らされているのですと、まことしやかに語った。面白いことに、偽医者のほとんどは、彼女は仮病をつかっていると思っていた。自分を自宅に呼んで「治療」させてくれたら、儲けは山分けにしようじゃないかと誘う詐欺師たちの手紙が、ミス・ライオンズのもとに次から次へ届いていたのである。アメリカ医療界の権威たちがヨーロッパの専門家たちに相談をする一方、ベッドに横になって汗をかいている患者のもとに、次から次へ支援者が訪れていた。「病気はもう、本当にうんざりです」ある訪問者に彼女はそういった。「まもなくよくなると思います。それに、みなさんにこんなに親切にしてもらって――」そういって、どんどん部屋を侵食していく花束やカードのジャングルに目をやる。「本当に心強いです」

〈シュレーゲルズ〉に次に集まった面々は、「エスカナーバの高熱娘」は体温を下げるために、雪の吹きだまりに身を投げたらしいという噂話に沸いた。シカゴ・デイリーニューズ紙は、地元の医療専門家、モリス・フィッシュベインに見解を求めた。悪ふざけだというのがフィッシュベインの答えである。だったらそれを証明してみろと友人たちにせっつかれ、交通費は新聞社持ちでフィッシュベインは現場に向かった。

エスカナーバにたどり着くためには、ミシガン湖沿いに三百マイル真北へ進まないといけない。鉄道は切れ目ない雪原とマツの森を抜けてくねくねと進んでスカンジナビア移民の定住地区を過ぎていき、そのあいだにミンクや鷹を目にすることもある。二日間の旅を終えた男がエスカナーバに降り立った。小柄でふっくらした外見とは裏腹に、心は冷酷非情に固まっている。

町は雪に閉ざされていた。ホテルのロビーでは地元の老人が暖炉の火で温まっている。フィッシュベインは自分もそこで手をこすり合わせて温まりながら、いま話題になっている高熱の女性について、町の人はどういっているのか、きいてみた。すると老人は、「密造酒の逆火説」が一番有力だと答えた。

寒いなか、ライオンズの家の前には小さな人だかりができていて、みな所在なげにぶらぶらしている。フィッシュベインは米国医師会から派遣されているということで、すぐなかに入れてもらえ、疲れ切った患者の母親に自己紹介した。二階に上がって、ベッドに悲愴な顔で横たわるイヴリン本人に会う。いまでは咳も激しくなり、手足をばたつかせて、しばし意識を失うこともあった。

フィッシュベインは彼女の額に手を当てた。メキシコの歩道のように熱い。呼吸が浅く、脈拍も速い。フィッシュベインはミス・ライオンズにいくつか質問をし、そのあいだに口腔体温計と直腸体温計の両方で体温を測った。それから、ぷいと部屋を出て行くという見え透いた作戦に出て、ドアを閉めてその前にしゃがみ、鍵穴から室内の様子を覗く。まるで王政復古期の喜劇〔十七世紀後半のイギリスで流行したドタバタ劇」である。足がしびれるほど長いあいだ、そうしていなければならなかったが、やがてとうとう待ちに待った光景が出現した。

それでフィッシュベインは部屋に飛びこんでいき、ほかの医師たちも後に続き、事実が暴露された。

「エスカナーバの『高熱娘』
ヒステリーによる仮病と判明」

皮膚の色と同じ色の湯たんぽが仮病につかった秘密の道具だった。ミシガン州のエスカナーバ在住のミス・イヴリン・ライオンズは、明らかに体調は良好であるにもかかわらず三週間にわたって体温が四十五・五度以上であったと医師たちに思わせていた。そのからくりを今夜JAMAの共同編集者であるドクター・モリス・フィッシュベインが実際に現場を訪れて調査し、真相を次のように発表した。

「かつて看護師をしていたイヴリン嬢は、小さな湯たんぽをベッドに隠していた。そうして、咳やヒステリーの発作が起きたと見せかけて、体温計を湯たんぽに接触させ、十分に温度を上げさせた。体温計は、いったん高温まで上がると、後は振るまで下がることはない。われわれが部屋に飛びこんでいって、湯たんぽを出すようにいったところ、妙な言いがかりはやめてくださいと拒否されたが、それからすったもんだした挙げ句、ようやく事実を認めた……ヒステリーの症状以外に、ミス・ライオンズにはなんら病気はなかった」

医師たちをはじめ、彼女が二週間以上にわたって騙してきたすべての人間にこれ以上恥をかかせぬよう、新聞は苦しいいいわけもしている。湯たんぽは巧妙な仕掛けであって、「熟練手品師の技術さながらに隠されていたうえに、彼女のヒステリーと磨き上げた策略によって、見破るのは非常に難しかった」と。そしてミス・ライオンズにもいいわけが立つように、新聞は次のように書いている。すなわち、彼女は失恋の傷手に苦しんでいたのであり、おそらく自動車事故で脳に傷がついたのだろうと。ミス・ライオンズの作戦が見事に成功したのは、人間が魔法のような出来事に飢えている証拠にほかならない。そうしてみんながばかを見たのに、モリス・フィッシュベインだけは例外だったと、そういうわけなのだった。

ミス・ライオンズの策略に騙されて、あれだけ騒ぎ立てたことに記者側にも負い目があるのか、ここに至って新聞はフィッシュベインを歯の浮くほど褒めちぎった。今回の発見を、フレデリック・クックの北極発見〔一九〇八年に北極点到達を主張したが、後にその信憑性が否定された〕になぞらえている新聞さえあった。いずれにしても、この仮病事件は一九二三年最大のニュースとなったのである。

そしてこれをきっかけに、フィッシュベインのライフワークが定まった。インチキ行為を暴露するのに類い稀な才を持つ男という評判が高まると同時に、その後何年にもわたってフィッシュベインは、米国医師会の顔として会の名を普及させ、信奉者を集める高位の司祭となるのである。彼以前には、そういった人物は米国医師会にいなかったのだが、それから二十五年以上にわたって、モリス・フィッシュベインこそがアメリカ医療を背負って立つ男という認識が一般市民のあいだに根付いた。

シカゴにもどってくると、フィッシュベインは『健康』という雑誌を創刊して自身の役割を確立する。これは一般大衆向けのJAMAといえる刊行物だ。さらに（ブリンクリーにわずかに遅れて）広報部門も立ち上げて、医学界のあらゆる問題について生きのいい証言を求める新聞記者たちに、自分の電話回線を開放した。それでも、フィッシュベインの心を大きく占めているのは、依然として医療詐欺師を潰すことだった。エスカナーバの高熱娘の嘘を暴くことと、自分と同じ職分で詐欺を働く者どもの嘘を暴くのは、そう大きく違わない。ある同僚はフィッシュベインについて、こんなことをいっている。「真の天才である彼は、向こう見ずで危険な詐欺師たちを目を輝かせて仕留める」

これ以降、詐欺師狩りは、医療界の内輪揉めではなく、家族そろって観戦できる興奮の見世物となるのである。

16

一九二三年三月一日。ミス・ライオンズがベッドの上で苦しげに寝返りを打っていた頃、若きハリー・トンプソンは、ドクター・ヘンリー・リンドラーが学長を務めるシカゴのプログレッシブ・カイロプラクティック大学を卒業した。晴れてドクター・トンプソンとなったわけで、その卒業証書は郵便で送られてきた。高級感ある厚紙にラテン語で記された封蠟付きの免許状はどこから見ても完璧だったが、ひとつだけ首を傾げる点がある。発行者が、トンプソンの卒業した学校とは違うのである。卒業証書には、トンプソンはドクター・デイト・R・アレグザンダーが学長を務めるカンザスシティ医学外科大学を卒業したと書かれていた。

いったいどうしてこんなことが起きたのか、その理由とからくりについて、覆面学生となったセントルイス・スター紙の記者ハリー・トンプソンが一九二三年の秋に明かしている。学士製造所のやり口を中心に詐欺行為を暴露した記事が新聞に連載され、ここで初めて一般大衆が事実を知ったのだった。衝撃のニュースがドクター・ブリンクリーの耳に入ったのは、快進撃を続ける極東ツアーのまっただなかだった。うれしくないニュースである。何しろ問題の免許は、ドクター・デイト・R・アレグザンダーの署名がある、自身の卒業証書とまったく同じなのだ。それどころか、ブリンクリーと同じ卒業証書は、ソーダ水売り場の店員や煉瓦職人の下働き、掃除機のセールスマン、公園のベンチでハトに餌をやる暇人をはじめ、ここ数年、大勢の人間に発行されていた。

トンプソンの記事が世に出た時点で、医科大学を出ずに、独学のみで開業している医師がアメリカには二万五千人いた。その全員が学士製造所に頼ったわけではない。なかには、死んだ医師の免許を残された妻から買い取って、鬼籍に入った医師の名を名乗る輩もいた。つまり亡き医師のキャリアを勝手に延長したのである。州の医師試験に至っては、もう何年も昔から、州をまたいだ組織が試験の解答を盗んで販売していた。しかしながらほとんどの詐欺行為の主体は、カンザスシティ医学外科大学とほかの五つほどの学校で、それらが偽の卒業証書をまとめて発行していたのだった。偽の卒業生のなかで、ブリンクリーは最も研鑽を積んでいるが、だからといって偽の学位に少しでも信憑性が付与されることはない。ミセス・ブリンクリーもまた同様の学位を金で買っていた。

トンプソンのすっぱ抜きに刺激を受けて、カンザスシティ・ジャーナル・ポスト紙は、学士製造所の王、ドクター・デイト・R・アレグザンダーについて独自に調査を開始した。すると、さまざまなことがわかってきた。コネティカット総合理事局に定期的に袖の下を払っていたおかげで、彼のいわゆる卒業生は、「通常の受験者のように恐怖に戦《おのの》きながら」州の免許取得試験に臨まなくてもいいというのがそのひとつ。彼の学校のいちばん最近の卒業生の一群が、試験前日にハートフォード・ホテルに宿泊して、とんでもないどんちゃん騒ぎを起こして家具を叩き壊し、ホテル側がその弁償を求めていた。

突然悪者にされたアレグザンダーは、通りで出会った記者に食ってかかった。「おまえたちは、わたしが卒業証書を二百ドルで売ったなどと書き立てているが、とんでもない侮辱である。わたしは五百ドル未満で卒業証書を安売りすることは断じてない」糾弾されていながら、何やら愉快そうである。しかしブリンクリーのほうは少しも愉快ではない。このスキャンダルが明るみに出たことで、コネティカット総合理事局が認証した一六七人の免許が一斉に破棄されたのである。ここに至って初めてブリンクリーは、新聞の大見出しに望まぬ形で登場することになった。

一九二四年の初頭、彼はツアーを早めに切り上げてミルフォードに帰る。町に近づいて真っ先に目に飛びこんできたのが、矢車草の花のように青い空に、百フィートの高さでそびえるアンテナ——自分のアンテナ——だった。しかしそれは、彼が夢に見ていたラジオ局のスタートではなかった。ヤギの性腺の新時代到来を高らかに宣言するのではなく、ブリンクリーはまず何より自身の清廉潔白を示そうと、ほとんど逆上する勢いでマイクを握ることになった。最初の放送は、卑怯な新聞記者たちと米国医師会の手先をこき下ろすことにほぼすべてが費やされた。連中がやっていることは、独創的な考えを次々と葬って、「公共の利益を独占」することにほかならないと、リスナーに向かって訴えたのである。

事態はさらに悪化した。一九二四年の七月八日、次々と明るみに出るスキャンダルに関係した者たちに対して、大陪審が十九の起訴状を提出したことを、米国連合通信社〔AP通信〕のサンフランシスコ支局が報じた。そのなかには、偽の卒業証書を発行した者と、「その卒業証書から恩恵を受けた者」がふくまれている。ブリンクリーの名前もリストに上がっていた。彼の場合、動かぬ証拠となったのが、あの悪夢のようなカリフォルニアの免許申請で暴露された嘘の数々だった。ヤギの性腺の王を逮捕しようと、サクラメントからはるばる千五百マイルの距離を超えて、法の執行官らがやってきた。

執行官は、カンザスの知事ジョナサン・M・デイヴィスに、犯人を引き渡すよう令状を見せる。すると知事はそれを突き返し、帰ってくださいといった。

ブリンクリーの引き渡しを拒否する理由を尋ねたところ、あきれるほどに率直な答えが返ってきた。「われわれカンザスの人間は、あの人の医療で豊かになってきたんです。生きていらっしゃる限り、放しはしませんよ」

ブリンクリーは嬉々として、この勝利をラジオのリスナーに報告した。「わたしを迫害するのは……キリストを迫害するに等しい」といって、自分を潰すためにさんざん骨を折って十五万ドルも費やした米国医師会をあざ笑った。この件で、ラジオという新しい媒体は大きな力を持つことが証明された。「ブリンクリーをはじめとする、偽医者たちの宣伝する人工的な若返り術」を非難する記事をフィッシュベインがJAMAにいくらたくさん書こうとも、この雑誌の読者はラジオのリスナーに比べれば取るに足りない。その一方で、アジアツアーによって得たブリンクリーの世界的な知名度は、豊かな実りを迎えていた。ヤギの性腺移植を受けようと、ヨーロッパ、カナダ、オーストラリア、南アフリカ、南米と、地球のあちこちから続々と男たちが到着していたのである。危険が去ると、ブリンクリーは気分も朗らかに、念願のKFKB局の運営に没頭した。「国のまんなか、お日さまさんさんステーション」というのが局のキャッチフレーズで、このフレーズは「障害のある子どもが提案してくれた」とブリンクリーはいう。じつのところ、この子どもは三十代半ばの女性だったのだが、片脚をひきずっていることから、障害があるのは間違いない。ブリンクリーはカンザス州のバーンズへ赴き、野外演奏のステージでローズ・セドラーチェクに腕時計を進呈し、彼女を飛行機に乗せた。

17

一七一五年に、『Charlataneria Eruditorum』すなわち、『学者の詐欺行為』と題した一冊の本が、ライプツィヒで出版されて一大センセーションを巻き起こした。ヨハン・ブルクハルト・メンケというドイツ人が著したもので、当時のヨーロッパに蔓延していた、見かけ倒しの学識をひけらかす学者や偽科学（その担い手の多くは大学の教授だった）の欺瞞を暴くものだった。本の口絵には、医療詐欺を働く者が助手たちに囲まれている絵がある。助手というのは、挑発的な女性、軽業をするピエロ、精力剤の瓶を掲げる精霊といった面々。学問という隠れ蓑を着た詐欺集団を表しているのは明らかだった。

それから二世紀余りのときを経た一九二三年八月、先の著者の子孫がニューヨークの西四十五番街にある自身のオフィスで、アンダーウッド社製のタイプライターを叩いている。小柄な身体に大きな頭。まんなかよりわずかに左で髪を分け、火の付いていない葉巻をくわえている。オフィスは新しく、彼の主宰する雑誌も新しく、できたばかりでまだ創刊号も出ていないのだが、趣味の悪いトルコ赤の絨毯と真鍮の大きな痰壺は古くから馴染みのもので、このあいだまでやっていた仕事の名残だった。

人差し指二本でキーを叩き、右肘をつかってスペースキーを押す。熟練のピアニスト顔負けの手並みで、こんな文章を打っている。「いまさらいうまでもないが、これから偽医者たちを徹底的に叩いてやろうと思う。きみに記事を書く時間はあるかね？」

H・L・メンケンとモリス・フィッシュベインは過去数年にわたって、そう頻繁ではないものの、ファンレターのようなものを出し合っていた。まだ友人とはいえないし、手を組んで何かをやったこともない。しかしメンケンは、彼が演劇評論家のジョージ・ジーン・ネイサンとともに立ち上げたばかりの月刊誌『アメリカン・マーキュリー』を通じて、一九二〇年代という時代に新しいエネルギーを注入してやろうと考えていた。そこで頭にのぼったのが、エスカナーバでのフィッシュベインの見事な活躍であり、彼こそ理想的な寄稿者であると踏んだのだった。

筋金入りの偽医者バスターといえるふたりだったが、じつは根本のところで大きく異なっていた。フィッシュベインは何より大衆の福祉を守る番人を自認している。一方メンケンは詐欺や悪事全般の目利きであって、偽医者を格別に貶めることはしない。医療詐欺に手を染める者は、ほかの人間より進取の気性に富むだけだとメンケンは考えていた。その悪事を暴露することで、結果的に無知にあぐらをかいている大衆を助けることにはなるが、本来それは自分の望むところではない。偽医者にも利点があるというのがメンケンの持論で、なぜなら彼らは「生まれつき論理的思考能力に欠ける人間」を遺伝子プールから排除する助けになるというのである。実際メンケンはフィッシュベインにこんなことを書いて送っている。「この国に最も必要なのは、死亡率の圧倒的な増加である。とりわけポトマック川〔ワシントンDCを流れ大西洋に至る〕以南でそれが求められている」

しかしながら、こういった厭世的なジョークを吐く裏には事情があった。メンケンは自身の健康をそれこそ深刻に受けとめていたのである。彼の心気症は、「舌にずっと漠然とした不快感がある」といってジョンズ・ホプキンズ病院に入院した、少なくとも一九一五年の八月まで遡ることができる。二十代初めから、「疾病」と記された彼の個人ファイルはあふれんばかりになっていた。ジョージ・ジーン・ネイサンの話では、過去数年にわたってメンケンから受け取った手紙には、一通残らず何かしらの「病気に見立てた身体の不調」が記されていたという。本人の訴えを引用していくと、花粉症、痔、「激しい腰痛」、「左の扁桃腺に穴……瘢痕《はんこん》組織や他の汚物で満たされている」、胃の不快感、声帯炎、「鼻の中の小さなにきび（これはいつのまにか消えた）」、「足の親指の付け根の膨らみにイボ状の腫瘍」などなど、病気の行進ができあがる。自身の健康に強い不安感を持っていたうえに、一日のうちに十五回から二十回も手を洗う潔癖症もあって、医療に対して相反する感情を有していたのだった。医者なんぞ悪党や強盗に変わらないといったかと思えば、また別のときには、弟のオーガストがいうように、「まるで司祭に対するキリスト教徒よろしく、医者に屋根から飛び下りろといわれれば、兄は本当に飛び下りただろう」という案配なのだった。彼の心で起きていた葛藤の内実は、それから数年、性腺を巡る戦場において、最も顕著に見ることができる。『アメリカン・マーキュリー』に副業として携わる未来を思って、フィッシュベインは喜んだ。素人語源学者を自認する彼は、メンケンが現在進めているアメリカ言語に関する著作の助けに、医学用語の語源をつきとめる仕事も買って出た（その最初が、「親愛なるミスター・メンケンへ。別便でお送りしたものがあります……『moron〔軽度の精神遅滞者〕』という言葉に対する、われわれの見解です」）。

フィッシュベインは最初の特集から力を入れ、整骨療法を怪しげな宗教と同じだと断じ、これが一九二四年一月の創刊号に掲載された。そこには、薬理学者であり化学者でもあるL・M・ハッシーが書いた「性腺を巡る空騒ぎ」と題した記事も載っており、依然としてこの手の問題に世間が翻弄されていたことがはっきりわかる。

一八八九年の昔、睾丸液でパリを騒がせた元ハーバード大学教授の異端者、シャルル＝エドゥアール・ブラウン＝セカール博士。彼の「老年の性愛」の研究に刺激を受けて、それから数年のあいだに、腺の研究において、まやかしではない飛躍的な発展がいくつか見られた。なかでも目覚ましいのは、一九二一年にカナダの科学者ふたりが、膵臓から分泌されるホルモンであるインシュリンの分離に成功した快挙である。これが糖尿病治療の重大な分岐点となって、フレデリック・バンティングとジョン・ジェームス・リチャード・マクラウドのふたりは、一九二三年にノーベル賞を受賞した。しかし、この偉業ゆえに、腺というのはこんなに凄いものなのだというイメージが生まれ、その余波で、若返り術にも誤ったスポットライトが当たって人気が沸騰する。フィッシュベインのように欺瞞を暴く者たちが、これまで以上に激しく偽の医療行為を非難し、その撲滅に情熱を傾けることになった。偽医学を熱狂的に支援する層は、それが正しいと本当に信じているのだろうか？必ずしもそうではなかった。あるアメリカ人医師がいうには、同僚の医師の一部が関心を持っているのは、主として自分の財布に元気を取りもどさせることらしい。それでも息を呑むようなニュースがひっきりなしに入ってきた。たとえばフランスのリールでは、「発達の遅れている子どもたちに犯罪者の甲状腺を移植する手術」が成功を収めたという。アメリカ内分泌腺研究所の所長、ウィリアム・J・A・ベイリー医師は、ニューヨークで開催されたある会議で、まるでこれから宇宙船に乗せられるかのような所信演説を大声でやってのけた。「われわれはとうとう、精神の異常も肉体の病気も老齢も、すべて窮地に追いこみました。それどころか、生と死さえも内分泌腺によって自在に操れるようになったのです！」腺を適切に微調整するだけで、極悪非道の殺人鬼ハリー・ソーでさえ、精神に問題を抱えた患者から「社会に役立つ市民」に変えることもできるとベイリーはいう。さらには、それを逆につかって、刑事が腺の分析によって犯罪者を追跡する時代が来るだろうともいう。すでにミニョン・エバーハートのようなミステリ作家がつかっているテクニックだ。

「この殺人者について——どう思われますか？　お考えをおきかせください」ジェニーがきいた。

「そうだね」とトム。「確実に明らかなことがいくつかある。まず胸腺だ。マートル・シュルツを殺した犯人の冷酷非情さは、胸腺が微妙に影響している。下垂体の影響も少なからずある。並みはずれた狡猾さと大胆さはそこから来ているんだろう。きっとどこかで、犯人の書いたものが見つかるはずだよ」

「書いたもの？」

「筆記腺だよ。ひどく動揺するとたいていその腺から大量の分泌物が出て、何か書きたくなるものなんだ」

マンハッタンで開催されたある文学シンポジウムで、ひとつの不安が表明された。すなわち、ジェイムズ・ジョイス風の散文には将来があるかもしれないが、それ以外の形態は廃るかもしれない、と。誰もが若さを取りもどして寿命が延びるとなれば、内省的な詩、とりわけソネットのようなものは終わると考えられるからだ（次代のキーツは何を題材にして書けばいいのか？）。

そういう時代風潮のなかで、ハッシーの記事が『アメリカン・マーキュリー』に掲載された。職業上の専門用語と皮肉を生半可に混ぜたものだったが、そこでハッシーは、腺の若返りに関するあらゆる手法を愚弄し、なかでも舌鋒鋭かったのが、ドクター・シュタイナッハの手法についてだった。当時シュタイナッハはノーベル賞候補の呼び声も高かった。「生命の霊薬がついに見つかったというのか？」とハッシーはいい、事実を見れば「そんなわけはないと、はっきりわかるはずだ」と否定した。

しかしながら、ハッシーをはじめ当時のほとんどの論客が触れなかったことがある。若さを求める熱狂が、人間の奥深くに潜む隠れた性質を暗示しているという事実である。こういう問題の理論化は、フロイトの時代にはおあつらえむきだが、心理分析の始祖は彼の死後に初めて明らかになるある理由から、この問題についてずっと沈黙を通していた。ユングは、腺と「脳の生理学的構造」の関係を探り、「脳の分泌」という考えをもてあそんでいた。しかし、彼の興味は心理学的というより臨床的だった。こういった手術に群がるのがどういう人間なのか、その動機は何か、現代ならさしずめ、どんな日刊紙もその点を追求したはずだ。それがこの時代には驚くほど無関心なのである。新聞に名が出るのは、J・J・トバイアスのように、自ら表沙汰にしてほしいと望んだ患者だけだった。

それどころか、若返りというものが人間にとってどういう意味を持つのか、その議論もなされていない。どうして若返りたいのか？　生きているのは幸せなことで、長く生きれば生きるほど幸せが増えるから。一般人の議論はせいぜい、そこどまりであって、生きていることの不安や墓に入ることの恐怖などには触れない。しかしトバイアスのような、世間に向かって自分をさらけだす人間にも秘密はあるのだ。別に心理学者に教えてもらわずとも（それでも連中は教えてくるのだが）、生き続けたいと最も強く願うのは幸せな人間だけではないし、幸せな人間が長く生き続けたい人間の大半を占めるわけでもないと知っている。人生は過酷で恐ろしいものと経験からわかっている人間でも、死ぬほうがもっと過酷で、もっと恐ろしいと思うのが普通だ。何も、生き続けたいと強く願うことが異常だといいたいのではない。人間が集団になったときに生まれる幻想や狂気を説明する際に、そのへんの複雑な精神構造やパラドックスにはめったに触れられないと、そういいたいだけだ。

同様に、一九二〇年代にエドワード・L・バーネイズをはじめとする人々が提唱した集団心理に若返りブームをあてはめて、これも一種の集団幻想だと指摘する人間もいないようだ。それでも百五十年前には、偉大なるサミュエル・ジョンソンがこの原動力を見事に分析している。「（われわれは）何かをする場合、つねに楽しいものと期待する。人と会う場合にもきっと楽しいひとときになると、自分も相手も同じ期待を抱いているのであって、失望を感じてそれを表明したいとは思わない。相手が笑顔を見せれば、自分も笑顔になる。多数の人間が集まった場合も同じで、お互いに楽しさを伝え合ううちに、その場に楽しい感情が横溢し、やがてみんなでつくりあげた嘘の楽しさに騙される。偽の幸福は、こうしてあらゆる人間の口によって喧伝され、あらゆる表情で確認され、ついには全員が、本当には感じていない幸福感を表明して集団幻想に加担することになるのだ」

そんなわけで、性腺による若返りブームは続き、ジョン・ブリンクリーの言葉は拝聴される。少なくともラジオの前のリスナーは、彼の言葉を恭しく受けとめた。

『アメリカン・マーキュリー』の第二号にはフィッシュベインの署名記事といっしょに、ユージン・オニール、ジェイムズ・M・ケイン、さらに〈シュレーゲルズ〉の常連仲間シャーウッド・アンダーソンの記事も掲載された。整骨療法を徹底して非難するフィッシュベインの記事は、カイロプラクティックの記事同様、賞賛に値するが、彼の筆はそういった療法が引き起こしている惨事を明らかにするのに忙しく、なぜそれに人が引かれるのかという点には触れない。しかし、編集者のメンケンにとって成功の尺度はただひとつ。その記事を読んだ読者が、刺されたブタのように甲高い悲鳴をあげるかどうかであって、その点でフィッシュベインの記事は成功だった。ゲリラのような奇襲が評判になって、『アメリカン・マーキュリー』はたちまち「アメリカの知性のヒップ・フラスク〔携帯用酒瓶の意。こっそり持ち運べる〕」と持ち上げられ、十年にわたり時代の風潮を如実に反映する雑誌となるのである。何しろ戦争とその余波により、幻滅感（腺は例外）は一種の流行となって、それに知性のかけらもない輩までがかぶれている世の中なのだ。ある新聞はこう報じている。「どこでもかしこでも、軽薄な娘たちが、緑の表紙の雑誌を持ち歩いている……いまや『アメリカン・マーキュリー』を持っていたり、意外な場所で読んでいたりして人を驚かせるのが、明らかな流行となったのである」

フィッシュベインが流行の発信源になるなど、いったい誰が予想しただろう。しかし、偉大なる戦士同様、彼もまた大量の敵をつくり、まもなく反撃を受けるようになる。一九二四年六月、『ピアソンズ・マガジン』誌は、フィッシュベインをマキャベリストの手先に等しいとして、猛烈な非難を浴びせた。「あらゆる手法や流派の治療」に嘘を見抜くくせに、「モリス・フィッシュベインの巧妙な筆を購入した流派の治療に限っては不問とされるのである」――いいかえれば、米国医師会に金を払っている会員だけは、どんな手術をしようと薬を売ろうと、目こぼしに与《あず》かれる。それと同時にフィッシュベインは、こういう記事を書くことで「（米国医師会の）糞の山から大衆の注意をそらしている」のだ。動機は単純で、金だという。

この非難は完全に的外れだった。『楽しい川辺』に出てくるヒキガエルのように、フィッシュベインもまた、背徳の医師や偽医者と戦う長いキャリアのなかで、一度ならず度を超すことはあった。しかし、金銭目当てでそうしたのだという『ピアソンズ・マガジン』の指摘は誤りである。米国医師会のほかの連中なら利益の独占も夢見ただろうが、フィッシュベインにそれはない。彼が代替医療に聖なる戦いを挑むのには、主としてふたつの理由があった。ひとつは公衆衛生を守るため、そしてもうひとつは、楽しみのためだった。米国医師会に設けられた、偽医者を摘発する部門である調査局を、「うちの娯楽部門」とフィッシュベインは呼んでいた。良くも悪くも、彼には節度というものがない。

それは、『アメリカン・マーキュリー』を率いる、フィッシュベインの新しい友も同じだった。ボルティモアの賢者は、ふたりのパートナーシップを強固にするために署名入りの写真を送り、それをフィッシュベインはオフィスの壁に飾った。

「言語学的な病理学者モリス・フィッシュベインへ。病理学的な言語学者、H・L・メンケンより」

18

ブリンクリーはジャズエイジを代表する偉大なソリストのひとりだった。毎日、金めっきのマイクが置かれた小さなテーブルの前に陣取って、背後で大形箱時計が神妙に時を刻むなか、予言者のように謎めいた声で、心に浮かんだあれこれを何時間もしゃべっている。その声はアメリカの大草原をどこまでも流れていって、とどまるところを知らない。夕方になると家族がラジオの前に集まり、燃える柴のなかからきこえる声に耳をすますモーセ〔出エジプト記〕よろしく、身を乗り出してラジオに耳を傾ける。「二ドルばかりの治療を受けて、みすみす死に至る……そんな事態にならぬよう、ドクター・ブリンクリーのもとへいらっしゃい。複合手術というものがあるのです……ミズーリ州ポッサム・ポイントのエズラ・ホプキンズがそれで完治しました。彼と同じように、あなたの病気を治して差し上げましょう」

ブリンクリーが話を続けるうちに、まるで魔法にかけられたかのように、姿の見えない大勢のリスナーが、食器拭きを取り落とし、手にしていた道具を置き、最も身近にいる最愛の人から離れ、大急ぎでミルフォードへ駆けつける。飾りのない言葉であるゆえに、最初はそうとわからないが、じつはこれも計算され尽くしたブリンクリーの策略で、シラノ・ド・ベルジュラックに匹敵する多彩な語り口のひとつなのだ。ときに彼は歌うように誘う——「赤い鳥のつがいがわたしの寝室の窓辺で巣作りをしています……あなたの健康のために、この五月を、わたしたちといっしょに過ごしませんか？」。ときに彼は恐怖を植え付ける——「今日しなければならないことを明日に先延ばしにしたために、結局何事もなせずに墓に入る人は多いものです」。ときに彼は医学用語の連発で不安にさせる——「よく見てください、ひょっとしてあなたの前立腺には、肥大化や繊維化、硬化の徴候が見られませんか？　便秘でお悩みだというあなた、ひょっとしてそれは腸閉塞ではありませんか？」。ときに彼は辱める——「種馬と去勢馬の違いを見てください。前者は直立し、首を曲げ、たてがみをなびかせ、馬銜《はみ》に嚙み付き、地面を踏み鳴らして雌馬を探します。しかし後者は寝ぼけたように、ただぼんやりと立ち尽くしているだけ。臆病で、物憂げで……いいですか、男性諸君、ゆめゆめこうなってはなりませんぞ」。

ブリンクリーはありとあらゆる手をつかってみたが、やり過ぎるようなばかな真似はしない。性腺の力で、魔女のような老女を社交界に出る年頃の女性に変えるとか、数百年生きながらえさせるなどといった、ヨーロッパで喧伝されているようなことは決していわない。ブリンクリーの顧客の中心は、厳しい環境で生きてきた大草原の民であって、昨日今日生まれたばかりの青二才ではない。よって彼は、生殖に一点集中するという姿勢を崩さなかった。

その結果、あろうことか、ドクター・ブリンクリーは女性の権利の擁護者であるという認識が広がった。当時ラジオを通じて、アメリカの既婚女性を後押しする影響力のある人間は、ブリンクリーしかいなかった。妻を「流れる小川を求めて疾走するシカ」になぞらえて、女性の性的欲求についてラジオで語ったのである。「女性には性欲がなく、インポテンツの夫にも不満は持っていないと思ったら大間違いです。夫の男性機能に問題があって、夫としての務めができていない家庭では、しょっちゅう諍いが起きて、ちょっとしたことで怒りが爆発するという話をいやというほど耳にします。大勢の奥様たちが、わたしのもとへ何度も押しかけて、『先生、うちの夫はダメなんです』と訴えてくるのです」

もちろん、これはブリンクリーのターゲット、すなわち男性を、また別の角度から叩く作戦だった。夫の不能で直接被害を受けている人間こそが患者を列車に乗せると、ブリンクリーにはわかっていたのである。そればかりか、こういうラジオ放送によって、ブリンクリーには女性からの支持もたくさん集まった。女性なら誰でも、うちのクリニックに来てくれれば、「長年にわたるわたしの研究の成果を活用して、クリトリスの感度を上げてみせましょう」とそんな約束もラジオでしたものだから、女性からの人気はうなぎ登りだった。

これはもう笑いがとまらない。しかし最後にひとつ、ブリンクリーを悩ませる問題が残った。

アメリカ人の清教徒気質といえば厳格主義をさすが、それを定義したＨ・Ｌ・メンケンの有名な言葉がある。「どこかで、誰かが、楽しいことをしているかもしれないと、どうしようもないほど心配する性分」である。その一方でアメリカ人には自由を求める開拓者精神もあったから、ラジオの出現により、両者の戦いが復活した。すなわち楽しみを追求するカウボーイと、それに水を差す厳格な清教徒との戦いである。禁酒法が広まると同時に、ラジオ放送が生まれたわけだが、この奇跡のような娯楽と冒険の予感に、これはまずい、すぐにでも水を差さねばと、清教徒たちは濡れた毛布をしまってある倉庫に大急ぎで走ってもどった。米国政府は、ラジオの周波数帯域を割り当てる際に、放送番組はすべて、高尚で聴取者の励みになるものでなければならないと、法律まがいの注文を出した。その結果、オーケストラが古風で陳腐な音楽を何時間にもわたってえんえんと流すような番組ばかりになった。草創期のＮＢＣ〔米国の三大放送ネットワークのひとつ〕は、最初の放送ラインナップについて「いまだかつてない高尚な雰囲気の番組」と謳っており、実際そのとおりだった。宣伝に関しては、一九二四年時点で五百二十六あったラジオ局のうち四百局以上が、まだコマーシャルを導入してはいなかった。ラジオの帝王と呼ばれた商務長官ハーバート・フーバーは、「この素晴らしい可能性に満ちた媒体を、宣伝マンどものおしゃべりで埋もれさせるなど言語道断である」といった。三極真空管を発明して、この草創期の技術の礎をつくったデ・フォレスト博士は、広告活動そのものが、「電離圏〔大気上空にある電波を反射する領域〕にいる神々の鼻孔に悪臭をつっこむ行為」であると断じている。

ラジオの電波を通じて宙に放たれた広告を完全に消すことは誰にもできない。ゆえにラジオ広告はできるだけ短く、神経にさわらぬものにするべしというのである。

そんな御託を、ドクター・ジョン・ロムルス・ブリンクリーはすべて無視した。

第一に、彼は未来を見ていた。未来イコール商品がバカ売れすることである。世界屈指の宣伝マンである彼は、あるメディア史学者によれば、「広告メディアとしてのラジオが持つ大きな可能性を、ほかの誰よりも早く予見していた」。医療詐欺の研究者でプリンストン大学の教授でもあるジェイムズ・ハーヴェイ・ヤングの考えもそれに一致する。すなわち、ブリンクリーは人好きのしない人間ではあるが、「ほとんどの事業家にはまったく見えていなかった」ラジオ広告の可能性をいち早く見いだした、抜け目ない人間だったというのである。

だからといって、企業が宣伝活動にまったく手を出さなかったわけではない。一九二〇年代に生まれた科学礼賛の気風は、社会の多くの側面に影響を与えた（あのセンセーショナルな殺人事件で、ネイサン・レオポルドは、リチャード・ローブといっしょにボビー・フランクスを殺したのは科学的な興味からだといった）。広告もまた例外ではなく、その業界にも人間心理という科学を活用する著しい変化がはじまっていた。すなわち、商品に関する事実を粉飾せずに提供する提供型コピーから、買う気のない人間を買う気にさせる販売型コピーへの転換である。「理性に訴える広告は、人類の四パーセントにしか刺さらない」と、時代を先読みした企業重役がいっている。

この新しい「科学」が人間の理性の回避に基づいているのは、逆説めいてもいるが、現実に目を向ければ、その正しさは一目瞭然だ。どうしてこれまで誰も考えなかったのか？　いや、考えていた人間もいた。スネークオイルを販売していた連中だ。演劇仕立ての宣伝で怪しい薬を売る輩や、大手の精力剤メーカーが、もう何十年も昔からやっている。その派手に宣伝して強引に売りこむ臆面もないやり口が、アメリカ企業界の新しいテンプレートになっていた。

そこに真っ先に目をつけて事業に活用したのがリステリンの製造業者だった。抗菌手術〔感染症を防ぐため抗菌薬や消毒薬を用いる手術〕の先駆者であるサー・ジョセフ・リスターにちなんで名づけられたこの最先端の医薬品は、十九世紀末から、「内服と外用の両方に最適な抗菌薬で、性病の治療や卵巣摘出手術の際、空洞になった部分にこれを充填します」というように、主として医者に向けて上品な宣伝をしていた。しかし、創始者から事業を継いだ息子のジェラルド・ランバートは、この商品を医師のキャビネットから取り出して、アメリカ人の脳髄に充填する方法を見いだした。

「五百万人にのぼる婚活中の女性のみなさん、あなたの今日の息はきれいですか?」

失恋や失職の原因は口臭（halitosis 薄気味悪いラテン語から派生した）であるという考えが、ネズミの撒き散らす病原菌のように一夜のうちに世間に広まり、リステリンの親会社の利益は四十倍にも跳ね上がった。以来、悩みと宣伝は切っても切れない世界一熱いカップルとなった。一九三四年に出た『プリンターズ・インク』という月刊誌は、こういった広告キャンペーンによって直接、あるいは間接的に生み出された身体疾患をリストにまとめている。そのなかには、「胃酸過多、水虫、体臭、カレンダー恐怖症、コーヒー神経過敏、乾燥肌、毛包炎、腸疲労、毛穴麻痺、鮫肌、ふけ、靴臭、腋臭」といったものがふくまれている。

一九二〇年代の新しい広告は、商品に偽科学を少々まぶして、臆面もなく売りつけるものだった。しかしこれは印刷広告の話。ラジオができてから数年経っても、アメリカの企業は、新しい媒体において紙媒体と同様のアプローチには踏み切っていなかった。何しろラジオは道徳主義でがんじがらめになっていたし、重役会議は新しいメディアの導入に機敏ではない。一度にひとつの改革で、精一杯なのだ。

そんなふうに、ためらいがちに前に進んでいく世間を尻目に、ブリンクリーが一気にトップに躍り出た。宣伝の場をテントや町の広場から、全国の放送網に移したのである。続く数年、ブリンクリーが見事な快進撃を続けられた理由はここにあった。彼の売るものには必ず、幻覚を起こさせるに等しい、強力な宣伝力がつきものだった。一九二四年には、全米でおよそ七百五十の個人及び会社が、性腺をつかった若返り術を宣伝して売っていた。しかし彼らは、国内最強の電波信号をカンザスから流すブリンクリーにことごとく打ち負かされた。さらにブリンクリーはヤギの性腺だけでなく、何から何まで完備した健康管理プログラムを、ブリンクリー研究病院で提供するようになる。

「ここで少しお時間をいただきましょう。束の間ですが、あなたを思い出の日々にお連れしたいのです。川岸に沿って咲くスミレのように、わたしたちが歩む人生の道にも、小さな思い出がそこここに咲いています。日々、面倒な問題に当惑し、悲しい試練に耐えて、汗水流しながら俗世間を必死に生きていくわたしたちには安らぎが必要です。いまこのとき、これまで歩んできた人生の道を振り返り、途上に咲いていた懐かしい思い出をひとつひとつ摘み取っていきましょう。そうして集めた思い出の、柔らかな蔓と香《かぐわ》しい花で、夢のような巣をつくり、そこに飛んでいきましょう……」

ブリンクリーのラジオ番組は売り口上一色ではなかった。台本をつくったのか、それともその場の思いつきなのか、宣伝の合間に人を安心させる声でラジオの前のリスナーを懐かしい思い出の世界へ運んでいく。「暖炉の炎を明かりに、天使の手が揺らす、昔懐かしい揺りかごのなかに舞いもどって、そこでぐっすり眠りましょう。そのうちに元気が出て……」

自身の少年時代の話も語ったが、事実に甘いシロップをかけすぎてしまったものだから、その一部はいまでは失われている。しかし、だいたいのところ、それは彼の子ども時代の話であって、自分を育ててくれた人たちの大切な記憶をリスナーに語るのだった。元南軍兵士で、山深い地方の医者だった父は、往診中に倒れて息を引き取りました。母親（聖書が彼女の図書館でした）が死ぬときには、幼い妹のネルがベッドからはね起き、聖人のような叔母のサリーが……。

そういう話をひとしきりした後で、「ではみなさん、次回お会いするときまで、どうぞお元気で！」という言葉を最後に、マイクをほかへ譲るのだった。いくらブリンクリーでも、一日に十五時間ぶっ続けで話し続けることはできない。それに、宣伝ショーを見に来る人間は、強壮剤を買うためだけに舞台の前に集まるのではない。リスナーが他局の番組に逃げていかないよう、ブリンクリーは娯楽の詰め合わせをちゃんと用意していた。軍楽隊のライブ演奏、フランス語の講座、星占い、ゴスペルの四重唱、物語の朗読、ハワイアンの別れの曲などなど。カントリーミュージックもそうだ。アトランタのＷＳＢ局にフィドリン・ジョン・カーソンが初出演してから一年も経たない

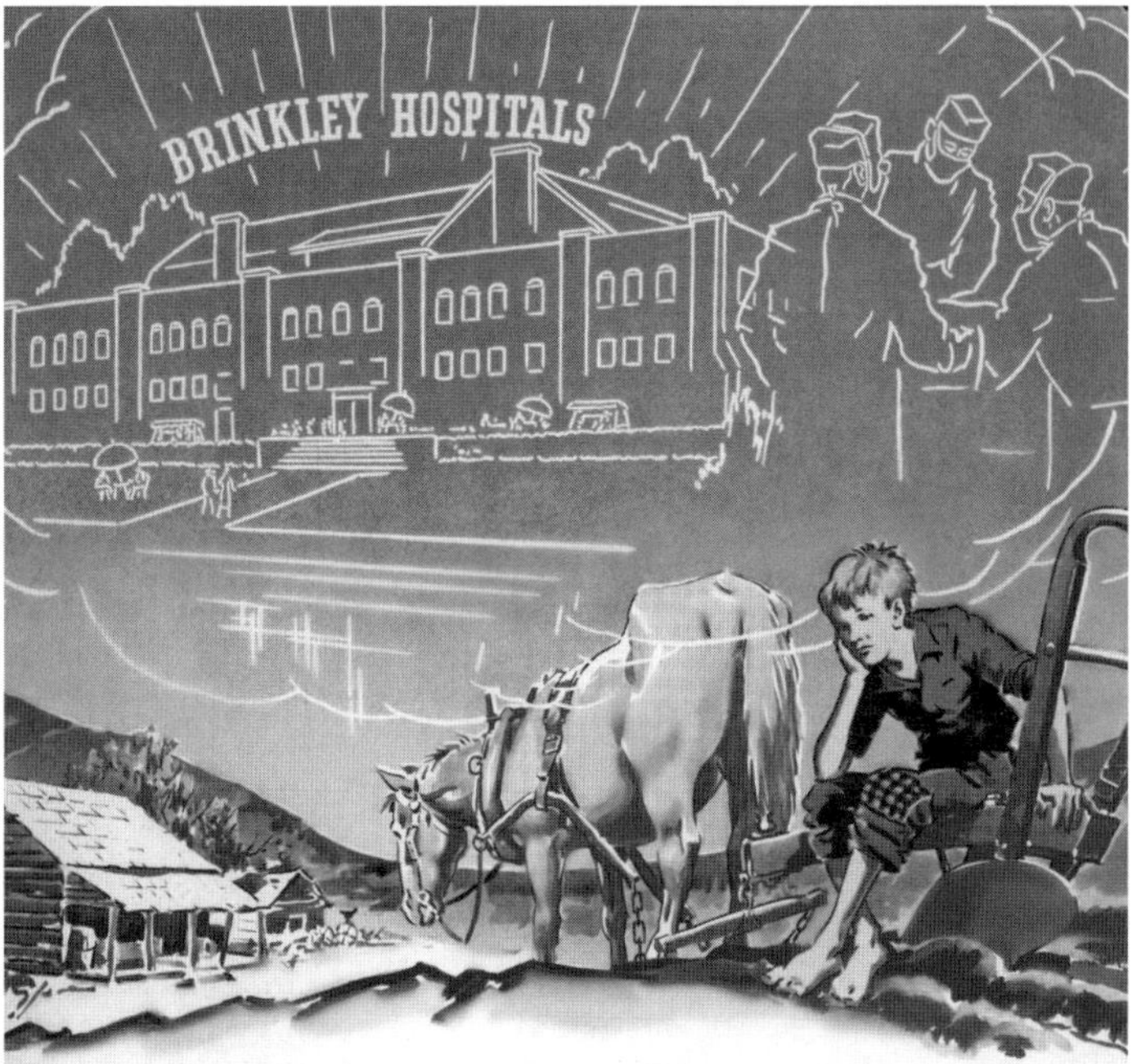

A DREAM THAT HAS COME TRUE

A huge and beautiful hospital, watched over by a great surgeon, a man who understood and sympathized with the sufferings and the hardships of men and women. A hospital with the very finest and most modern medical and surgical equipment obtainable, a staff of highly trained specialists; a hospital to which men and women, broken in health, with hope almost gone, could come for relief of their worry and restoration of their health; a hospital that would be a veritable mecca for thousands harassed by the suffering and anguish of sickness.

Such was the dream of a barefooted boy years ago, as he halted to lean against the handle of the plow with which he was "breaking ground" on a mountain farm. He was only twelve. It was a heart breaking task even for a strong man. But the lad had a will of iron. He couldn't give up. The spirit of his departed father told him he must go on. The boy revered the memory of his kind and gentle parent. And there was Aunt Sally too. The sweet old lady with whom he lived in the small but neat cabin tucked away down in the

(Continued on Page 12)

ブリンクリーは、印刷物やラジオで自らの子供時代を感傷的に語り、それを巧みな商業戦略として利用した。カンザス州歴史協会提供うちに、ブリンクリーはアンクル・ボブ・ラーキンをはじめ超一流のフィドル奏者たちを雇ったほか、自身でロイ・フォークナー（通称ロンサム・カウボーイ）も発掘した。小柄な身体に高さを出したポンパドールの髪型と愛嬌のある笑顔が特徴のフォークナーは、ジーン・オートリーのような明るい声で昔の歌を歌って、ブリンクリーお抱えのミュージシャンのなかで最も有名になった。彼とKFKB局が抱えるそのほかの演者たち――「ザパタの世にも珍しい吟遊詩人たち」、「アルバート・フェノリオとアコーディオン」、ハーモニーボーイズなどが、ヴィクトリア朝後期の大きな客間のようなスタジオで演奏し、リスナーもそこに自由に立ち寄って、楽しいひとときを過ごすことができた。「スタジオに入っていって、世界でも最高の演奏を見ていられるんだ」と、ヤギの性腺移植のおかげで父親になったスティッツワースは当時を思い出していう。彼もまた、ほかの農夫と同じように、穀物や家畜のニュースを信頼して、スタジオに聴きにきているのだった。

ブリンクリーは一般庶民に話しかけただけでなく、彼らの代弁者にもなって、KFKB局を小さな町の誇るべきトランペットにした。電池式の受信機のおかげで、その声は人里離れた、遠い家にまで届いた。ほかのみんながスタジオを去った深夜、眠れずに寂しい時間を過ごしている人々をブリンクリーはラジオを通じて慰めた。

「ここに、ある農家の方から届いた一通の手紙があります。何十年も土を耕してこられたそうです。骨惜しみすることなく一生懸命働いてきた。こういう純朴な人たちの真面目な労働のおかげで、大都市の生活が成り立っているんです……」

事故で送信機を焼失すると、ブリンクリーはさらに性能のよいものをつくらせた。

そうして毎週日曜日には、ほかの人間の説教を流用してリスナーに説教をするのだった。

19

この頃、海外ではチンパンジーの価格が六倍にまで高騰していた。しかしそれも運よく見つかればの話であって、いまや大量に集まったハンターたちによって絶滅の危機に瀕している。この熱狂は、毛皮を目当てとする服飾デザイナーや性腺を切望する者たちがつくりだしていた。「著名なフランスの知識人」であるドクター・モーリス・レボンは、すぐにでも何か措置を取らないと、この比類なき若返り術は、悲しいことに非現実的なものになってしまうだろうと意見を表明した。

この緊急事態をなんとかしようと、セルジュ・ヴォロノフ自ら、仏領西アフリカにあるパスツール研究所のサル緊急飼育所に十万フランを寄付した。それにくわえて、チンパンジーの繁殖センターも設立。場所は、イタリアン・リヴィエラに建つ堂々たる自宅から見下ろせる丘の斜面である。夕暮れともなると、ウォッカの入ったグラスを片手に窓辺に立ち、眼下の森からきこえてくる霊長類の音楽を楽しむことができた。ヴォロノフは成功して有頂天になっていると、そんな陰口もきこえてくる。しかし、もしそうだとしても、彼にはそうなる資格があるのではないか？　一九二二年の十月にパリのフランス医学アカデミーで講演をしようとしたところ、ヴォロノフはブーイングを受けて退場となった。いまや彼はブリタニカ百科事典の「若返り」の項目を執筆している。行く先々で人々に興奮を巻き起こし、賛嘆の目で見られる彼は、アメリカ人の妻と連れだってヨーロッパじゅうのスパやカジノ、高級ホテルを旅してまわり、そういう場に集う世界中の富裕層を徐々に顧客に取りこんでいった。慈善として行う場合は別として、最低報酬は五千ドル。移植手術の前に、ヴォロノフはサルの睾丸を絹に包んでおく。

しかし、依然としてヴォロノフを悩ます問題が残っていた。そのうち最も大きなものが、一般的なチンパンジーの活動量だった。「意識があるうちは、サルを手術台に載せておくことができない」とヴォロノフは書いている。「どんなに大人しいサルでも、手足を縛るなりして自由を奪おうとすると、激しく暴れるのである。サルは非常に猜疑心の強い動物であるから、麻酔で大人しくさせるには、しかるべき戦略が必要なのだ」それで彼は、二重構造の檻をつくった。潜水艦に見られるようなエアロック〔出入り口に設けて外気圧と作業気圧を調整する気密室〕を活用したのである。まず通常のワイヤー製の檻と密閉式の壁に囲まれた「麻酔箱」を短い通路でつないでおく。大事なのはタイミングだ。ガス麻酔を施したらすぐ、サルを「箱から出して手術台の上に置く……麻酔が完全に覚めて、押さえ付けている者の手を噛む前に、そうするのが肝要なのである」。

サルの睾丸を人間の男性に移植することにくわえて、ミセス・スティッツワース流にサルの卵巣を女性に移植する手術もヴォロノフははじめた。そして、そこからたった一度きりだが、逆の手術も生まれた。すなわち人間の女性の卵巣をチンパンジーに移植するのである。といっても、これは小説の世界の出来事である。そのサルはノラという名前で、人間の卵巣を移植された後、そこに人間の精子を注入されて受精させられる。フェリシアン・シャンソール作『ノラ、人間の女性になったサル』には、人間の卵巣を移植されたノラが、フォリー・ベルジェール〔パリにある娯楽劇場〕で繰り広げる冒険が描かれている。さらにヴォロノフは、競馬の世界にも乗り出した。一九二三年十二月に、アヤラという、かつてチャンピオンだった老競走馬に性腺を移植して若返らそうとしたのだが、馬が麻酔中に暴れて死亡した。しかしまもなく別の馬に同じ手術をして、今度はもっと好ましい結果になったと報告されている。「その馬は非常に良好なコンディションで、それから数週間もすれば、レースの訓練をはじめることができるようだった」という。そのうち『サイエンティフィック・アメリカン』誌がヴォロノフの研究の進歩を賞賛し、新聞に患者の体験談が載るようになった。アーサー・イヴリン・リアデットというイギリス出身の老人は、記者たちを招いて、若返った上腕二頭筋を押したりつまんだりしてさわらせた。「また老化を感じたら、同じ手術をもう一度やってやろうとヴォロノフにいわれたよ。全部で三回まで可能だそうだ。となれば、わたしは百五十歳まで生きられるわけだ」

ヴォロノフがリアデットを自慢するなら、ライバルであるドクター・シュタイナッハにも、若返り手術によって歓喜した幸せな英国人の患者がいる。ロンドンの実業家で、名をアルフレッド・ウィルソンという。彼は初期の精管切除手術を受けて、その結果に大満足だった。二十歳は若返った気がするという。それでウィルソンはこの若返り術について講演をしようと、ロイヤル・アルバート・ホールを予約した。ところが、講演の前日になって胸痛を覚えた。最近ターザンを真似して胸を叩くことがよくあるから、そのせいだろうと笑っていたら、まもなく心停止により死亡した。

しかし、どこまでも膨らむ想像の陰に、そういった真実は隠れてしまっていた。シュタイナッハと彼の提供する画期的な「精管結紮《パイプカット》」は、ウィーンの社交界で注目を集めて賞賛された。ヴォロノフと比べると、彼の主張は控えめだった。「われわれは……滑稽な喜歌劇のように、しなびた老婆をピチピチの若い女性に変えることはできません」とシュタイナッハはまず断っておく。「しかし、特定の状況においては……人間の社会での有用性を引き延ばすことはできまして、極端な若返りは無理だとしても、少しでも若さを取りもどす喜びを患者さんに感じていただくことはできます」つまり現代においては、「老化を逆行させることは不可能ではないのです」と、あっさりいってのけた。

ジグムント・フロイトは一九二三年十一月にシュタイナッハの手術を受けている。口腔癌と闘う六十七歳のフロイトは、その手術によって、少なくとも癌の進行が抑えられて生きる活力を取りもどすことができるだろうと期待した。実際その技術に満足したのかどうか、これについては意見が分かれている。それから数十年後に、シュタイナッハの同僚であるドクター・ハリー・ベンジャミンが、フロイトから個人的にきいた話を明かしている。フロイトは「結果に非常に満足していた。全般的に健康が回復して活力がもどってきたと同時に、顎の悪性腫瘍にもいい影響が出ているようだと。ただしこの件については『わたしが生きている限り口外しないでほしい』と去り際にそういっていた」とベンジャミンはいう。しかしながら彼以外の人間は、フロイトがこの手術を無価値と考えていたといっている。

いずれにしろ、フロイトは沈黙を通したわけだが、ガートルード・アサートンの書いた『黒い牛』によって、シュタイナッハはアメリカで一躍スターになった。これは一九二三年にアメリカで最も売れた小説で、アニタ・ルースの『紳士は金髪がお好き』の売れ行きをも上まわった。アサートンは、シュタイナッハが実際に女性に行った、若返り治療にインスパイアされてこれを書いた。小説では、若きメアリー・オグデンが米国からオーストリアに旅立ち、それから数十年経って、マダム・ザッチアニーという名の謎めいた、やはり若い女性が米国にやってくる。その彼女が、自分はメアリー・オグデンであると明かしたことで、ニューヨークの社交界は騒然となる。メアリーは、卵巣に放射線を浴びせるドクター・シュタイナッハの治療によって若返ったのだった。彼女と恋に落ちたクレーヴァリングという名のジャーナリストは、気がつけば深遠な哲学の森に踏みこんでいた。

これは史上最大の発見といっていいだろう。しかし……来る若い世代には難題を突きつけることになる。本物の若さと人工的な若さ。この敵対する両者を前にしたら、労働者と資本家の対立など完全に色あせる……問題は人口過剰の脅威だ——女性はそうでないにしても、男性が若返れば社会を構築する力も取りもどす。しかもそういう力を持つ男性が長生きをする——それに対して、少なくとも法律家たちが立ち上がって、優生学、産児制限、不適格者の断種、望ましくない人種の排除などを、緊急の措置として持ち出すかもしれない。

ミス・アサートン（本人は八回の卵巣放射線療法を受けている）はこの小説で、ゆゆしき問題の一部を巧みに指摘している。すなわち、大勢が若返ることが現実になったら、それは恐怖ではないのかと。優生学は、動物や植物を特定の繁殖技術によって改良していこうという考えだが、すでに科学界では非常に注目されて、多くの教科書で取り上げられている。進化論を学校で教える際にジョン・スコープス〔授業内容が問題になり起訴された学校教師〕がつかった教科書もそうだ。優生学協会は、郡の農産物と家畜の品評会で、「かわいい赤ちゃん」や「健康家族」の人気コンテストを支援した。一見微笑ましく思えるものの、優生学協会はこういったものを支援する裏で、ヴァージニアの人種純潔法（メンケンの雑誌に寄稿した記事で、モリス・フィッシュベインはこれをあざ笑っている）のような法律の制定を後押しして、人種改良に腺を導入する手もありかもしれないと、全体主義者たちが虎視眈々と準備を進めていた。若返り手術が許されるのは、どんな人間か？　知的障害者は当然除外すべきだし、精神疾患を抱えている者、犯罪者、そのほか「良くない遺伝的形質を受け継ぐ」いかなる人間も許されない。さらにいうなら、ごく「普通」の人間もだめだ。優生学協会によれば、アメリカの子どものなかでクリエイティブな仕事をする能力を有してリーダーにふさわしいのは、全体のわずか四パーセントだという。完璧を求めるなら、つねに注意を怠ってはならない。でないと世の中は、愚か者やドリアン・グレイのような人間であふれてしまう。

ビジネスの世界でも、大量の若返りが可能になる日に備え、大慌てで準備がはじまった。なかでも保険会社は途方に暮れた。みんなが若返ってしまえば、これまでの保険統計表がまったく意味をなさなくなる。一九二三年、腺移植に熱狂する作家、ジョージ・F・コーナーズが、ニューヨーク・シティの保険会社の会議について報告している。この会議では、腺科学が保険に及ぼすと考えられる影響について熱心に話し合われた。「生命保険の疾病条項、老齢や年金などに関する条項は抜本的な修正が必要になる」と予想されるが、どのように修正すべきなのか、そのあたりはまだなんともいえない。みんなが思いあぐねるなか、あるヨーロッパの保険会社が思い切った行動に出た。サルの性腺移植手術を受けたからという理由で、引退した実業家に老齢年金の支払いを拒否したのだ。もはやこの人物は老人ではないと、保険会社はそう判断した。「昨年の秋、お客様はドクター・ヴォロノフの提唱するメソッドに従って、ある手術をお受けになりました」と、その手紙ははじまっている。「その結果、お客様は弊社の契約書にサインなさったときより、現在のほうが若くなっています。これだけ大きな変更がなされたことを鑑みて、弊社では、お客様との契約をキャンセルするべきと考えました」この手紙を受け取った保険契約者は訴えを起こした。

もう何か月も前からドクター・マックス・ソレックは、自邸の屋上につくった動物園の世話に骨を折っていた。ほかの研究者たちからは、興奮の報告があがっているものの、どういうわけか、ソレックが行う腺実験はことごとく失敗に終わるのだった。

ある日曜日の朝、彼の飼育していたチンパンジーたちが逃げ出して、なぜか近くの「湖の聖母教会」へ集まった。その場に駆けつけたソレックが書いている。「次の年にジョン・スコープスの裁判がはじまるまで、サルとキリスト教信仰という、まったく相容れない取り合わせが、これほどドラマチックに出現した場面を見るのは、アメリカ人にとって初めてのことだった。少なくともデニソン牧師と口をあんぐりあけた会衆たちの目にはそう映った。いったいどうして？　永遠に解けない疑問を胸に抱いて、会衆たちは不安になった」

「わたしはあらゆる宗教に強い畏敬の念を持っているため、こういったサルたちがそこで何をしたのか、記録を残すという冒瀆行為はしない。ラブレー、ヴォルテール、スウィフトのような作家なら、この事件に飛びついて、風刺文学の古典に新たな章を付け加えたことだろう。わたしとしては、ここで終わりにしたい」ソレックはそう結んでいる。

20

一九二五年の夏、H・L・メンケンはテネシー州のデイトン目指して南へ向かった。スコープスの裁判を報道するためだった。ダーウィンの信奉者対キリスト教原理主義者による歴史を分ける裁判である。* スコープスは、子どもたちに進化論を教えたとして、かつてのガリレオさながらに被告人席に立たされた。その弁護をするのは、シカゴからやってきた有名な弁護士クラレンス・ダロウ。いっぽう昔ながらの宗教観を固持する者たちを擁護するのは、これまでに三回大統領候補になったウィリアム・ジェニングズ・ブライアン。訴えを起こしてその場に勢揃いしている無知の輩たちにメンケンはぞくぞくし、サルの暮らす未開の地さながらのこの町が面白くてしょうがない。

最近メンケンは、フィッシュベインとともに、信仰によって病気を治癒する輩たちの嘘を暴いたばかりだった。それでこの裁判の合間に、町でこんなものが配られているぞと、フィッシュベインに次のようなチラシを送った。

来たれ！　来たれ！

テネシー州デイトンへ

不信心者スコープスの裁判審理中に

法学博士で神学博士のエルマー・チャブ、

キリスト教原理主義者であり奇跡を起こす力を持つ博士が、

町の広場で奇跡のパフォーマンスを披露！

チャブ博士は、あらゆる毒ヘビ、サソリ、アメリカドクトカゲ、

そのほかさまざまな爬虫類に自分の身体を嚙ませます。

広場に毒をお持ちになれば、それも博士が飲んでみせます。

＊この裁判は、テネシー州で進化論教育を禁じる法律に対する挑戦として行われ、科学の自由と宗教的保守主義の対立を象徴する事件となった。結果として、メディア報道による世論の分断が進み、アメリカの教育制度や宗教観に深い影響を与えた。

つまり博士は、マルコの福音書十六章に記されている、
わたしたちの主イエス・キリストの言葉を実証してみせようというのです。

「信じる者たちには次のようなしるしが伴うであろう。
わたしの名によって悪霊を追い払い、新たな言語を話す。
ヘビを取り上げて、その致命的な毒をあおったとしても、害が及ぶことはない。
病を得た者にその手を置けば、病は退散する」

病気の治療、悪魔払い、予言をすべて公開実演するとともに、
チャブ博士は、アラム語、ヘブライ語、ギリシア語、ラテン語、
コプト語、エジプト語、そして失われた言語である
エトルリア語とヒッタイト語で説教をしてくださいます。

お客様の声——
みなさまから大変好評をいただきまして、例外はひとつだけです。

まさにわたしの目の前で、チャブ博士は

青酸カリを飲みこんでしまった。
——ウィリアム・ジェニングズ・ブライアン、
キリスト教を信仰する政治家

チャブ博士はひたすら神の言葉を信じ、
その信仰が力となって現れている。
——J・フランク・ノリス牧師

わたしは悪魔に取り憑かれていましたが、
チャブ博士が追い払ってくれました。
神に栄光あれ。
——マグダレーナ・レイバック
ミシガン州ダンカングローブ、RFD3〔農村無料配達三番地〕

神の霊感を受けて、チャブ博士はコプト語を
母国語のように流暢に話しました。
エトルリア語については、わたしにはわかりません。
——アディソン・ブレークスリー、

インディアナ州バルパライソ大学の古代言語学の教授

チャブは詐欺師だ。
わたしなら彼の息の根を三十秒でとめることが
可能な青酸カクテルをつくれる。
——H・L・メンケン

大事なお断り
チャブ博士は、死者を蘇らせる力を持っているなどと
偽ったことは一度もありません。
そういう力を持っていたのは救世主と十二使徒だけだと、
聖書にそう書いてあります。

進化論反対法の制定のために、随意に寄進をお願いします。

これはジョークである。H・L・メンケンとエドガー・リー・マスターズ（『スプーンリバー詩選』で名を馳せた〈シュレーゲルズ〉に集う仲間）が手を組んで作文した。それを千枚も印刷して、少年を雇って配らせた。さて何が起きたか。何も起きなかった。町にはすでに、本物の詐欺師たち

がうようよ集まっていたからだ。

　フィッシュベインのほうは、ちょうどブラックストーン・アヴェニューに引っ越したばかりだった。妻のアンナと三人の子どもとともに、フランク・ロイド・ライトが中心となって設計した家に入居していた。優美な部屋が八つあって、すべて形の異なる窓のいずれからもミシガン湖の景色を望むことができる。医学界のムッソリーニ、医学界のミダス王、ドラッグストアのデュマ（彼の敵はあだ名をつけるのが大好きだった）は、バリバリ仕事をして成功を収めてはいるものの、家庭では平穏を求めた。といっても、肩の力を抜いたわけではない。何でも全力投球の彼は、父親の役割もとことん追求する。お抱え運転手の運転するキャデラックの後部座席で、娘のマージョリーにクラップス〔サイコロ賭博〕を教え、ジプシー・ローズ・リーのショーが見たいといえば、車で劇場へ連れていく。「ジャック・デンプシーのボクシングの試合もいっしょに見ました」と、姉娘のバーバラがいっている。「それに、消防車のサイレンが鳴るたびに、パパといっしょに走って見にいったわ」

　新しい大きな家には、大きな昇進もついてきた。モリス・フィッシュベインはＪＡＭＡの編集主幹に就任したのである。そのためのお膳立ては、ずっと前から整っていた。最初はフルタイムの秘書ふたりを雇って切り盛りしていたが、のちに三人目も雇って、全知全能の米国医師会（ＡＭＡ）のデミウルゴス〔創造主〕としてのイメージを早々に固めていった。ツアーガイドが、うっかり間違えてＡＭＡをアメリカン・モリス（フィッシュベイン）・アソシエーションと説明するなど、まさに米国医師会の顔だった。週に一万五千字というペースで書籍や記事を量産して、フィッシュベインはＪＡＭＡを弱小の業界紙から、社会政策に対して意見を表明する強力な機関に変えていった。

絶え間なく旅をして年間に百三十もの講演をするので、ある記者がこんなこともいっている。フィッシュベインは「しょっちゅう飛行機で飛びまわっているので、普通の椅子に腰を下ろしても無意識のうちにシートベルトに手をのばしている」。人々に希望や励ましを与える演説者か、はたまた疲れ知らずのおしゃべりか。評価は人によって異なるものの、特定の問題について、ひとつも合意を持たない十万人の医師を代表するスポークスマンとしては成功しており、組織の利を追求する政治屋というより、強力なインフルエンサーであるというのが大方の見方だった。

「青春の泉」があると主張するような人間をフィッシュベインはことごとく嘲笑した。国内であろうと、ヨーロッパであろうと同じである。「ブリンクリーをはじめとする偽医者たちが喧伝する人工的な若返り術などというものは、現実には存在しない」と彼はいう。「自然の摂理を打ち負かそうとして、そういうものに老いた男が金を使う……これはもう愚の骨頂である」「シュタイナッハの奇跡」については、彼が登場するずっと以前から、「同じように奇跡の手術と称した精管結紮の実施例が数百件も報じられているが、そのなかで、患者に若い頃のような活力がもどったという例はひとつもなかった」という。科学者や編集者の多くは、この問題を扱う際に慎重な姿勢を取ったが、彼においては、そういった手術を支持する記事をＪＡＭＡには一切載せなかった。

この時期になってもまだフィッシュベインは、メンケンと密造酒を楽しむ時間をつくっていた。彼の雑誌に寄稿しているため、ボルティモアへ度々足を向けるのは当然とはいえ、行けば行ったで、どうしても悪徳の巣に入り浸ることになる。

メンケンはよくアルコールを「歓喜の父と母」と呼んでいて、禁酒法が制定されるなり、アル・

タイプライターに向かう執筆中のモリス・フィッシュベイン。1930年代撮影

カポネばりに密造酒の仕入れに奔走した。まず車を売り払い、その金で「見つかる限り最高のワインと蒸留酒」を大量に買いこんで地下貯蔵室に貯めこんだ。貯蔵室の扉には骸骨のしるしをつけ、侵入者には塩素ガスをお見舞いするという脅迫の文句を書いておく。さらに車のグローブを手袋代わりに、自家醸造にも手を染めたが、これはしばしば「爆発の憂き目」にあった。そういう男と違ってフィッシュベインは酒にさほど執着はない。それでもボルティモアに足を向けるたびに、メンケンにクラブに連れていかれる。一九二五年の一月、フィッシュベインはメンケンに手紙を書いた。「あの小さなドイツ人のバンドの演奏は一生忘れないだろう。それはさておき、日曜日、目の下に紫色の斑点があるのを見つけた。そうして午後になると目の角膜に血斑ができはじめた。これが、あのバカルディのせいであるとはとても思えないのだが」と、手紙ではずいぶん寛大だが、次の訪問ではメンケンにはっきりいっている。「ヒョウのように斑点だらけになってシカゴにもどってきたよ。どうやらボルティモアにある、あのイタリア系の店で飲んだ液体が原因だったらしい」それからしばらく、フィッシュベインはボルティモアの町を避けた。

ふたりは友だち同士だったのか？　それはたしかだが、どれだけの友情で結ばれていたかは見る人しだいだろう。メンケンは複雑な人間だ。ユダヤ人に対する態度も一貫しておらず、どう考えているのかわからない。それでもフィッシュベインとのつきあいが二十年以上に及んでから日記に書いた彼の評価から、少なくとも本心の一部が透けて見える。「彼の根っこには、抜け目ないユダヤ人特有の鋭い洞察力がある。だからこそ、アメリカ医学のために、これだけ貴重な貢献ができたのだろう」

21

スコープスの裁判が行われた夏、ブリンクリー夫妻はイタリアへ旅立った。ミラノの観光や娯楽を少しずつ楽しんだ後、南へ足を延ばして、古い大学都市パヴィアを訪れる。このパヴィアの大学ではクリストファー・コロンブスも学んだとされている。

学士製造所が暴かれたことで、ブリンクリーは自身の医師としての資格を世間に認めさせることに躍起になり、名誉学位を求めてヨーロッパにやってきた。ダブリンで断られ、ロンドンでもグラスゴーでも拒否。しかしありがたいことに片田舎のパヴィアにまでは情報が届かず、役人たちはブリンクリーについてほとんど何も知らなかった。見るからに博識そうな外見と巧みなお世辞に、たっぷり寄付を弾みますという申し出が合わさって、浮世離れした大学医学部の長老たちは、ブリンクリーにすっかり心酔してしまった。そこでブリンクリーは彼らに餌を与える。皇后風コンソメ・フラッペ、ヴォロヴァン・トゥルーズ風、野菜のフラン・フィナンシェール風、ナポリ風アイスクリームといった料理の数々に、バルドリーノやバローロといった高級赤ワインや、パイパー・エドシックのシャンパン……。おまけに饗宴のお供にと、オーケストラを雇って、メンデルスゾーン、プッチーニ、アーヴィング・バーリンの楽曲を演奏させる。そうして見事、学位を手にしたのである。

そうしているあいだも、米国のニュースはつねに追っていて、そのうちのひとつに、ブリンクリーの想像力が大いに刺激される。そうして帰国するなり、スコープス裁判の教訓を新しいビジネスに織りこんでいくのである。

そうでなくても、キリスト教は再び新聞を賑わせていた。一九二五年と一九二六年にアメリカで最も売れたノンフィクションは、ブルース・バートンの『誰も知らない男――イエスの発見』だった。その内容は現代でもよくある、ビジネスで成功を狙う層に訴えるものだった。キリストは世界で最も偉大なエグゼクティブである。なぜなら「彼は最下層の男たち十二人をつかって、世界を支配する組織をつくりあげたのだから」。イエスは、傑出したサービス提供者であるとともに、その時代の「最も偉大な広告主」であった。「どれでもいい、彼の口にした話に耳を傾けるなら、それが広告の教科書に書かれているあらゆる法則のお手本であるとわかるだろう……まず何よりも、優れた広告がみなそうであるように、内容が凝縮されている……そして（キリストが）つぶやくあらゆる言葉には、誠実さが太陽の日差しのように輝いている……さらに彼は繰り返しの効果を十分にわかっていて、同じことを何度も口にしているのである」

ずいぶん前からブリンクリーは、自分が神の子に似ているのに気づいていた。バートンの著作を評して、「わたしの人生そのものについて書かれているようだ」ともいっている。そして、あのスコープス裁判の教訓が身に染みている。少なくとも表向きは、身に染みているふりをしなくてはいけない。いまはとにかく、あの事件で全身に聖水を浴びせられたような気持ちになったという態度を取るべきなのだ。それで、その秋ブリンクリーはラジオを通じてそれを表明し、キリストの再臨が起きて信者たちが天に昇るといった話を、ふだん以上に自由闊達にしゃべった。新しい自分をアピールしたわけで、それが成功してニューヨーク・イブニング・ジャーナル紙にうれしい記事が掲載された。

原理主義を説きながら――ヤギの性腺科学を探求する
有名な外科医はいかにして古い宗教と
新しい医療手術を合体させたのか
世にも奇妙な福音医療農場の実態

「世界のどこを探しても見つからない、前代未聞のキリスト教原理主義者の科学者、カンザス州ミルフォードのドクター・ジョン・R・ブリンクリーを紹介しよう」

こうした一文からはじまる記事はそのあと、第一次世界大戦時の「AEF〔アメリカ遠征軍〕の獣医外科医」としての活躍から、パヴィアで取得した名誉学位――ナポレオンとミケランジェロに続いて、史上三人目の栄えある授与だと医師はいう――まで、ブリンクリーの英雄的なキャリアが綴られる。

「米国にもどってきてから」と、さらに記事は続く。

ブリンクリーは自宅のあるテネシー（ママ）で、嵐が巻き起こっているのを知った。世間を騒がせるスコープス裁判がまさにはじまろうとしていたのだ。科学者であるブリンクリーだが、自身もテネシー生まれ（ママ）であることも手伝って、大切な宗教を科学者の指にふれさすまいと頑張るアパラチア人の努力に共感した。少年時代をそこで暮らした彼の心のなかで、何か過去の思い出が再び蘇って、篤い信仰心に火がついたのだろう。あるいは、故ウィリアム・ジェニングス・ブライアンの白熱した演説がいまになって思い出され、改めて共鳴したのかもしれない。

いずれにしても、ブリンクリーはキリスト教原理主義に手を差し伸べた。ミルフォードにある広大な敷地を栄えあるキャンプミーティング〔キリスト教原理主義の伝統的な集会形式のひとつ〕の場に変え——かくして、世界屈指の科学者であり、最も敬虔な「信者」である彼の鋭い目の下で、魂の救済と肉体の修復が並行して進められることになったのである。

ブリンクリー夫妻が新しくつくった屋外劇場には、「道徳的かつ宗教的な写真がいくつも展示されていて、それがかつて知られた最も偉大な男を想起させるのです」とミニーの説明が掲げられている。

実際に多数の写真が飾られていた。

ブリンクリー研究所の牧師であるチャールズ・ドレイパー博士が
福音を説いている写真。彼は科学的な進化論を信じていません。

カンザス州のミルフォードの遊び場にいる日曜学校の子どもたちの写真。ブリンクリー博士の性腺の病院が営業しているすぐ隣ですが、子どもたちには厳格な原理主義が教えられています。

世界初の「ヤギの性腺の赤ん坊」を抱くブリンクリー博士の写真。

この町で生まれた「ヤギの性腺の赤ん坊」のふたりめである若きチャールズ・ダーウィン・メリンジャーが、新しい体制の下でどのように過ごしていたのか、記録は残っていない。しかし、この名人級の広報活動のおかげで、ブリンクリーの郵便物は日に三千通に跳ね上がった。

アイオワ州カウンシルブラフスに住むアンディ・ホワイトベックは、ドクターの崇高な努力に心を動かされた、KFKB局の大勢いるリスナーのひとりだ。ブリンクリーの四段階から成る複雑な性腺手術をぜひ受けてみたいと、ずいぶん前から切望していたものの、爪に火を灯すように妻と暮らしていて費用を準備できない。唯一財産と呼べるものは家だけだ。そこで藁にもすがる思いで家を抵当に入れ、アンディはブリンクリーのクリニックへ旅立った。

彼はそこで、また別の患者、ネブラスカからやってきた農夫のジョセフ・フリッツと出会う。それから数年後に、「アンディが全部話してくれたよ」と、このときのことを思い出してフリッツが次のように語っている。

女房といっしょにとことん話し合ったんだってさ。ブリンクリーは敬虔なキリスト教徒で、毎週日曜日にラジオを通じて、あんなに心に染み入る説教をしてくださるのだから、哀れなアンディが家を売って五百五十ドルの金を工面したことを知ったら、きっと手術をしてくれる。それに、ひょっとしたら聖書に出てくる「善きサマリア人」のように、無料で手術をしてくれるかもしれない。そうしてアンディに、「家に帰ってお金は奥さんに渡し、あなたの小さな家を抵当から出しなさい。そうすればきっと神様がいいようにしてくださいます」と、そんなことをいうんじゃないかって、夫婦してそんな想像をふくらませていたそうだ。

だが、ブリンクリーはそういうキリスト教徒じゃなかった。アンディが五百五十ドルを持って行ってもブリンクリーはアンディの身体に触れもしない。七百五十ドルを用意するか、それができないのなら手術をしないで家へ帰るしかないと、そういったんだ。

今日まで生きてきて、誰かにこれほど同情することはなかったよ。アンディは突っ立って、子どものようにえんえん泣いていた。それでもどうしても、手術を受けたかったんだろうな。それで家へ帰って仕事にもどったんだ。

そこへミニー・ブリンクリーが割って入った(クリニックでの自身の役割は「相談に乗り、集金をし、善意を示すこと」だとよくいっていた)。「(ミニーは)あと二百ドル集めればいいだけのことだとアンディにいい、夫婦そろって彼の恐怖につけこんで、命が助かって、若さと強さを取りもどすには、ヤギの性腺を移植するしかないとアンディに思いこませた。しかしアンディはその金をどうやって工面していいかわからない。それで目に涙をためて、二百ドルの手形をお渡しして給料のなかから少しずつ返していきますから、それでなんとかしてもらえませんかとブリンクリーに懇願した。しかしブリンクリーは断った。最後にフリッツはこういった。「結局、ミセス・ブリンクリーがアンディの働いている会社に手紙を書いて、二百ドルを完済するまで、アンディの給料から天引きして毎週一定額送るよう約束する書面を取り付けた。それからアンディを手術し、抵当に入っている家に彼を送り返した。家だけでなく、それから数か月分の給料も抵当に入っているんだけどね」

手術は意味がなかったと、フリッツは付け加える。ホワイトベックが手紙でその後のことを知らせてきたという。「ブリンクリーの手術を受ける前より悪くなったそうだ……ブリンクリーが手術を施したのは、彼の財布だけだった」フリッツ自身は、生きてクリニックを出られただけでも自分は幸運だと思っているという。

皮肉なもので、広告がうまく行きすぎると、本来手を出すべきでない人たちにも、その存在が伝わってしまうのだった。

ブリンクリーのかつての師であり、かつまた長年の敵でもあるドクター・マックス・ソレックは、パヴィアで授与されたブリンクリーの学位について知ると激怒し、大学に抗議の電報を送った。そこにフィッシュベインもくわわって、ふたりでイタリア政府と学校に、ブリンクリーに関する選り抜きの情報を次から次へ送った。結果、その学位はベニート・ムッソリーニ本人によって取り消された。

それでもブリンクリーは、自分はちゃんとした学位を取得していると、生涯いい続けた。

22

その日、例によってサンドバーグを訪ねたユージーン・V・デブスは、療養所に歩いてもどる道すがら倒れた。それから一時間もしないうちに、モリス・フィッシュベインの電話が鳴った。デブスからだと知って驚いた。何しろもう四年以上も会っていなかったからだ。もし命の危険にさらされたら、きみに治療を頼みたいと、デブスはそういった。

フィッシュベインは臨床医ではなかったが、ふたりの医者とともにデブスのベッド脇に駆けつけた。しかし偉大なる社会主義者はもう手の施しようがなかった。「ミスター・デブスは……栄養失調なのが明らかだった」とフィッシュベインは後に書いている。「息をするのもやっとという状態で横になっている……この状況で、自然療法の呪術医たちは、ジアテルミー装置〔高周波電流で皮下組織に熱を発生させる機械〕か、あるいは電熱を当てていたらしい。皮膚に火傷の跡がいくつもある。気を失っている患者に電極を当てれば当然そうなるだろう。それでも効果がないとなると、サボテンを水に溶かしたものを注射した。昔、折衷派医学でつかわれていた治療法だ。それからジギタリス〔葉を強心剤に用いる〕を注射したが、量が少なすぎたのか、多すぎたのか。数時間以内にデブスは死んだ。

一九二六年十月のその夜、フィッシュベインは激怒した。前年に『メディカル・フォリーズ〔医療における愚行の数々〕』という本を出版し、そのなかで詐欺まがいの医療、いっときの流行でしかない療法、迷信の数々を列挙していたのだが、今度はもう一冊、別の本を出すことにした。『ニュー・メディカル・フォリーズ』というタイトルで、新たに偽医学のカタログをつくりなおすことにしたのだ。そこに列挙したインチキ医療をフィッシュベインは「あちこちから刺し貫き、皮を剥いでから、きれいに串に刺して、怒りの炎で炙った」とニューヨーク・タイムズ紙が評している。そのなかには、リンドラーのように極端な食事療法や減量を患者に強いる偽医者もふくまれており、デブスを殺したのはリンドラーだとフィッシュベインは信じていた。

この本には若返り術の項目もあった。ヴォロノフとシュタイナッハの仕事に対しては、改めて腑分けして、徹底的に叩き潰した。ただしフィッシュベインは、この両者については、金銭目当てで人を騙しているのではなく、無知なだけだといっている。ドクター・ブリンクリーに至っては、つねに下劣な人間だと見ていたが、これまでは触れることがなかった。その数か月後にあたる一九二八年一月にはじめて、「人間改良のバーバンク」として大々的に特集記事を組んで、彼の正体を大衆にさらした。

「偽医者ジョン・R・ブリンクリー――ヤギの性腺移植の商業的可能性」という実名入りのタイトルで、性腺騒ぎについて詳細を綴り、これまで知られていなかったブリンクリーの行状も暴露した。このときフィッシュベインが活用したのが、「うちの娯楽部門」と呼ぶ、米国医師会の調査局である。若かりし頃のブリンクリーが電気治療で犯した前科を調べあげて、それを初めて一般公開したのである。

正確には、一部の一般人にというべきだろう。この記事が登場したとき、イリノイのある医者がこんなことをいっている。「問題は、われわれ（医師たち）のように、すでにその事実を知っている人間が読むだけで、本来警告を受ける必要がある哀れな人々が、JAMAを講読していないことなのだ」これはフィッシュベインも気づいていて、異例のことながら、その暴露記事を抜き刷りにしたパンフレットをつくり、数千部も配布した。しかし、そこまでやっても、風に向かって叫んでいるのと変わりなかった。もっと時代が下れば、大衆を憤激させることもできようが、一九二〇年代においては、あたかも賽の河原のように、際限ない徒労に終わる。何しろ「マスメディア」というものがまだ発明されず、現在は大都市であっても、情報伝達の観点から見れば、その時代はごく小さな町と同じだったのだ。ならず者たちはこうした状況から大きな恩恵を受けていた。マサチューセッツでは、サッコとヴァンゼッティの裁判中に銃身を入れ替えようとして捕まった自称鑑識学の権威、A・J・ハミルトンという人物がいたが、その後も彼はほかの諸州で、鑑定証人として儲けていたという事実もある。ブリンクリーにおいては、ラジオ局を持っていることが途方もない強みになった。たとえば、アレクサンダー・エクブロンのように、リスナーの多くにとってブリンクリーこそがメディアだった。

エクブロンの妻ローズは大腸癌で死にかけていた。彼が石炭採掘工として働いていたフォートライリーの軍医に診せたところ、これはもう絶望的だといわれた。「だが俺にとって女房は何よりも大事だった」と後に彼はそういっている。「女房を救えるのなら自分の命を捧げてもよかった……俺と同じように、愛する女房が潮に流されているのを見たら、誰だって藁にもすがりたくなる」苦悩のなかでブリンクリーに助けを求めたところ、まだ助かる見こみはあるといわれた。エクブロンは「なけなしの金を集め、人から借金もして」手術の費用を工面した。ブリンクリーは手術をしたが、ローズ・エクブロンは翌日亡くなった。ミルフォードの救世主は、費用三百五十ドルをエクブロンに請求し、全額回収した。

そのあいだも、ヤギの性腺移植を希望する患者たちが、ブリンクリーのメディカル・カジノにひっきりなしにやってきていた。塗装職人のジョン・ホームバックという患者は、手術後九日目に、ニュージャージーの自宅へ帰る道すがらセントルイス駅で具合が悪くなった。ミズーリ・バプティスト病院の医師たちは、ホームバックが破傷風の初期段階にあると診断。陰嚢の切開部が壊疽《えそ》を起こしているにもかかわらず、ホームバックは歯を食いしばって、「ブリンクリー先生の腕はたしかです」といい続け、そのあいだメイズ医師は、皮下と静脈内の両方に抗破傷風血清を投与し続けた。「その処置はひとまず効いた」とメイズは書いている。「痙攣が大幅にやわらいで、顎の食いしばりが無くなり、わたしの声にすぐ反応して口をあけられることを示した。しかしそれから三時間後、患者は激しい痙攣を起こして死亡した」悲しみに暮れる息子のカール・ホームバックは、ブリンクリーの非道な行いを罵倒し、「こういう人間は縛り首にしてほしい」と訴えた。しかし、法律はまだ彼に手を出すことができなかった。

それどころかブリンクリーはますます増長し、商売は右肩上がりの繁盛を続けた。一九二八年、彼の頭に次なる秘策がひらめいた。これがこの先、彼に数百万ドルという富をもたらすことになる。いったい何に目をつけたのか？　本人のいうところによると、「（ヤギの）性腺手術と前立腺縮小の因果関係」だった。

いいかえれば、同じ手術をつかって、途方もない数の新規顧客が見こめると踏んだのだ。あるいは――そこでまた新たな考えが浮かぶ――外科手術なしで、前立腺を縮小させる方法を提供したらどうだろう？　この偉業をブリンクリーがいかにして達成したのか、少なくとも、彼が新規顧客向けに出したダイレクトメールからはわからない。そこに書かれているのは、前立腺というのは、必ずしも「素人肉切り協会《アマチュア・ミートカッター・アソシエーション》〈ＡＭＡ〉」（米国医師会〈ＡＭＡ〉への皮肉）のいうように、頻繁に除去する必要はないという警告だった。この病気への新たな突破口を見つけたとブリンクリーはいい、それはいうまでもなく、「今後数世紀にわたって人類に資する大発見だと自負している」と結んでいる。

あらゆるイノベーターは、アイディアが湯水のごとく湧いてくるゾーンという状態を知っている。まもなくブリンクリーの頭に、三つ目のアイディアが浮かんできた。そこから生まれた計画は、ほかのふたつとは次元が異なるもので、彼を人気の絶頂に押しあげ、莫大な富をもたらすことになる。皮肉なことに、今度のターゲットは女性たちだった。

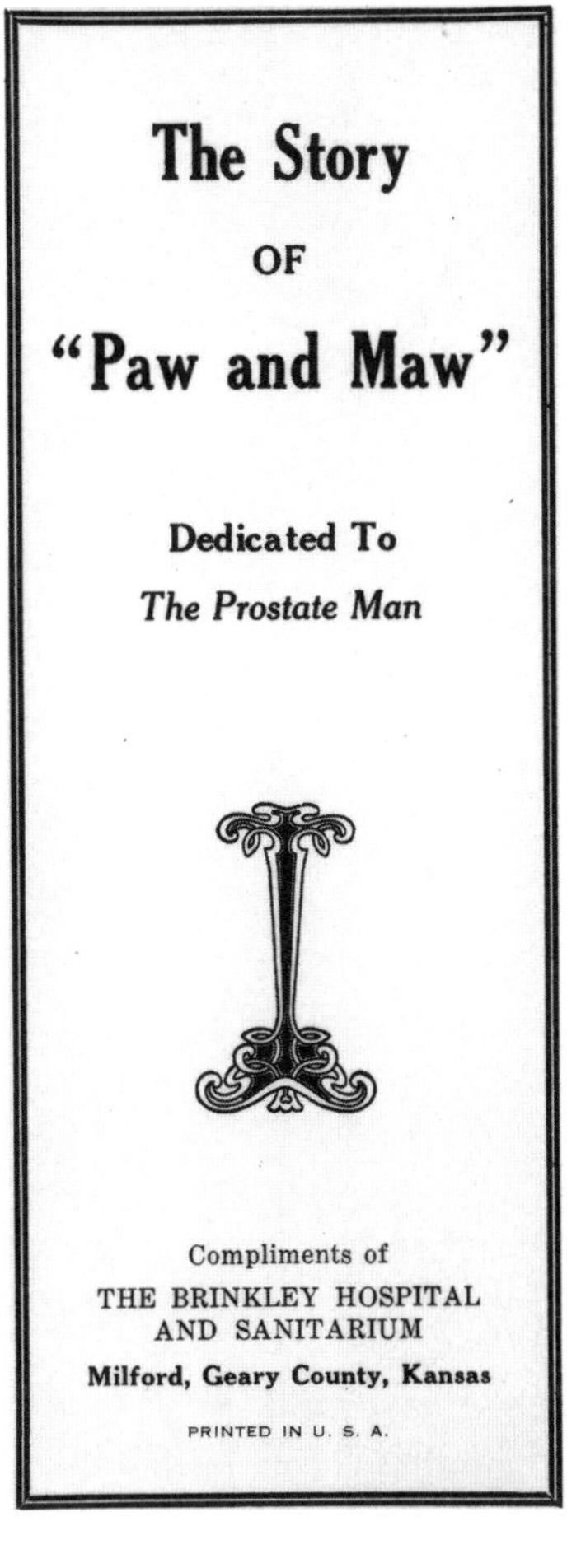

ブリンクリーは、郵便やラジオを使った現代広告の先駆者だった。自身の治療法はあまりにも奇跡的であるゆえ、「歴史に刻まれた我が名は、同世代の偉人たちの中でとりわけ強い輝きを放つだろう」と自身の功績を寓話化するブリンクリー。カンザス州歴史協会提供

23

ご本人の職業を問わず、訃報の掲載につきましては、生前に広告を出さなかった方には一律十セントをお支払いいただきます。支払いの滞っている購読者様には一行につき十五セントを請求します。広告主様、あるいは現金払いの購読者様がお亡くなりになった場合は、一切無料で、わたしどもに可能な限り最高の文章で訃報を掲載いたします。豚コレラが国内に上陸しております折、この機会にぜひ講読をお勧めいたします。

――アルトゥーナ・トリビューン紙（カンザス）、一九二八年一月十九日

うららかな週末、行楽客たちがブリンクリー研究病院の敷地にやってきて、芝生の上で昼食を広げ、鬼ごっこをしたり、有名なヤギに餌をやったりする。ロイ・フォークナーは「歩く隙間もない」ほど、ぎっしり集まった群衆を押し分けながら、あちこちへ移動してギターを弾いている。このロンサム・カウボーイをはじめ、ラジオで人気の有名人たちを生で見られるとあって、集まった人々は大喜びだった。

もちろん、群衆が一番見たいのは、ドクター・ブリンクリーである。この日帰り旅行者のなかに

は、フライドチキンやルバーブパイといっしょに、病気を持ちこむ者もいる。重篤の者もいれば、なかには――いや、この判断は難しい。発熱、かすり傷といった、取るに足りないように思える症状が、命取りになることもあるのだから。よって、この群衆のなかにはたいてい、パニックになっている人間がいる。それに加えて、生まれつき脚が不自由で片脚をひきずっている者や、半身麻痺の状態で大の字になっている者も。まるで奇跡の泉ルルドに、命からがらたどり着いたようなありさまだった。ブリンクリーが登場すると、必ず誰かに上着をつかまれ、それが歩いて行くあいだじゅうずっと続く。

そういうことをされて喜ぶ医者はもちろんおらず、とりわけブリンクリーは誰よりも嫌がった。なぜなら無料でアドバイスをするのが大嫌いだからだ。それでも避けることはできない。訪問者が五百人もいるのでは隠れようがない。懇願する者たちの哀れっぽい声が四方八方からきこえてくると、彼はもう頭がどうにかなってしまいそうだった。

そんなとき、まるでゼウスの額から戦いの女神アテナが完全武装して誕生したように、ブリンクリーの頭から、凄いアイディアが飛び出した。それを彼は「メディカル・クエスチョン・ボックス（MQB）」と名づけた。

つまりはこういうことだ。リスナーはブリンクリーに健康面の不安について手紙を書くよう求められる。自分自身の健康問題でもいいし、知り合いのものでもいい。その手紙をブリンクリーが読んで、それぞれに診断を下し、治療方法を提案する。それをすべてラジオでやるのだ。一九二八年初頭にはじまった、このMQBは一大センセーションを巻き起こした。毎日MQBの秘書ルース・

アセイと八人の助手が手紙の海を泳ぎまわる。手紙の差出人のほとんどは、自分の健康や夫や子ども、隣人の健康に関して不安を持つ女性で、この苦悩の海から七十五通を選びだして上司に渡し、残りはすべてゴミ箱行き。ブリンクリーは最終選考に残った手紙をざっと見ながら、好みのものを選ぶ。

患者を見もせず診断を下し、どこにいるとも知れぬ客の薬を処方する。キリスト教原理主義者で夢想家という、ややこしい役割を担うブリンクリーは、病気治療において新境地をひらき、いずれ医者通いが廃れる時代が来ると予言した。最終的には数千という医者が彼に倣って、昔ながらのメスではなく、「患部を切開することなく、痛みも与えないラジオナイフ」をつかって手術をするようになるとブリンクリーはいう。このMQBでは助言も慰めも大盤振る舞いだったが、これがすべて無料だと思ったら大間違いだ。

ある女性は手紙でブリンクリーに、しょっちゅう腹痛を起こす六歳の娘について相談してきた。ラジオで手紙を読んだあと、ブリンクリーはその母親とリスナーに向かって話しかける。「お子さんのお腹には虫がいますね。虫下しの処方薬九十四番をお求めください。お母さんは盲腸を取ったとのこと。これは後々ちょっとした問題が出ますね。処方薬六十一番をお求めになって、十年ほど服薬することをお勧めします」

カンザス州ドレスデンから送られてきた質問に対してはこうだ。「これはおそらく、胆石でしょうね。いや違う、腎臓結石だ。彼には男性用処方薬八十番と五十番の男性用、併せて六十四番も服用することをお勧めします。それでずいぶんよくなるはずです。あとは、水をたくさん飲むことですね」

稼ぎどころは薬だ。ブリンクリーはここでいきなり起業精神を発揮して、中西部にある約五百の薬局を「ブリンクリー製薬協会」にまとめあげ、抜け目なくも州の検事総長の義兄であるトピーカの薬剤師を会長に据えた。それから、あり得ないほどバカ高い一連の薬品を協会に属する薬局にすべて在庫として持たせる。その薬には、既製品と、自分で調合したものの両方があったが、いずれもきれいに包装しなおしてから、神秘性を高めるために、あえて名前はつけずに番号だけを表記し、成分は隠す。ごくまれな例を除いて、MQBではこの一連の薬以外は勧めない。このシステムの一番優れているところは、ブリンクリーの診断は手紙を書いて相談してきた人間だけでなく、数千のリスナーにも届くという点だ。ラジオをきいているリスナーが投稿者の症状をじっくりきくうちに、自分にも同じ症状があると気づくのは珍しいことではない。薬局では一瓶（通常の小売価格の約六倍）売れるごとに、ブリンクリーに一ドルをキックバックし、残りが店の取り分となった。

疥癬から腰痛、心疾患から手の冷や汗まで、MQBで扱う健康問題には、手の施しようがない重病や、放っておいていい、ささいな問題は一切ない。パーク・デイヴィス〔米国の製薬会社〕の錠剤——のラベルを貼り替えたもの——を服用するだけでは済まない、特定の準備が必要な治療については、それを患者が寸分違わずやるよう、ブリンクリーは心を砕いた。素朴な民間薬の処方で、彼が最もその効果を信頼していたものがある。その扱いについてブリンクリーは、協会の薬局店主たちに次のように助言している。「処方薬七番は、昔からかゆみに効くことで定評のある薬です。これは黒色火薬、硫黄、ブタの脂肪またはワセリンなどの脂肪の多い基材をそれぞれ等量混合したもの。この薬が効果を発揮する秘訣は、その使い方にあります。患者さんにこう教えてあげてください。家に帰って熱い風呂に入り、全身をよく拭いた後、頭から足先まで全身にまんべんなくこの薬を塗布する。それからシャツとズボンがつながっている下着を着用し、長靴下を穿き、柔らかい布でできた手袋をはめてから、ベッドに入る。二日目と三日目は風呂には入らずに、薬を全身に塗布した後、同じ服を着て同じベッドで眠る。四日目には熱い風呂に浸かり、寝具と着ていた服を煮沸消毒する。ここまで丹念に行えば、かゆみは消えているはずです」驚いたことに、薬は売ったらそれで終わりではない。「患者さんが百パーセント満足しない薬については、すべて返金に応じ、その返金分をわたしに請求してください」とブリンクリーは書いている。「患者さんには百パーセント満足していただきたいのです」と。目先の利益しか考えない小物のペテン師たちとは違って、ブリンクリーはつねに物事を大局的に見ていた。ひとりの顧客に返金すれば、その誠実さに胸を打たれて、新たに五人の客がやってくるものなのである。

24

一九二九年十一月二日、ハッピーハリーが、また新たな患者をぎっしり乗せてクリニックの正面にマイクロバスをとめた。そのなかに、果樹栽培を生業とするジョン・ザーナー、当年六十五歳が混じっていた。カンザス州レネクサからやってきた、身長六フィート二インチの、顔色の悪い痩せこけた男で、生け垣のようにみっしり生えたぼさぼさの髪が目立っている。ザーナーは昔からKFKB局をきいていた。農業に携わる人間がたいていそうであるように、彼もまた、いっときの衝動で動くような男ではないが、人をどうにでも操る催眠術師のような声を二年もきいているうちに、自制心の壁に穴があいた。彼の妻も同じで、ヤギの性腺を移植してもらいなさいと、ずいぶん前から夫をせっついていた。それでとうとう、「よくわからんけれども凄い冒険」に乗り出すことに決めた。

例によって、新しく到着した患者たちを出迎えるミニーは満面の笑み。十年以上にわたる努力の末に、ブリンクリー家にもようやく子どもが生まれた。当年二歳のジョニー・ボーイが隣に立って、母親のワンピースをつかんでいる。この子の誕生にヤギの性腺はかかわっていないと、ブリンクリーは記者たちに冷や汗をかきながら説明したものだった。

東洋風の絨毯が敷き詰められた豪華な廊下を男たちが列になって歩いて行き、集合部屋へ通される。そこでみなにバスローブ、ナイトガウン、スリッパが支給された。ただしザーナーだけは例外で、その大きな足に合うスリッパがなかった。ブリンクリーは彼の足を指さして声をあげて笑った。建物のどこかから、男の声がきこえる。不機嫌そうな大声。どうやら先週の患者のひとりが、まだ居残っていて、それを誰かが不満に思っているらしい。

それから、各自を個別に診察するために、助手の医師たちが別室へ連れていく。ザーナーの担当は、片耳を欠損している主任助手のホラティウス・ドワイト・オズボーン。小さな部屋にザーナーを連れていって、そこで二十分ほどかけて検査を行う。

オズボーンは患者を安心させるタイプではなかった。小さな黒い口髭の上に、じっと相手の様子を窺うトカゲに似た目がのっている。オズボーンは鋭くとがった器具を取り出すと、それでザーナーの前腕に切りこみを入れた。傷をじっと見て考えるようなそぶりをしながら、オズボーンはザーナーに、これだけ血が速く流れだすということは、深刻な状況だという。それはザーナーの前立腺がそうとう腫れあがっている証拠で、「わたしのこぶし大」（オズボーンの言葉）ぐらいになっているでしょうとのこと。よって、ヤギの性腺をつかった四段階の複合手術が必須ですとオズボーンはいう。

ザーナーは尻ごみした。妻には手術をやると約束してきた。あるいはそれに似たような何かを。しかしいまになって頭が混乱し、急に恐ろしくなってきた。何もかもが早くに進みすぎているような気がする。それより、まずはブリンクリー先生がラジオでおっしゃっていた、手術のいらない、もっと安価な治療からはじめてもらったらどうだろう。

いえいえ、だめですと、オズボーンは患者の腕に包帯を巻きながらいう。あなたの場合、手術が必要なのです。

しかしその前にまず休養が必要だった。また別の助手がザーナーを部屋へ案内する。室内はガチョウの羽毛と木綿更紗で豪華に装飾されて、ラジオでブリンクリーが穏やかに話す声が心地よく満ちている。まもなくミニーがドアをノックした。明日の朝に手術が予定されているという。あなたご自身とご家族のためにも、手術をするのが一番ですと彼女はいう。ザーナーは、いま一度ゆっくり考えさせてくれといった。

それから二時間ほど、ザーナーはぼんやり考えた。この場所の雰囲気がどうにも好きになれない。けれど、ここの人たちのいうことが正しいのだとしたらどうする？　それに女房は、俺が手術をきちんと受けてくるものだと思っている。

じつはそれどころか、妻のほうはザーナーが夢にも思わないほど、手術の実施を切望していた。自宅のあるレネクサでは、彼の三十七歳の妻、旧姓でいえばミネルヴァ・クリアが、手術を終えて帰ってくる夫を待ちきれずにいた。なぜかといえば、夫の死が待ちきれなかったからだ。

ミセス・ザーナーがブリンクリーの過去の経歴をよく調べて、それで楽天的に考えていたのかどうかはわからない。しかし、夫がミルフォードへ旅立つ前に、彼女はカンザスシティの占い師に相談をしていて、夫は今年の年末まで生き延びることはない、ヤギの性腺移植手術を受けて家に帰ってくれれば資材置き場かどこかで突然死し、遺されたあなたは裕福な暮らしができると、そういわれたのだった。それで、夫がブリンクリーのクリニックへ出発すると、さっそく家の模様替えに取りかかった。

ザーナーは眠りに落ち、夕食も食べないで夜遅くに目を覚ました。階下から夜勤らしいスタッフの話し声や、抑えた笑い声がきこえてくる。向かいの壁には一枚の絵。描かれているのは、ボンネットをかぶって杖を持った女羊飼いなのだが、この時間、暗がりのなかで見ると、ぞっとすることに死神そっくりだった。

ザーナーはまた眠りに落ちた。

25

午前二時に目が覚めた。ベッド脇に立つ人影がある。ザーナーは肘をついて、あわてて起き上がった。

お知らせがありますと、ぼうっと立つ人影がいう。

ザーナーはよくよく目を凝らす。またしてもミニー・ブリンクリーだった。クリップボードを手にしており、そこにはまだ手術承諾のサインが必要な書類が挟んである。血液検査をさらに進めたところ、あなたは「境界線」にあるとわかりました、とミニーは伝え、その境界線が何を意味するのか、ザーナーにはっきり教えた。尿毒症がすでにはじまっており、すぐに四段階の複合手術を受けなければ今月末まで生き延びることもできない。しかし、もし手術を受ければ、三日で治るとミニーはいう。「俺は脅されたんだ」と後に彼は語っている。「もし、昼の日中にやってきたら、絶対俺はサインなんかしなかった。けど、真夜中のぞっとする時間にやってきて、しかも病気の男たちが、足をひきずって廊下を行ったり来たりしている。廊下の先じゃあ、照明がチカチカしていて、何か検査をやっているようだった——だから、サインしちまったんだよ」

ブリンクリー製薬協会に加盟している薬局が一日の売り上げが七十五ドルにものぼったという報告をすると、それに感服した『中西部薬剤師』誌は、次のように褒めそやした。「(ブリンクリーは)驚異的な成果を生み出した……現代のビジネスの場で起きた出来事というより、これはもうおとぎ話である」倫理意識の高い薬剤師でさえも、金の誘惑に打ち勝つのは難しかった。少なくとも、問題の報告が上がり出すまではそうだった。

カンザス州オタワのH・W・ギリー医師は、死に瀕した郵便配達人のベッド脇に連れてこられた。「患者はひどく衰弱していた」とギリーは報告している。「顔色が恐ろしく悪く、身体は氷のように冷えて生気がまるでなく、これは明らかに強いショックに陥って、死に瀕しているのだとわかった。いったい何があったのかと、わたしが質問すると、息も絶え絶えに彼はこういった。『ブリンクリーの薬を飲んだんだ』」

ギリー医師は、患者が飲んだという薬の瓶を調べた。ブリンクリーの処方薬五十番。肝臓の薬で、価格は三・五ドル。後の検査で、原価は約七十五セントだと判明したのも驚きだが、それ以上に医師が驚いたのは、この薬には「非常に強い作用があって、服用すると、コレラに感染したように腹部に激痛が起きて嘔吐し、古い潰瘍が破れて大量出血する……この患者の場合も嘔吐と激痛が持続し、X線写真を撮ったところ、幽門部が約一・五インチほど、ほぼ閉じており、一刻も早く腸を胃の下部につないで新しい開口部をつくらねばならないとわかった」。

同様の病気に苦しむ患者がほかにも出るに至って、ドーソンという外科医が数千人の医師を代表して、カンザスの新聞へ手紙を書いて送った。

別にわれわれは、自分たちのビジネスの拡張や商売敵の打倒を狙って、ブリンクリーを抑えこもうとしているのではありません。ブリンクリーの手が及ぶ先では必ず、人々の健康がひどく脅かされる、そのことに危機を感じているのです。ブリンクリーは計り知れない害を及ぼすばかりで、善いことは何もしていない……これは疑いようのない事実です。

昨日はこんなラジオ放送を耳にしました。投稿者は折々に胃痛に苦しんでいて、その痛みは食事の量や回数、食べ物の内容とは関係ないといっていました。

その人に対してブリンクリーは、ミルクと卵を三週間食べ続けてみて、その結果痛みが消えれば、それは胃潰瘍または十二指腸潰瘍に間違いないといいました。最高の病院やクリニックを探して全米をまわっても、これ以上に正確な診断は得られない……と、そういうのです。

ひょっとしたらこの投稿者には、初期の悪性腫瘍があるかもしれない。もしそうだったとして、数週間を無駄に費やしたらどうなるでしょう？　あるいは、もしこの投稿者が腎臓に問題を抱えていたら、これだけの卵を食べ続けることでどんな影響が出るでしょう？

患者の身体状況が何もわかっていない状態で、診断を下し、薬を処方する。しかるべき訓練を受けた人間が科学的なツールをつかっても、発揮できる効果はせいぜい八十パーセントどまりだといわれるなか、この偽医者はいったいどれくらいの効果を発揮できるのでしょう？

手紙で相談をしてくるリスナーの九十五パーセントは女性です。そういう女性の多くが、間違ったアドバイスを家族全員に適用してしまう。人並みの知識を持つ医師がこれをきいていたら、それはおかしいとすぐわかります。先に商売敵と書きましたが、このブリンクリーという男は、わたしにとって競争相手ではありません。むしろ彼のおかげで、がっぽり稼がせてもらえる。何しろ、ちゃんとした医者に診てもらうのを先延ばしにして、いますぐ正さねばならない状況を放置すれば、その患者には、後で何かしらの手術が必ず必要になるのですから。
とはいえ、多くの場合、そうなってからではもう手遅れでしょう。手術をしようと、ほかの何をしようと、好ましい結果はもう何も生まれません。

ちょうど同時期に、モリス・フィッシュベインは大手製薬会社メルク社のJ・A・ガーヴィンから一通の手紙を受け取った。それによると、ブリンクリーは少なくとも一度、この会社に商売を振っていたらしい。

親愛なるフィッシュベイン博士へ
……このところどういうわけか、ホウ酸ナトリウム・C・P・パウダー〔高純度のホウ酸ナトリウム粉末〕の需要が一気に高まっています。わたしどもの代理店に理由をきいたところ、カンザス州ミルフォードのドクター・ブリンクリーが、肥満解消の秘薬として、この製品の飲用を勧めているとのこと。業界人だけでなく、専門外の一般市民からも、文字どおり注文が殺到しています。
それでわたしどもは行動を起こしました。弊社のお客様からはじまって、弊社の販売員、この製品について問い合わせをしてこられた小売の薬剤師さんに、警告したのです。そのような目的でこの製品を使用することも、販売することも、絶対にやめてください。わたしどもとしましては、ホウ酸ナトリウムの内服は大変に危険だと認識しているからです、と。

米国医師会に行動を起こしてもらうことはできないかと、ガーヴィンはそう尋ねてもいる。フィッシュベインがこの手紙をアーサー・J・クランプに読ませると、こんな答えが返ってきた。「医療界ができるのは、この事態を一般人に警告するだけだ。ブリンクリーのやつ、ますます手に負えなくなってきたな……あんな下劣な放送を垂れ流しやがって！」

下劣であろうとなかろうと、MQBから上がる収益だけでも、週に平均一万四千ドル（現代の貨幣価値に換算すると、年間六百五十万ドル）がブリンクリーの懐に入っていた。

週に一万四千ドル？

これには、全米の企業が仰天した。家畜小屋で睾丸を見つけてくる商売など、あまりに奇抜で下品である。しかしこれまでそんなものに見向きもしなかったビジネス界が、MQBが途方もない収益を上げていると知ったとたん、ころりと態度を変えた。企業の重役のなかには、すでにラジオ広告を活用している進んだ人間もいて、保守的な考えや教会の婦人連中からの干渉に直面しながらも頑張っていた。しかし一九二九年に株価大暴落が起きると、これまでのやり方では通用しなくなった。今後も消費者に金を落とし続けてもらうには、新たなマーケティング戦略が必要なのだ。そんな時代に、ブリンクリーは、まだ半分寝ぼけているような米国企業に、エスプレッソのような衝撃を与えた。プリンストン大学のヤング博士がいうように、「ラジオ広告の下劣なパイオニアは、ラジオをつかってどこまで効果的に商品を宣伝できるか、六年ものあいだ実演してくれていた」ことに、この時初めて気づいたのである。

もはやためらっている場合ではない！　アメリカの企業はこれまでにない強さで電波をがっちりつかみ、あらゆる缶、瓶、箱に入った商品が、自身のテーマソングを持つようになった。サンキスト・ミュージカル・カクテルの番組はリビー社のパイナップル・ピカドールの番組と覇権を賭けて争い、メトロポリタンオペラからの放送の合間に——何が入るといって、もうこれしかない——リステリンのCMが割りこんで「お子さんたちをバスルームに連れていって、お休み前のうがいをさせましょう」といってくる。商売に携わるありとあらゆる人間がラジオから恩恵を受けたように思えるが、ブリンクリーだけは例外だった。あちこちでラジオ広告がやかましく響けば響くほど、医師たちのブリンクリーへの反感が煽られる。とりわけ中西部ではそうだった。米国医師会は依然として、メンバーに広告を禁じていたため、医師たちはラジオで宣伝をしない少数派に寂しくとどまって、閑古鳥が鳴いている、自分の病院の待合室を覗くのである。客はすべてMQBに奪われてしまった。これでは食っていけないとなって、とうとう高潔の士の我慢も限界に来た。結果、医師たちが大挙してフィッシュベインに助けを求めたのである。

これまで兵を持たない将軍だったフィッシュベインは、待ってましたとばかりに、即座に受けて立った。さすがにいまとなっては、シカゴやカリフォルニアからブリンクリーを追い出すなどという古い戦法では十分でないことが、はっきりわかっていた。やつの息の根を完全にとめなければと覚悟が決まったフィッシュベインは、ブリンクリーこそ「紛れもない世界一のペテン師」であると宣言し、米国医師会、連邦取引委員会、商事改善協会でもなんでも、あらゆる手を駆使して、ミルフォードの救世主を必ずや退場させると誓った。「危険な病気を、電波を通じて治療する」そんな男の存在そのものが、国家緊急事態なのだとフィッシュベインはいう。いったいどれだけの人間が被害にあったのか？　誰にも正確な人数ははじき出せないものの、深刻な事例は次々と明るみに出てきている。ラジオをきいているリスナーは途方もない数であり、そこから統計的に考えても、大虐殺が行われているのは間違いなかった。

相互承認*という形ではあるものの、ブリンクリーは複数の州で医療行為を行える免許を持っていた。フィッシュベインはそれらの州に順番に出かけていって、しかるべき相手を捜し当てて、じっくり直談判し、そのほとんどの免許を取り消させることに成功した。ロンドンの医療委員会ともかけあって、イギリスで医療行為を行う権利も取り消させた。ブリンクリーは激怒し、「フィッシー〔いかがわしい〕・フィッシュベイン」と、米国医師会にあぐらをかいて「ドヤ顔で幅を利かせる権力者たち」をラジオで徹底的にこき下ろした。「やつらは医師とは名ばかりの、嘘にまみれた腐れ外道の泥棒野郎ども」であり、「ヘビのように踏み潰して、かかとで頭をこそげ落としてやる」という。

非難の応酬が続くなか、また別の有名な偽医者がブリンクリーの助太刀に現れた。これが恐ろしく人目を引く男だった。

実業界は気づくのが遅かったが、もっと自由な精神の持ち主はブリンクリーの際立った才能を最初の頃から見抜いて、強い影響を受けていた。そのひとりに、アイオワ州出身のノーマン・ベイカーという人物がいる。火を食う芸で人気を博した顎の長い男で、一九二五年の感謝祭の日、ＫＴＮ

癌治療で悪名を馳せた偽医者ノーマン・ベイカー。職業人生のはじめから終わりまで、ブリンクリーを手本にしていた

T局での初放送に登場し、まもなくブリンクリーの最も成功した弟子として知られるようになる。

ベイカーはもともと、舞台マジシャンとして名を馳せていた。空中浮遊しながら心を読むマダム・タングレイと、「氷水に浸っている鉄の棒を溶かすほどの電気」を放出して夜な夜なショックを与えられる「電気人間」とともにステージに立っていた。プロスペロ〔『テンペスト』の主人公で、魔法を使う公爵〕のように引退した後も、携帯式のカリオペ（蒸気オルガン）を発明したり、全十回の油絵教室を通信で開講したりと、じつに多趣味だった。そんな彼がある夜、ラジオのダイヤルをまわしているとKFKB局の番組が流れてきたのだ。

それからベイカーはミシシッピ川を見下ろす高台に自身の放送局を設立。アイオワ州の町マスカティーンを「トウモロコシ畑に埋もれた小さな町から、全世界が知る都市へと変える」と約束し、ブリンクリーをお手本に、ヤギ抜きで、それを実行に移していった。KTNT（Know the Naked Truth）〔赤裸々な真実を知れ〕局では、いかにも嘘っぽい薬品を精力的に宣伝し、そういった宣伝の合間に素朴なリスナーに受けそうなカントリーミュージックや、ダフィーとグルーミーの漫才など「嘘偽りのない」ラジオ番組を提供した。ブリンクリーと違って、ノーマン・ベイカーはラジオでがなり立てるのが好きだった。特徴といえばそれぐらいで、私生活では紫の服に紫のネクタイをしめ、紫の車を運転してラベンダー色のインクで文字を書くという個性的な面を見せながら、ラジオでは独創性を発揮することがなかった。それどころかベイカーは、以来十五年にわたって、ブリンクリーの猿まねをし、まるで紫の影のように彼の行く先々についていって、仕事のみならず、何から何までブリンクリーに倣った。そのうち自分も一発当てて師を打ち負かそうと、長きにわたり虚しい努力を続けていた。

ところが、一九二九年にMQBを巡る騒動が起きると、米国医師会と戦うブリンクリーに加勢して、ベイカーも独自に猛攻撃を開始する。とはいえ実際には、仲間のペテン師へ加勢するというより、自己保身の要素が強い。何しろ彼も自身で事業をはじめ、それがやっと軌道に乗りはじめたばかりだったのだ。ベイカーも、病気の治療法なるものを自分なりにちょっと探ってみた。タマネギで盲腸炎を治療するというのもそのひとつだ。それからしばらくたった、ちょうど数か月前に、運命の治療法に遭遇し、癌の治療に踏み出したのだった。馬の脚にできた結節を取り除くための軟膏からはじまって、十二月には、カンザスシティのチャールズ・オザイアス医師と共同で、新しい飲用薬を開発。オザイアス医師は、アメリカ医学物理研究協会とアメリカ疾病予防食連盟の両方に属する著名人だった。新開発の飲用薬の成分は企業秘密とされた。

これをグラス一杯飲むだけで、癌が治る。

ベイカーはマスカティーンの古いローラースケートリンクを改装してつくった新しい病院のなかに、癌に効くという飲料を飲ませるスタンドを設置。スタンドは繁盛したが、(噂によれば)ここからはよく、遺体と現金の詰まったスーツケースが運び出されていったという。

一九二九年の大晦日、カリフォルニア州ビバリーヒルズ。

* ひとつの州や国で取得したライセンスが他の州や国においても有効と認められること。

ドクター・モリス・フィッシュベインと妻のアンナは、脚本家ハーマン・J・マンキーウィッツの広大な豪邸で、来る新たな十年のはじまりを祝った。マンキーウィッツは旅行でシカゴにやってくると、〈シュレーゲル〉に集まる常連たちとよくポーカーを楽しんでいた。それもあって、フィッシュベインの古い仲間であるベン・ヘクトをここに誘い出して映画の脚本を書かせている。その電報の誘い文句はいまでも伝説として語り継がれている。すなわち「ここに来れば、数百万ドルの金がつかみ放題。しかも競争相手はバカばかり」。その夜のパーティーには、映画界のトップスターたちが勢揃いした。チャーリー・チャップリン、ゲイリー・クーパー、ジャネット・ゲイナー。そしてもうひとり、当時のファッションアイコンだった女優、ケイ・フランシスがフィッシュベインに歩み寄り、自己紹介をしたと思ったら、彼の膝の上にすわってきた。腰をくねくねさせて、すわり心地がいいようにしてから、フィッシュベインの首に指をからめ、「ねえ、わたしってハリウッドで一番オシャレだと思う？」ときいた。

26

一九三〇年の年明け、『ラジオ・ダイジェスト』誌は、ブリンクリーのＫＦＫＢ局が全米で第一の人気を誇るラジオ局に選ばれたと発表。全国調査の結果、二位になった局の四倍以上、そしてカンザスシティ・スター紙が所有する地元のライバル局WDAFの三十五倍以上の票をブリンクリーの放送局が集めたのである。それとときを同じくして、フィッシュベインが彼にまた別の称号を授けた。ファイリングされている米国の十二万五千人の詐欺師たちのなかで「最も大胆不敵で危険な」詐欺師、というものである。ノーマン・ベイカーとひとまとめにして、この男をラジオの世界から完全に葬り去ってやると、JAMAの同年四月号でフィッシュベインは改めて宣言した。「こういった偽医者たちが放送局を独占して垂れ流す、卑猥な発言と有害な宣伝をとめられるかどうか、連邦ラジオ委員会にかかっている」

ブリンクリーはこの攻撃をありがたく受けとめた。「こうして戦いを挑んでくれたおかげで、ますます大勢の人たちが、わたしに助けを求めてやってきて、こちらはうれしい悲鳴をあげています」とラジオのリスナーに語りかけている。しかし自身の局に危険が迫っているのは事実で、本人もそれをわかっていた。そこでダイレクトメールをつかって攻勢をかけることにした。

親愛なるリスナーのみなさまへ

試練のこのとき、みなさまからは何千という数で、このわたしを応援しますという、温かいお手紙や宣誓供述書が届いています。そういうみなさまのお気持ちに、わたしがどれだけ感謝をしていることか……。

けれど、これでもうやるべきことはやったと安心しないでください……。どうか、みなさまひとりひとりが、個人委員会を組織して、わたしとわたしの考えに嘘は何もないと、KFKB

のリスナーがワシントンの連邦ラジオ委員会へ電報を打つなり手紙を書くなりするよう、働きかけてください。あなたのご友人にも、そのご友人たちが手紙を書くなり電報を打つなりしてラジオ委員会に働きかけるよう、背中を押していただきたい……。

わたしたちの名誉が回復した後、神がこれからもわたしたちを見守り、導いてくださいますように。

この戦いは勝てると、ブリンクリーには自信があった。ところがそれからフィッシュベインが、彼のカンザス州の医師免許を取り消そうとしていることを知って激怒し、いくつかの新聞に全面広告を出した。

「米国医師会に挑戦状を叩きつける！」

しかしそれから彼は落ち着きを取りもどした。カンザスシティ・スター紙が裏でフィッシュベインと手を組んで、ブリンクリーの波乱に富んだ経歴を暴露する連載をはじめると、ブリンクリーはそのインタビューに応じることまでした。「わたしが心配しているように見えますか？　心配などしていません」と、記者のA・B・マクドナルドに語った。「米国医師会は、もう十年も前からわたしに戦いを仕掛けていますが、毎回こちらが勝っていますからね」

カンザス州の知事選が迫ってくると、ブリンクリーには余裕さえ出てきた。これだけ大勢の有権者から愛されている人物と揉めたいなどと思う候補者も支援者もいない。それどころか、トピーカ・デイリー・ステート・ジャーナル紙の報じるところによれば、フィッシュベインがヤギ腺男を攻撃することで、「政界のあちこちで冷や汗をかく人間」が出てきているらしい。「おそらくドクター・ブリンクリーは打たれるだろうが、打つ際には、柔らかい綿入りの手袋がはめられること必至である」というのが、大方の見方だった。だいたい、彼の錚々たる友人のラインナップを見てほしい。ブリンクリーの医師免許を取り消すために、ウィリアム・A・スミス検事総長が率先して証拠集めをしているものの、スミスの義理の兄パーシー・S・ウォーカーは、ブリンクリー製薬協会の会長ではないかと、カンザスシティ・ジャーナル・ポスト紙は読者に思い出させる。さらに「(クライド・)リード知事の娘婿カーネル・ジェイムズ・E・スミスはドクター・ブリンクリーの弁護士のひとりではないか」またいうまでもないことだが、カンザス州出身で、現在アメリカ合衆国副大統領のチャールズ・カーティス、そしてリード知事自身、さらにブリンクリーの地区から選出された議員のジェイムズ・G・ストロング。いずれもすべて、ブリンクリーが高級野菜のように大切に育ててきた面々である。

数日後、ジャーナル・ポスト紙はブリンクリーへの賛辞の数々を複数ページの記事にして掲載した。これはニュースに見せかけた有料のプロモーション広告で、芸人、看護師、郵便仕分けの女性たち、庭師などなど、多岐にわたるブリンクリー・ファミリーの写真が、ところせましと並んでいる。あの有名なビル・スティッツワースもくたびれた帽子をかぶって写っている。おっと、これは誰だ？　ハッピーハリー？　そう、そこには、ひと目見ただけで誰もが昔からの知り合いのように思える、親しみやすい男の顔も写っていた。

27

真夜中を少し過ぎた頃だった。ノーマン・ベイカーは彼の補佐をしているハリー・ホクシーといっしょに、ＫＴＮＴ局のオフィスにすわって、ウィスキーを飲みながらくつろいでいた。大きな一枚ガラスの窓からは堂々たるミシシッピ川を望めるが、この時間では水面に反射する光と影しか見えない。明かりを灯したはしけ舟が一艘、すべるように過ぎていく。万事順調。癌クリニックでの治療を求める患者数は、一日あたり三百人にも達していた。

しかし成功には代償がつきものだ。ＫＴＮＴ局の敷地内はいつのまにか、いつでも戦闘に応じられる野営地の趣を呈するようになっていた。その数日前にフィッシュベインが、ベイカーのことを「食屍鬼」と呼んだ。そこまでいわれるなら、こっちも武装が必要だと、ベイカーとその下で働くスタッフの多くが、いまでは銃を携帯するようになっていた。つまり、最初は世間へのポーズのようなものだったのだ。リボルバーを持っているのをからかわれたスタッフは、「ＡＭＡに追われているから」いつも持っていないと安心できないと、ぴしゃりといい返している。

ベイカーの机の電話が鳴った。ホクシーがウィスキーのグラスを置いて電話に出る。

「ベイカーさんは下りてこないほうがいいですよ」くぐもった声がそういう。「通りを挟んだ向かい側に古いビュイックをとめて、屈強そうな男が三人いるんです」ホクシーはボスにそれを告げ、ふたりは様子を覗おうとバタバタと階下に下りていった。すると、生け垣の陰を男が三人、身をかがめて走っていくのが目に入った。ふたりが屋内に隠れて電気を消すと同時に、銃声が鳴ってドアフレームが砕けた。階下に下りていくときに銃をつかんでいたホクシーは、それですぐさま反撃した。敷地内全体に響き渡る銃声に、近所の住人から声があがった。何が起きたかわからないものの、とにかく脅えて騒いでいる。ホクシーが滅茶苦茶に銃を発砲しているあいだに、ベイカーは自分の銃を取りに階段を駆け上がった。と、灌木の茂みから、ふいに甲高い悲鳴があがった。

ふたつの人影が現れた。身を低くして、第三の男をひきずって車へ運んでいく。怪我人を車内に押しこむと、ふたりも車に乗って、急発進をして走り去った。

翌日、ＡＰ通信がこの話を大きく報じた。

「フィッシュベイン医師との対決、ついに銃撃戦に」

警察は草の上に血痕を発見したが、それ以外の手がかりは見つからなかった。銃撃者は米国医師会のシンパか、あるいは会に雇われた人間か？　ベイカーはその線を強く推し、「アメリカ医療界を牛耳るユダヤ人」が銃撃者のひとりだといって、フィッシュベイン本人がやったことを示唆している。しかしながらフィッシュベインにはアリバイがあった。事件が起きた夜には、シカゴのプレスビテリアン病院で痔の手術を受けていたのである。ＪＡＭＡは警察の報告さえも否定し、そもそもこうした「陰惨な事件」が本当に起きたのかどうか疑わしいとの見解を示している。

ブリンクリーの免許取り消しを推進する運動は勢いを増していた。それでもまだ手ぬるいと考える人間もいて、それがカンザス州医療委員会の長、ジョン・Ｆ・ハッシグ博士だった。彼は同僚にこんなことをこぼしている。「敵はブリンクリーひとりではない。やつは最強の政治勢力と結託しているのだ」ハッシグは検事総長ウィリアム・Ａ・スミスを三度訪ねて、この事件を追及するようせっつき、しまいには脅し文句までつかった。その甲斐あってか、四月二十九日、米国医師会に背中を押される形で、カンザス州医療委員会が、「道徳から大きく逸脱し、職業倫理にもとる行為」に対して正式な告発を行った。これは、カンザスシティ・スター紙にとって、まさに渡りに舟であって、「ヤギの性腺の嘘」と題した特集記事をそれから数週間にわたって連載した。それは高潔な志からというより、実利の面が大きかった。スター紙がこのような連載をはじめた動機として、地元の識者は次の三点を挙げている。「ひとつには、ブリンクリーの手術の真相を暴露するというセンセーショナルな話題で、途方もない数の読者の興味を引きつけられる。さらに、ブリンクリーを潰すことで、自社のラジオの競争相手も消せる。そして、あらゆる町や村にいる高潔な医師たちから、永遠に感謝される」

ブリンクリーの被害者を見つけようと、中西部をしらみつぶしにあたったスター紙のＡ・Ｂ・マクドナルドは、掘れば掘るほど湧水のように湧いてくる、予想を超える大量の情報と手がかりに圧倒されたと報告している。「被害者たちの家に足を踏み入れ、寝たきりになった男たちを目の当たりにした。みなブリンクリーの残虐行為で人生を台無しにされたのだ」とトップ記者は書いている。「生涯車椅子にすわることを余儀なくされた女性たち。ブリンクリーを頼ったがために……ただれた皮膚に覆われて門前に横たわる物乞いのラザロのようになった男たち」

この連載記事には、ブリンクリーの「冷酷非情な貪欲さ」を示すエピソードもあって、その話は十年以上も前に遡る。ミセス・コーラ・マドックスは十五歳で虫垂炎になり、ブリンクリーに手術をしてもらって囚われの身となった（実際には、ここではとても書けない罵倒語をつかって夫人は説明している）。手術費用として、もう百ドル上乗せしろとブリンクリーは要求し、それを支払わない限りクリニックから出さないといわれた。「わたしが死の淵にいるあいだ、（酔っ払ったブリンクリーが）リボルバーを片手にクリニックのドア口をふさぎ、金を払わないのなら撃つと、ふたりの兄を脅したのです」さらにマクドナルドは、ブリンクリーに不満を持つ雇用者の証言も暴露した。看護師のミセス・フェリスは、かつての上司についてこう語っている。「悪魔のような人……あれほど残酷で無情な、冷血人間に会ったことはありません」また、グレイス・ジェンキンズは二十四時間で辞めたという。「ロンドンからやってきた非常に裕福な出版人の看護をしました。その人はドクター・ブリンクリーに二千ドル支払ってヤギの性腺手術を受けようというんです。でも、実際にはそれどころではなく、敗血症と壊死組織の剝離が見られて、絶望的な状態だったんです。さらに、麻痺状態の老人が運びこまれてきました。ヤギの性腺移植手術を受ければ麻痺が治るとブリンクリーにいわれて、七百五十ドル支払って受けることにしたそうです」
「わたしはもう耐えられませんでした。たとえ日給千ドルをもらっても、あんなクリニックで働きたくはありません」

しかし、スター紙がブリンクリーに対して行った最もセンセーショナルな告発は、彼が患者の何人かを殺したというものだった。

ブリンクリーはそれを否定した。「治る見こみのない患者や、治療で死亡する可能性のある患者は、うちでは受け入れません。わたしのクリニックで亡くなった患者さんはひとりもいない。もし死者を出しでもしたら、わたしと戦っている医師たちが全米に公表するはずです。だからこちらではつねに細心の注意を払っている。ほかの医者なら患者を殺すことがあるかもしれないが、このわたしに限って、そんなことはしない」

翌日スター紙は、一九二八年の秋以来、ブリンクリーのクリニックで亡くなった患者五名の名前を公表した。死亡証明書にブリンクリーの名前がサインされている。

そういう患者の名前はそれからも——さらに多く——公表されていくのだった。

28

敵陣からあまりに激しい攻撃を受けてミニーは脅えたが、ブリンクリーは笑うばかりだった。

「きみは、ヤギが角で突くのを見たことがないのかね？」

それなら見ていた。数年前から、彼女の夫は屈強なごろつきを送り出していた。私立探偵をアルバイトの警備員として雇い、不満を抱く元患者たちの家に立ち寄らせていたのだ。同じメンバーが、クリニックに近いジャンクションシティで開業している医者たちの病院にも訪れて、列車を乗り換える人間たちにドクター・ブリンクリーの悪口を吹きこむなと脅しをかけもした。この者たちはそろって筋骨隆々ではあるが、人を傷つけることはない。その必要はなかったのだ。メンバーのひとりで、「男性秘書兼フィクサーで……ハムのような手をしている」とある者が評するハワード・ヘイル・ウィルソンが説明する。「もしボスの邪魔をするやつがいたら、こうしてやるんだ」そういって、首を絞める真似をして見せた。たしかにそれだけで十分効果はありそうだった。

ここに至って州の調査官が、スター紙の記事で報道された被害者宅を訪れて捜査を開始したが、不思議なことに、ふいに過去のことを忘れる被害者がいる。蓋をあけてみれば、ブリンクリーが供述撤回書にサインをさせるために、人参をつかう作戦に出ていたのだった。

ときにそれがうまくいった。S・A・ヒットルというカンザスの農夫は、ブリンクリーに人生を「台無しにされた」と公然と非難し、訴えてやるといっていた。ところが、ミルフォードから小切手帳を持った用心棒たちがやってくると、彼は供述撤回書にサインをした。家族はみな、事実は最初の供述どおりなのだと食い下がり、彼を術後に診察した医師ふたりもそのとおりだといった。

「わたしのところにやってきたミスター・ヒットルを診察してみると、膀胱が感染症を起こしていました。膀胱の出口に大きな石が埋めこまれていて、腹部に開口部をつくって、そこから尿を出すような手術がされていたのです……その時点で手術時の傷は治っておらず、いまも治っていません」と、カンザスシティのジョン・G・シェルドン医師はいう。スプリングヒルのR・E・イーゲン医師は、最初からミルフォードに行かないようヒットルに警告していた。「もどってきてみれば、ブリンクリーに負わされた腹部の醜い傷には膿がいっぱい溜まっていました……次の言葉は、わたしが実際に口にしたものとして引用していただいて結構です……すなわち、ドクター・ブリンクリーはミスター・ヒットルに非常に杜撰な手術をした。技術が拙いだけでなく、これはもう倫理にもとる行為です」

一方ブリンクリーは、自身の運命を決定するカンザス州医療委員会のメンバーの醜聞を掘り起こすために探偵を数名雇った。そうしたものが必要になるほど状況が悪化する場合に備えてのことだ。あっというまに最高裁にまで持ちこまれた戦いのなかで、ブリンクリーの弁護士たちは、医療委員会は法律システムの外にあるゆえ、判断を下したり罰したりする権限はないのだといって、訴訟手続きすべてを無効にすべきだと主張。ラジオを通じて患者に診断を下すことについては、ブリンクリーのチームがモリス・フィッシュベイン医師の出したある声明を提示。「そこでフィッシュベインは、テレビ通信技術が将来医療全般でつかわれるようになると主張していた。医師が患者を直接診るのではなく、テレビ映像を通して診断した後に、薬を処方するようになるだろうと」それゆえ、MQBでミルフォードの医師がやっていることは、フィッシュベイン医師の一歩先を行っているというだけなのだと、弁護側は主張した。

一九三〇年五月五日から八日にかけて、カンザス医学協会はトピーカのジェイホーク・ホテルで年次大会を開催した。この業界からゴミを一掃すること、すなわちブリンクリーを排除することが一番のテーマだった。そこで仲間たちを鼓舞するのは、基調講演者フィッシュベイン医師である。ウォルター・ウィンチェル〔独特の早口でニュースを伝えたジャーナリスト〕ばりの早口で、「短く辛辣なセンテンスを矢継ぎ早に繰り出すので、聴衆は話についていくのが難しい」とよくいわれるフィッシュベインである。しかし、その夜に限っては、話についていけない聴衆はひとりもいなかった。フィッシュベインはブリンクリーの名前を出すことなく、骨の髄まで詐欺師である男を色鮮やかに描写した。「その男は、人好きのする性格となめらかな舌を持ち、自分の主張を雄弁に語ることができる。実際には持っていない学歴をひけらかし、それを疑うと大量の卒業証書を見せてくるが、しかしそれらはすべて、怪しい学校か外国の学校から出されたもの。自身の治療が奇跡を起こした事例をこれまた大量に体験談として発表するも、体験者はすべて彼に金で雇われた者なのだ」この名調子に、歓声と笑い声が煙たい会場に満ちていく。

翌日、フィッシュベインがロビーを歩いていると、ショーニー郡の保安官補がその胸に召喚状を叩きつけてきた。ブリンクリーが名誉毀損で訴えたのだ。その知らせがホテル内を駆け巡ると、仲間の医師たちは激怒したが、フィッシュベインは肩をすくめて軽くいなした。「米国医師会に醜聞を暴露された人間が訴訟を起こすのは珍しいことじゃない」と、あっさりそういった後で、「やつは人類の敵だよ」と、本人がきいたらさらに激怒する言葉を吐く。「やつの尻拭いに奔走する本物の医者たちの英雄行為があってこそ、やつは商売を続けていられるんだ」、そういうやつが訴訟を起こすというなら勝手に起こすがいい。「それでもＪＡＭＡの大見出しはこれからも変わらない。『偽医者、ジョン・Ｒ・ブリンクリー』だ」

訴訟を起こしても実際の裁判には至らないとフィッシュベインは予言し、実際そのとおりになった。自分が正しいことをアピールして、なんとか世間体は保てたとして、ブリンクリーは事実上、訴えを取り下げた。それ以上に心配することがあったのである。

あの医師免許を巡る裁判で、最高裁がブリンクリーの訴えを退けていたのだ。つまり、まもなくはじまるブリンクリーのラジオ免許に関する連邦ラジオ委員会（連邦通信委員会の前身）の聴聞会の後、ブリンクリーはカンザス州医療委員会とも戦わねばならなくなったのだ。この危機にあって、彼は癌治療の詐欺師ノーマン・ベイカーに助力を求めた。連邦政府と、四方八方に触手を伸ばす「巨大ダコＡＭＡ」という、ふたりに共通する敵と戦うための作戦を練れというわけだ。

ベイカーは昔、ブリンクリーから千五百ドル相当のラジオ機材を購入したが、まだその代金を払っていない。しかし連邦ラジオ委員会と州医療委員会の挟み撃ちに遭ったブリンクリーは、それを恨みには思っていなかった。それより、ここはふたりが一致団結して戦わねばならないのだと、ベイカーをせっつく手紙を書いた。「ＫＴＮＴだって、ＫＦＫＢと同様、ラジオ免許を取り消される恐れがある。何しろ米国医師会にはそれができるのだから……わたしが負ければ、次はきみに戦いの矛先がまわるが、もし勝てば、きみの商売も安泰だ。それゆえ、わたしを助けることがそのまま自らの身を助けることになるのだ」と書いて、ふたりの結束を固めるために、「宣誓供述書を集める秘策」について、コツをいくつか教えてもいる。

しかしベイカーはこれを無視。一九三〇年五月十二日に、三万人以上の彼の信者たちを集めて、マスカティーンで一大イベントを主宰した。「われわれは癌に打ち勝った！」と、ベイカーは絶叫。目を引く紫の衣装を着て狭いステージにそびえ立つ彼に向かって、三万の聴取が手をのばし、賞賛の大喝采をする。それから芸人たちのパフォーマンスと、癌を克服した人々の体験談が披露され、その後再びベイカー本人がステージに登場。その手に高く掲げるものは――さて、何だろう？　貴重な秘薬の入った小瓶！　グラスに入った魔法！　ひとりやふたりという数ではない、この薬で二十五人の患者の癌細胞をひとつ残らず消したのだと彼は叫ぶ。そうして瓶からグラスに注いだ薬を、舞台のあちこちに移動して観客に見せてから、それを高々と掲げ、ぐいっと一気に飲んでみせた。効果があるだけでなく、何よりも安全であることを、身をもって証明したのである。

グランドフィナーレには、六十八歳の農夫、マンダス・ジョンソンが登場。ステージ上に置かれた椅子に腰を下ろすと、彼の頭に巻かれた長い包帯が、ことさらゆっくりとほどかれていく。ベイカーのスタッフである外科医が、ジョンソンの頭皮を剝がしていき……それから頭蓋の一部をはずす……ジョンソンが頭を下げると、癌に冒されたと見える脳味噌が観客に丸見えになった。この脳にベイカーがつくった「特別な粉」を擦りこんだあとで、頭皮はもとにもどされた。ジョンソンは椅子から立ち上がり、外科医と握手をする。

観客のなかには失神したり、嘔吐したりする者もいたが、ほとんどは狂ったように激しい拍手を送っていた。

29

短命の歴史に終わる連邦ラジオ委員会はラジオの草創期において、まず放送というつむじ風に乗るのに必至で、実際の仕事である統制にまではとても手がまわっていなかった。モリス・フィッシュベインが執拗に攻め立てて、ようやくブリンクリーの取り締まりに乗り出したという体《てい》たらく。そういう事情がよくわかっているブリンクリーは、巨大油田を煮えたぎらせるほどの怒りを発散していたものの、政府からの召喚状は大統領の晩餐会への招待状だと考えることにした。交通費を自分が持って、ファンたちを列車にぎっしり乗せて連れていき、大いに楽しもうではないかと。値段をきいて交通費を持つのは考え直したものの、三十五人の支援者たちが自腹で列車の切符を買って同行することになった。国の首都を訪れるのに、これ以上うってつけの季節はない！　ポトマック川の川べりに生える桜の花がピンクのポップコーンのように満開で、ホワイトハウスをぐるりと囲むようにチューリップが咲き乱れている。公聴会の朝、ドクターの後ろに続いて歩きながら、一行は期待に胸をふくらませておしゃべりに花を咲かせている。なかにはヤギの性腺で授かった赤ん坊も二、三人混じっている。連邦ラジオ委員会と対決するために、一行は内務省の堂々たる建物に入場していった。

しかし入ったとたん、遊興気分は一気に冷めた。「委員会としては、このラジオ局が公共の福祉のために運営されているとは思えない」と、イラ・ロビンソン委員長が切り出した。その外見にしても声にしても、ハッピーエンドをまったく予測させない。委員長と四人の委員は対立する弁護団をにらみつけた。訴追側には、カンザス州の副検事総長W・C・ラルストンがいて、弁護側には下院議員の息子、ジョージ・E・ストロングというブリンクリーの長年の友人がいる。さらに、それよりずっと後ろの馬蹄形の一般人席には、アーサー・J・クランプがこっそり紛れこんでいる。

ブリンクリーに忠実なことでは右に出る者のいない「女性ファン」のひとり、ミセス・ベルサ・レイシーが最初に証言をする。忍耐強い幼稚園の先生さながらに、MQBがいかに機能しているかを、噛んでふくめるように委員会に説明する。「ラジオから流れてくる、ほかのご婦人たちの症状に耳を傾けているだけで、自分のどこに問題があるか、わかるのです。それに気づかないようでは、おバカさんというしかありませんね」百五十番の処方薬を飲む以前は、ずっと便秘に悩まされていたそうだが、いまでは十人いる家族の全員がそれを飲んで悩み知らずだという。「本当にいい薬で、夢のように素晴らしいんです」

ブリンクリーを敬愛する三十人全員が証人席に立ち、そのなかにはラジオのスタッフも混じっていた。しかし、強すぎるブリンクリー愛が裏目に出て、逆に弁護側をヒヤリとさせる瞬間もあった。MQBの秘書ルース・アセイが、ブリンクリーの見事な処方の腕を褒めて、「ひと目見ただけで、リスナーに正しいお薬を処方されるんです」とのたまったのだ。しまいに委員長ロビンソンはテーブルに肘をついて身を乗り出し、乱暴に話を遮った。「となると、このラジオ局は、ブリンクリーの医療行為と病院の単なる付属機関ですか？　彼は単に自分の金儲けのために公共の電波をつかっているのでしょうか？　そもそもその処方薬とやらが、一般の薬と比べて、どうしてこんなにバカ高いんです？」委員長はウエストヴァージニア州に農場を所有していたから、ついでにこんなこともいってみた。うちの家畜を宣伝しようと考えて、ラジオの免許を取ろうとしても、許可がおりるとは思えませんよと。

　ここでミニー・ブリンクリーが割って入った。「ちょっといいですか？」そういって立ち上がったものの、優しい手で椅子に引きもどされた。

　弁護団のアドバイスによって、ブリンクリー本人は証言をしなかった。カンザス州医療委員会が彼の言葉を逆手に取って、やりこめようとする可能性もあるからだ。しかし、故郷にいる患者二百人の証言を盾に、ブリンクリーの支援者らがまるまる一日半にわたって御託を並べるのをきいていると、委員会は飽きてくるだけでなく、不機嫌になっていった。顔が明るくなるのは、ジョンズ・ホプキンズ大学のヒュー・ヤング博士のしたような反対証言がはじまるときだけだ。ヤング博士はＭＱＢを公衆衛生における「史上最大の脅威」と呼んだ。ブリンクリーを攻撃する宣誓供述書のなかには、カンザスのギレー博士のものがあった。これには、ＫＦＫＢ局経由で処方された薬が、郵便配達員エドワード・ハムリックハウスの命を奪った経緯が詳しく記されていた。

　最終声明をするためにＷ・Ｃ・ラルストンが立ち上がろうとしたちょうどそのとき、ブリンクリーが割りこんだ。委員会はＭＱＢに反対なのですね？　よくわかりました。それではその番組の放送は止《や》めることに致しましょう。

これにはその場にいた大勢が一斉に目を丸くした。ブリンクリーはいたずら心を刺激されて、いくらか愉快な気分になったかもしれない。ドル箱を犠牲にするのは愉快ではなかったが、風がどっち向きに吹いているのか、さすがの彼もわかっていて、ここで損切りをしてラジオ局を残すのが最善の策だと思ったのだ。よく自身で自慢げに口にするとおり、「朝飯前に金儲けの方法が三つ浮かぶ」頭であるからして、ＭＱＢの代わりぐらい、いくらでも思いつくとわかっていたのだ。

　そんなわけで、そこで決着が着くかと思われた。連邦ラジオ委員会のここでの主たる任務は、ブリンクリーが公共の電波を広告に使用する度合いが、通常の範囲を超えていないかどうか判断することであって、ＭＱＢの放送が無くなるのなら、判断自体不要となるわけだ。しかし、ささいなものとはいえ、まだ解決されていない問題が残っていた。業界の頭の固い連中が委員会にこんな報告をしていたのである。すなわち、ブリンクリーのラジオでの発言は「猥褻であり、非常に不快だ」と。「勃起」とか「絶頂」といった、普通ならトングで挟んで扱うべき言葉を当然のように口にし、キリスト教の第六戒〔姦淫するなかれ〕をあまりに軽薄に扱っているというのだ。「そりゃもう、旦那さんを去勢するしかないでしょう。そうすれば奥さん、あなたは安全だ。ただし、奥さんが他人の牧場に入りこんで、ほかの雄牛たちと遊ばないというのが大前提ですよ」この手の話は、田舎者には喜ばれるだろうが、ホテルの部屋にラジオを置いてブリンクリーの発言を監視しているプロの人間は、ただもうけしからんと激怒するのである。

　ＭＱＢをあきらめて放送局を残す作戦は成功目前にして失敗した。六月十三日、三対二の評決でブリンクリーの放送免許は取り消しとなった。「ＫＦＫＢ局は、ドクター・ジョン・Ｒ・ブリンクリーの個人的利益のためにのみ運営されている」と、ロビンソン委員長が多数意見を発表。しかし街では、ドクターは頭の固い連中に叩かれたんだと、そうささやかれていた。

　腹いせに車を叩き壊すようなことはしないものの、ブリンクリーの怒りは収まらない。上訴の結果を待つあいだラジオ放送を続けて、フーバー大統領と米国医師会が判決を操作するために共謀したと非難した。「ここで名前は出せませんが、ある友人が教えてくれました。米国医師会は連邦ラジオ委員会のメンバー三人に（一万五千ドルまたは五万ドル、正確な受取額は不明です）を支払ったというのです。この金は、連邦ラジオ委員会の弁護士のひとりを通じて彼らに支払われたそうです」そこでふいにブリンクリーの口調が変わる。

「もしリスナーの方々が、ブリンクリーはラジオ局もろともに磔《はりつけ》にされたのだと思い、それを地元の議員や上院議員に伝えてくださるなら、わたしはラジオ免許を取りもどせるかもしれません……それではこれから、イエスの山上の垂訓*についてお話ししましょう」

＊苦境にある者、正義を求める者、純粋な心を持つ者など、さまざまな状況の人々が神の祝福を受けると教える新約聖書の一節。

六週間後の一九三〇年七月十五日、カンザス州医学審査委員会は、ブリンクリーのもうひとつの免許を取り消すことを検討するために集まった。トピーカのカンザン・ホテルの前では、ヤギの性腺移植手術を受けた人々が新聞記者たちのために、軽業や逆立ちをして見せている。まだ午前九時にもなっていないというのに、日差しが広場をこんがり焼いている。そんななか、キャデラックから降りてきたブリンクリーは、カラーをつけ、ボタンを留め、宝石で身を飾っていた。ダイヤモンドのタイピン、ダイヤモンドがちりばめられたネクタイ留め、ダイヤモンドのカフスボタンをつけ、指にはめたダイヤモンドリングふたつのうちひとつは、人間の目玉ほども大きい。あたりに一種異様な興奮が満ちているのは、彼がこれから足を踏み入れる場所に何が待っているのか、本人もふくめ、誰もわからないからだ。ウィスコンシンでは、農夫のヘンリー・ドーンが魔術をつかったとの容疑をかけられて、州の医療委員会と対決中だった。

聴聞会の部屋には七十五名の人間が押しこまれていた。ここにこれだけの人が集められたのは、ブリンクリーの提灯持ち新聞がいうように、「米国医師会のある人物の狂信的な熱情」によるものだったとしても、その人物はここに姿を見せていない。彼の存在が暴徒を扇動し、デモやそれ以上のことを引き起こすかもしれないと恐れたためだった。フィッシュベインは最初から最後まで姿を見せずに黒幕に徹した。この聴聞会はあくまで、地元の人々が開催したもので、外部の者が焚きつけた宗教裁判のように見せたくなかった。しかし舞台裏に立った彼は舞台監督さながらに、台詞をつけることからはじまって、何から何まで指図していた。

「腐った詐欺師！」

「汚い泥棒野郎！」

ブリンクリーの弁護士フレッド・ジャクソンとカンザスシティ・スター紙の記者A・B・マクドナルド。この「血の気の多い」ふたりは聴聞会の幕開けから激しくぶつかり、記者に飛びかかっていこうとする弁護士を、男が三、四人がかりで椅子に押しとどめた。秩序は回復されたものの、これは室内の緊張を示すバロメーターであり、ときが経つにつれて緊張度はぐんぐん高まっていき、酸欠の様相を呈してきた。昼になると、これまでカンザス人が経験したことのない暑い夏が、この一室を地獄の箱に変えた。

スーツの上着を着用しているのはブリンクリーひとり。冒頭弁論のあいだじゅう、まるで屋外のカフェでくつろぐ客のような優雅さで、弁護人席で香り高いタバコを吸っていた。その後ろにすわった男が、彼の後頭部をじっとにらんでいる。ブリンクリーの手術で人生を滅茶苦茶にされた、元患者ジョン・ザーナーだった。

またべつの元患者、R・J・ヒバードが検察側の最初の証人として出廷する。手探りをしながら、証人席へたどたどしい足取りで進んで行く姿が、すでにもう多くを語っている。その後に証言をした彼の妻は、ヤギの性腺移植手術を受けて帰ってきた夫が、意識不明のまま三日間床に伏していたという。

その後にも、ブリンクリーの被害者たちの証言が続いた。六十歳のチャールズ・ツィーゲンハースは、前立腺手術の後に適切に縫合されず、出血している傷にゴム製のブーツのかかとの切れ端を詰めて家に帰されたという。州立公園の管理人であるグラント・エデンは、ジョン・ザーナーと同じバスでクリニックに到着。彼も「手術を受けた」後、ほとんど動けなくなったという。後に手紙を書いて苦情を申し立てると、ブリンクリーは、たったいま狩猟旅行から帰ったばかりだというメモのような返信を寄越し、手紙の最後に、「そういう後遺症が残ったのはね、あなたご自身のせいですよ……どうぞ、よいクリスマスを」と書いていた。

さらにロバート・キャロルの証言もあった。あのコーラ・マドックスの兄であり、ブリンクリーがクリニックで銃を振りまわした鮮烈な事件はすでにカンザスシティ・スター紙で報じられていた。「彼の息からウィスキーの匂いがしました」とキャロルはいう。「彼は机の引き出しをあけてリボルバーを取り出し、俺を殺さない限り、おまえたちの妹はこの病院から出られない。それが嫌なら、もう百ドル支払えと、そう脅してきたんです」キャロルともうひとりの兄は自分たちの銃を取りにいったん家に帰り、再びクリニックにもどって西部劇スタイルで妹を病院の建物から救い出したという。

七月十七日、宣誓証言も三日めに入ると、医療委員会のメンバーのひとりが激昂し、聴聞会を中断して、いますぐ有罪判決を出せといいだした。被告のブリンクリーにも権利があることが再び説明された後、ジョン・ザーナーが証言台に立った。

その語るも涙の話は、ほかの被害者たちの話とほとんど同じようにはじまった。彼もまた、ミルフォードのクリニックで手術を受けて（ヤギの性腺移植であったことを本人はしぶしぶ明かした）、身も心もぼろぼろになったという。手術後数日して、痛みがこれまで以上にひどくなったとき、ザーナーは「面白い髭を生やした小柄な男」と廊下で対決した。

「先生、ここにやってきたときより、五倍も痛みが悪化しています」

「それは当然予想される自然なことだよ。完全に治るまでには一年かかるからね」

「でも、三日で治るといわれました。先生の奥さんが、わたしにそういったんです」

「きみは妻の言葉を誤解したようだね。後日また、別の手術をしに来院してもらわないといけない」

ザーナーはレネクサにある自宅に帰るなり寝付いて、体重がどんどん減っていった。身体がつらかったために、家に新しい壁紙が貼られ、照明も上等なものに変えられているのに気づかなかった。それに、自分が依然として三途の川を渡っていないことに、妻がしびれを切らして苛立っていることにも気づかない。二週間後、妻はもう耐えられなくなった。「わたし、実家に帰らせてもらいます」といわれても、ザーナーは反論できるような状況ではなく、彼女に二千ドルを渡して実家に帰すことにし、雇い人のひとり、パット・マクドゥーガンに車の運転を頼んだ。

おそらくミネルヴァとマクドゥーガンはすでに不倫関係にあったに違いない。以前に一度、夫がマクドゥーガンを解雇しようとしたとき、妻がそれを阻止していた。そしていま、ふたりそろって旅に出ると、マクドゥーガンはミネルヴァに、女性が二千ドルもの大金を持ち歩くのは危ないといい、千四百ドルを自分で預かった。カンザスシティでふたりはモーテルの一室に泊まり、夜のうちに男は車とともに消えた。

ミネルヴァは失望の花束を持って家にもどった。もどってきた目的はただひとつ。夫の人生を生き地獄にしてやるためだった。それで夫のあとをつけて、この聴聞会にまでやってきた。ザーナーが苦労して証人席から出ると、ミネルヴァは委員会に宣誓供述書を提出し、夫が「ブリンクリーのクリニックからもどってきたあと、大事を取らずに雨のなかへ出て行って、重労働で身体を酷使したために、手術の成果を台無しにした」と供述した。

その後の検察側の証言は、鑑定人である専門の医師たちによってなされ、いずれもブリンクリーを萎《しぼ》ませる厳しいものだった。カンザス大学医学部のトマス・G・オア博士は、ブリンクリーが行っているというヤギの性腺移植は「絶対に不可能」だといい、ある泌尿器科の教授は「噴飯もの」だといい、またべつのひとりは、そんな手術はなんの効果ももたらさず、ブリンクリーの手術で実際頻繁に起きているように、「感染症を起こすのみ」だといった。実際にブリンクリーの手術を目撃した者からの証言もあった。カンザス州マンハッタンからやってきたR・R・ケイブ医師は、この前年に単なる好奇心からブリンクリーのクリニックを訪れている。その前に彼は、ブリンクリーの四段階複合手術についてイラスト付きで説明したパンフレットをじっくり見ていた。それには、「血管と神経を移植することによって、特定の臓器の血流を増やし……結果、その臓器を強化し、若返らせる」といったことが書かれており、血液の供給をとめることで、大きくなった前立腺を縮小させる方法も説明されていた。しかし実際に手術を見学したところ、「そのような処置は一切なされず」、ブリンクリーはただ「小球をいくつか」患者の睾丸に入れこんでから、再び縫合するだけだった。しかも「手術中、この患者はずっと激しい痛みを訴えるのに、ブリンクリーは、そんなはずはない、気のせいだと言い張っていた」という。

そのあと、鑑定人の医師たちに対して反対尋問が行われたが、ブリンクリーの弁護士たちにはほぼ何もできず、医師たちを侮辱するものの、その侮辱をそのまま返されるのだった。

尋問者　わたしなら、どんな事情があろうと、あなたみたいな人間に金を払ってアドバイスをもらおうとは思わない。

医師　ええ、わたしも同じ言葉をお返しします。あなたに金を払って弁護してもらおうとは思いません。

七月二十二日、圧倒的に厳しい状況下で弁護側の陳述がはじまった。

予想どおり、次から次へ証人が立って、被告の無実を強く訴えていく。ネブラスカ州ヨークのレオニダス・F・リチャードソンは、ヤギの性腺移植手術が起こした奇跡について熱っぽく語り、糖尿病も、腎臓や前立腺の不調も「文字どおり瞬く間に」治ったという。次の証人は、手術のおかげで若返った六十八歳の男で、ここでテーブルを飛び越えて見せようと申し出た。こういった幸運な人たちのなかには、自分がヤギの性腺移植手術を受けたのかどうかはっきりしない人間もいた――「でも、きっと入れてもらったんだよ」とその男はいう。「だってそれからずっと、健康にいいスプラウトをムシャムシャやりたくてしょうがないんだから」その後にも、銀行総裁、医師、原油相場師、事務員などが続き、総勢四十名が証言したところで、もういいと州医療委員会がストップをかけた。

そこでドクター・ブリンクリーが立ち上がった。外ではトピーカの町が四十度近い暑さにあえいでいる。屋内もほとんど変わらないが、それでもブリンクリーは上着を脱がない。

「脱いだほうがよろしいのでは」と弁護士がいう。

ブリンクリーは検察側のテーブルにちらりと目をやって、鷹揚に笑った。「きっとしばらくすると、もう少し暑くなりますから、それまでは着ていましょう」そういった次の瞬間、顔から笑みを消した。「いまここにわたしがいるのは、医師としての資格と能力に対する不当な攻撃から自分を守るためです。しかしこれは、わたしだけの問題にとどまりません。新しい手法を取り入れようという医師の権利を侵害するものです。米国医師会が権力にものをいわせて、会がまだ承認していないメソッドには手を染めるなというのは職権乱用です」

その日の午後をまるまるつかってブリンクリーは、弁護士フレッド・ジャクソンの舵取りのもと、検察側の告発をひとつひとつ潰していった。自身のクリニックでは死人はひとりも出していないという、よく引き合いに出される言葉については、「わたしはそういうつもりでいったのではありません。わたしがいいたかったのは、複合手術が原因で、わたしのクリニックで死亡した人間はいないということです。あの手術を受けてわたしの病院から出た後に亡くなった患者さんはひとりもいないと信じています……あの手術はなんら危険を伴うものではないのです」自分に対する告発のすべては、悪意と無知からくるものだと、ブリンクリーはいう。わたしは大酒飲みではない。板で頭を殴られたことはない。かつて師と仰いだドクター・マックス・ソレックがブリンクリーを詐欺師だと見なしていることについては、「ドクター・ソレックはまことに愛すべき紳士です。そして彼とわたしとは個人的に非常に仲の良い関係にあります」と、まったく事もなげにいった。それから軽いジョークをふたつばかり飛ばし、この裁判全体を「われわれがここで演じている、ささやかなショー」などとあげつらってから、ブリンクリーの直接証言は午後五時に終了した。

翌朝、反対尋問のために証言台に立ったとき、ブリンクリーは上着を着ていなかった。

検察官ウィリアム・A・スミスは、ブリンクリーのわざとらしい落ち着きを崩してやろうと数時間も頑張ったものの、うまくいかない。しかし蓋をあけてみれば、頑張る必要はなかった。ときに本人の無知が、真実を何よりも雄弁に語ってくれる。

検察官　パンフレットによれば、あなたは睾丸に、新しい血管と新しい神経を移植するそうですね？

被告人　はい、そうです。

検察官　その処置を行うと睾丸にいかなる利点があるのでしょう？

被告人　利点があると信じています。それがわたしの見解です。

検察官　どのような利点ですか？

被告人　それは説明できません。

検察官　その方法は何か教科書のようなものに載っているのでしょうか？

被告人　わたしは存じ上げません。

検察官　学校で学ばれたのですか？

被告人　いえ、そうではありません。
検察官　じゃあ、どうやってその方法を知ったのです？
被告人　患者たちから得られた結果によってです。

この手術に「危険はまったくない」と、再度ブリンクリーは主張した。するとスミスが書類の束をつかみ、それを高く掲げた。ブリンクリーが署名した死亡証明書だった。すべて彼のクリニックで事切れた患者たちのもので、女性もいれば、若者も老人もいた。全部で四十二人。そのうち何人かはクリニックに到着したときには健康そのもので、彼の手で殺されたか、彼の監視下で死んだかの、いずれかである。少なくとも六人が、ヤギの性腺移植手術の失敗によって命を落としている。そのほか腎炎、腹膜炎、虫垂炎、「敗血症性血栓」、壊疽が死因となっていた。一九三〇年という当時の法律ではブリンクリーを殺人者として裁けなかったとしても（実際、罪には問われなかった）、この事実は大変なスキャンダルではないか？　これが本当なら、ブリンクリーのクリニックは、文字どおりの死体製造工場である。

ここでもブリンクリーはこの窮地を抜けようと、ワシントンでやったのと同じように、終盤で思い切った一手を打った。それならば、ミルフォードの病院にいらして、ご自身の目でヤギの性腺移植手術をご覧になったらいかがですかと、委員会のメンバーたちを誘ったのである。それが公正というものでしょうとブリンクリーはいった。委員会としては嫌でたまらなかったが、そうするしかない。

彼らはミルフォードにやってきた。そうして、自身の目で見た。
その二日後、ブリンクリーの免許は取り消された。

31

もっと弱い人間であれば表舞台から消えて、陰でめそめそしているところを、ブリンクリーは知事選に出馬した。九月二十日、ウィチタで立候補を発表。医師免許を失って三日後のことだった。「カンザス州の人々から、ぜひ知事に立候補するようにと、お手紙をたくさんいただきました。そこから判断すると、わたしは告訴されたのではなく、迫害を受けたのだとカンザスのみなさんは信じているようです。そうであるなら、このわたし、立っていられる足がある限り戦い続ける所存です」これは「復讐戦」にはしないとブリンクリーは約束したものの、ひとつだけいわせてほしいと断って、米国医師会に言及する。「ご記憶の方も多いと思われますが……わたしは数か月前に米国医師会とその代表を訴えました。以来この会に関する情報を、世界的に有名な探偵事務所に探らせていました」そういったあとでブリンクリーは、この米国医師会が、「明白な『悪事』を巨大な規模で行う組織」であることを、必ずや証明してみせると選挙民に約束した。

免許を巡る戦いはふたつともに負けた。影響力のある友人たちの力は及ばなかった。だったら今後はルールを自分でつくることにしようとブリンクリーは考えた。手はじめに知事になって、自分の息がかかった人間たちで医療委員会を構成する。しかし、選挙当日まであと五週間しかなく、もう投票用紙に名前を載せることもできない。数々の選挙戦を戦い抜いてきたベテランたちは、バカげているとまではいわないまでも、この期《ご》に及んでレースに参加するブリンクリーを非現実的であると見ていた。

　しかしこの短い期間で、ブリンクリーの選挙運動が国をひっくり返すことになる。カンザスの住民の心に火をつけて、過去四十年間で最も大きく動かし、選挙運動における革命的とも呼べる作戦を生み出して、アメリカの選挙戦を永遠に変えることになるのだった。いまも昔も、カンザスの特徴といって外部の人間が漠然と抱く印象は、その平坦な地形同様、これといった事件のない退屈な州というものだろう。しかしこれは大きな間違いである。一八五〇年代の血なまぐさい誕生*以来、グランギニョール〔大衆向けの血みどろの演劇〕さながらに、カンザスは狂信者とデマゴーグと災厄の土地だった。奴隷制廃止論者と奴隷所有者の殺し合いが頻繁に起こり、いずれそれが内戦へと発展する。ジョン・ブラウンが奴隷制廃止のためにハーパーズ・フェリー襲撃を計画し、禁酒運動の活動家キャリー・ネイションが斧で酒場を薪に変え、ソックレス・ジェリー・シンプソン〔ポピュリスト党の政治家ジェレマイア・シンプソンのあだ名〕やメアリー・エリザベス・リース（「トウモロコシの生産より、地獄の生産に励め**！」）のようなポピュリストたちが東部の「抵当地獄***」から抜け出すよう農民を決起させていた。しかもその

＊　自由州として合衆国に加入するか、奴隷州として加入するかを巡って多くの暴力事件が発生した。
＊＊　自身の権利を主張して政治的に活動しろと農民たちに檄を飛ばした有名な言葉。

あいだずっと、大地には、イナゴ、ヘシアンバエ、シンチバグといった害虫が大量発生し、広大な空で大吹雪や竜巻が吹き荒れていた。米国で禁酒法が制定されたのは一九一九年だが、カンザスでは一八八一年に可決されている。ハーバード大学医学大学院で仕事のスタートを切った精神科医カール・A・メニンジャーは、同僚のカンザス人について、後にこんなことをいっている。「奴隷制廃止、禁酒法、ポピュリズム、反タバコ立法、ブリンクリー崇拝……あそこの人間は、まったく絶望的な真剣さで深みにはまっている」

「ママ、来たよ！　見て！」

目にもまぶしい青と金に塗られた飛行機——前所有者はチャールズ・リンドバーグ——で、ブリンクリーは州内を縦横無尽に飛びまわり、かつてカンザスのいかなる政治家も目にしたことのない、大群衆をあちこちで集めていった。人々が集まったのは、いままでの退屈な演説会とは違う、目にも鮮やかなショーである。つまりブリンクリーは政治の世界に興行を持ちこんだのである。クエーカー医として過去に同じことをやってはきたものの、今回彼がステージで掲げるのは、政治のあらゆる病を治す巨大な万能薬だった。

つい最近、あれほどの屈辱を受けた人間に、なにゆえこれほどの支持が集まるのか？　ひとつには——本人の言を借りれば——ブリンクリー医師は州医療委員会の「不当な裁判によってあの世に

＊＊＊　当時大勢の農民たちが金融業者からの高利貸しによって土地を失った。

州知事候補のブリンクリー（中央）と身元不明の部下。おそらく1930年。彼の飛行機を活用した選挙キャンペーンが、アメリカの選挙運動を革新することになる。カンザス州歴史協会提供

送られた」というのが、大方の人間の見方だったからである。長年にわたってカンザスの政治を取材してきたW・G・クラグストンはこういう。ブリンクリーを好まない人々でさえ、州医療委員会が「実質的に判事、陪審、検察官の役をすべてこなしたことは疑いようのない事実」と認めている。簡単にいえば、ブリンクリーが受けたのは裁判ではなくリンチであって、そういう場で出された証拠など信用できないというのである。カンザスシティ・スター紙のブリンクリーに対する個人攻撃もまた、同じように懐疑的に受け取られるようになった。あまりに激しい口吻で長期にわたってバッシングし続けたために、これは単なる私憤ではないかと受け取る人間が増えたのである。

しかし選挙民がブリンクリーに感じていたのは、そういった同情だけではなかった。彼が演台に立って政府や米国医師会をはじめとする黒い権力に切りこんでいくとき、大恐慌の襲来を死ぬほど恐れている民衆の多くは、そこに自分たちと重なるものをはっきりと見たのである。彼らもまた、銀行や警察といった「権力者」の手によって、いつ消されるともわからず、その夏の干魃《かんばつ》でさえ陰謀の一部のように感じていた。トウモロコシの生産はほぼ半減し、「ブドウの収穫は例年の三分の二にとどまり、梨の収穫量は半減、林檎は三分の一まで減り、家畜産業に至っては、もうにっちもさっちも行かなくなっている」と新聞が報じている。庶民は悲壮な思いで救世主を求めていた。茨の冠をかぶせられた、あの親しみやすいドクター以上に、それにふさわしい人物がほかにいるだろうか？

ショーの幕開けはたいてい、KFKB局の看板アーティスト、カウボーイの歌手ロイ・フォークナーが務めた。大きな帽子とギターを手に舞台に現れて〈ストロベリー・ローン〉をはじめ、キャンプファイヤーやプレーリードッグにまつわる歌を歌う。その後にはフィドルのチャンピオンであるアンクル・ボブ・ラーキンの演奏、ゴスペルカルテットによる次期の知事に捧げる賛美歌の四部合唱、スティーブ・ラブ・オーケストラの演奏が続く。その後にもヨーデル歌手の歌や、占い師の実演があって、ヨーデルと占いのあいだのどこかで、ミニーとジョニー・ボーイがステージに滑りこむ。ナース帽を被った看護師たちが群衆のあいだを歩きながら、風船、巻き笛、棒付きキャンディなどを配り、そのあいだに、イエス・キリストの到来を予告するバプテスマのヨハネさながら、メソジスト派の牧師がドクター・ブリンクリーを華々しく紹介する。そこに至って、とうとう時の人、「民衆の代表」である人物が、白いスーツの胸元に大きなヒマワリを飾って登場。群衆の興奮は永遠に収まらないと思えたが、会場がようやく静まってブリンクリーが話をしようと口をあけたとたん、舞台袖から、小公子ばりの盛装をしたジョニー・ボーイが走ってきて父の脚に抱きつき、またもや大歓声が上がるのだった……。

モリス・フィッシュベインのほうは、少なくとも表向き、この件には注意を向けないと態度を決めた。選挙戦への出馬といっても、「世間の注目を浴びたがる偏執狂的な男が、また新たな舞台を見つけただけだ」と一笑に付した。プロの政治家たちも、依然として嘲笑している。ところが、それから日が経つにつれて人々は気づきだす。おやおや、ブリンクリーはサーカスがめっぽう得意なだけでなく、パンを約束するのもうまいようだと。うまいというのは、無料の教科書、低い税金、

＊「パンとサーカス」は基本的な食料と娯楽を提供することで国民の不満をごまかすこと。

老齢年金、もっと多くの恵みの雨といったものを選挙民に約束するときの、まったく新しい見事なやり方だった。華麗な飛行機は、豪華な劇場として機能するのみならず、候補者が握手をする手の数を驚異的に増やした。飛行機に乗っていないとき、ブリンクリーはラジオの電波に乗っている。これまで誰も想像しなかったスケールで、彼は政治に放送を結びつけたのである。そうでなくても忙しいのに、依然として一日平均五時間は局にこもって、有権者の耳に自分の声を徹底的にしみこませている（珍しく移動しなくていい日には、朝六時四五分から深夜遅くまでマイクの前にすわりっきりだったと、ある新聞が報じている）。さらに移民の有権者たちにも声が届くよう、局に代理人を数名おいて、スウェーデン語やドイツ語で放送もさせた。働けば働くほど楽しくてしょうがないようで、著名な記者に立候補を問題視する記事を書かれると、その人物にヤギを一匹送りつけたりもしている。

その騒々しいまでに精力的な選挙運動はまさに革命というべきで、これまで数々の評判をとってきたブリンクリー本人も経験したことのないレベルで、全米の政治家や一流の記者たちの耳目を引いた。政治家たちはブリンクリーのやっていることを研究しだした。一九二〇年代という時代は、文化や科学において一種の権威主義が横行していて、ニューヨーク・タイムズのような新聞はブリンクリーのような人間の功績を低俗なものとして、取り上げもしなかった（その一方で、ヴォロノフやシュタイナッハのような著名な大学教授はしょっちゅう取り上げて、大げさに褒めそやしていた）。それが、ここに来て変わった。すべての新聞が彼を好意的に取り上げるわけではなかったが、たとえ批判的な記事を書かれたとしても、それが有権者に与える影響はまずなかった。それぐらい、州内では依然、ブリンクリーのKFKB局が圧倒的な力を持っていたのだ。

いまや選挙の舞台裏にいる人間たちもだんだんに不安になってきていた。二大政党のリーダーたちは、もう少しよく考えて自党の候補者を選べばよかったと後悔しだす。目下最大の問題は、民主党のハリー・ウッドリングと共和党のフランク・ハウケの、「いったいどちらがトゥイードルダム〔『鏡の国のアリス』に登場する外見がそっくり同じの双子の兄弟の片割れ〕なのか？」という点だった。ともに新人で、冴えないひとり者。片方の趣味は編み物だという。嫉妬深い役人たちの手で殉教者にされたブリンクリーとは、どちらも天と地ほどの差があり、これではブリンクリーの支持者が圧倒的な勢いで増えていくのは当然だと、党のリーダーたちは失望を隠せない。十月二六日の日曜日、投票日まであと九日というこの日、ブリンクリーはウィチタ郊外の牧場で真昼の決起集会を予定していた。午後早くには、集まった群衆は三万から四万人にまで膨れ上がっていた。青空にノスリの影が浮かび上がるたびに歓声があがって、人々が空を指さして、「来たぞ！」と叫ぶ。それが何度か続いた後、とうとう本物がやってくる。飛行機が低空を何度か旋回すると、それだけで群衆は興奮した犬の群れのようにはしゃぎまわり、そうこうしているうちに機体が草地に滑りこんでくる。着地しようとエンジンが低速になったとたん、飛行機目指して群衆がどっと駆け出した。「離れてください！」拡声器から声が響いた。「プロペラに切り刻まれますよ！」まもなく、側面のハッチが勢いよくひらいて、濃紺のスーツに紫のネクタイを締め、白い麦わら帽子をかぶったブリンクリーが現れ、熱狂するファンたちと対面する。大変な混雑で身動きの取れないファンたちは飛び跳ね、絶叫で喜びを表現する。ミニーとジョニーもおぼつかない足取りで、その後から出てきた。少年のすぐそばに立っていた者は、「ぼくもう、握手はイヤだ！」とジョニーがむずかる声をきいている。

新たに設置された演台は頑丈で、見るからに堂々としている。飾られた小さなアメリカの国旗が大草原の風にはためいていた。人波をかきわけながら、ブリンクリーが演台へ向かっていくと、みな彼の支援者であるところの、松葉杖をついた男たち、甲状腺腫のある女たち、発疹があったり手足が曲がっていたりする子どもたちが、横を過ぎていくブリンクリーに救いを求めて大声をあげる。どこかで歌声が響きだし、四万人の声がそれに唱和する。

「ああ、美しいのは、この広大な空があるから／琥珀色に光る穀物の穂波があるから……」

高まる興奮のなかで、どこまでも大きく響く歌声に負けじと、姿を見せぬアナウンサーがここで再び声を張りあげ、「さあ、わたしたちを荒野から率いていくモーセの登場です」とブリンクリーを紹介した。しかしその本人が腕を大きく広げて群衆と向き合うと、アナウンサーは紹介を間違えたのだと、その場にいた子どもにもわかった。登場したのはモーセではなくイエスだった。

その日はロンサム・カウボーイも、フェノリオと彼のマジックアコーディオンも登場しない。政治の話題さえ出なかった。今日は日曜日で、毎週日曜日は聖書について考える時間と決めていた。この世に終わりが来たときに、現世の肩書きなどなんの役に立つだろう？「それよりわたしは、魂をひとつでも救い出したい」とブリンクリーは叫ぶ。「アメリカ合衆国の大統領になるよりも、世界の王になるよりも！」

ブリンクリーは照りつける太陽の下に立って、イエス・キリストの受難について説教を行う。自身が聖地への旅に出て、エルサレムやパレスチナを訪れた思い出などを交えてとうとうと語っていったが、ベツレヘムを初めて目の当たりにした日のことに話が及ぶと、突然声を詰まらせた。主の誕生地を思って胸が一杯になり、それと同時に自身の卑しい出自を思い出したのだった。わたしはキリストがペリシテ人に嘲笑された場所を見た。金貸したちの集うテーブルを、キリストがひっくり返した神殿を訪れた。金貸したちは、金儲けのために萎びた魂を売り渡した。

ブリンクリーはそこでしばし間を置き、ゆっくりと水を飲んでから、グラスを小卓の上にもどした。

聴衆に向き直り、また腕を大きく広げたかと思うと、突然ブリンクリーは絶叫しだした。「キリストが十字架にかけられるために、自ら歩いていったゴルゴタへと続く道。そこを、このわたしも歩いたのだ！　キリストの墓に立ちもした！　キリストがどんな気持ちだったか、いまのわたしには手に取るようにわかる！」

群衆が大きな嘆息をもらした。

「権力者どもは、庶民が目を覚まさぬうちにキリストを片づけたかったのだ！　ここにいるみなさんは、いまちゃんと目をあけていますか？」

群衆の目は大きく見ひらかれていた。

演台下のスペースは、病人や障害のある人のために設けられている。ブリンクリーが階段から下りてくると、真っ先に彼にすがるのがこの人たちだった。みな、そのお姿をひと目見たい、そのお身体に一度でも触れたいと強く望んでいた。

それから二日後の夜、「ミルフォードの奇跡を起こす男」は、ウィチタの公共広場で、大規模な決起集会をひらいた。集まった群衆はあらゆる年齢層、社会階層（「ミンクやアザラシの皮が……もっと安価な布地と袖をすりあわせ」）にわたり、主要政党のリーダーたちはパニックに陥って、土壇場で額を集めて相談することになった。そのまんなかにいるのは州医療委員会の公聴会（ブリンクリーにいわせれば、「ゲッセマネの園」）で検察官を務めた、州の司法長官ウィリアム・A・スミス。この選挙戦からブリンクリーを叩き出す術がないものかとみんなで知恵を絞ったところ、ひとつの案が浮かび、これならいけると期待した。十一月一日、投票日の三日前にスミスは記者団にそれを発表した。

記入式投票に関する規則は変更されている。投票用紙に印刷されていない候補者に投票する場合、用紙にその氏名を書きこまねばならないが、「投票者の意志」がわかればよしという、カンザス州最高裁判所が設定した基準はもはや通用しない。よって、ブリンクリーに投票したい有権者は、J. R. BRINKLEY と正確に記さねばならず、そうでないものは無効になると、スミスは記者団に宣言した。

これはアメリカ民主主義の伝統に完全に反するものであり、これまでよく行われてきた選挙操作に当たるが、投票日三日前となっては抗議する時間もない。そこでブリンクリーは新しい規則をラジオでリスナーに広めるとともに、自分の氏名の正しい綴りを刻印した鉛筆を数千本も配布し、最後の集会ではチアリーダーを導入して、群衆にスペルを叩きこんだ。

「ジェイ、ピリオド！　アール、ピリオド！……」

「みなさんに対して、こんな噂がささやかれてきました」ブリンクリーはリスナーに向かって挑戦するようにいう。「ブリンクリーなんぞに投票する人間は、月がグリーンチーズ*でできていると思っているのだと。要するに、あなた方は頭が悪いといわれている。しかしここでわたしは、敵陣営に対してはっきりいいたい。来たる投票日に、史上最大の綴り方コンテストが開催される。それに向けて、ドイツ人、ロシア人、リトアニア人ほか、英語という言語にまったく馴染みがない有権者たちが、いまも毎晩遅くまで、J. R. BRINKLEY の名前の綴り方をひたすら練習しているのだと！」

夜が明けて、いよいよ投票日当日。澄み切っているのは空模様だけで、選挙の行方は朧《おぼろ》にかすんでいる。ＫＦＫＢ局付きの占い師かつ「心のお悩み相談員」は、ドクター・ブリンクリーが圧勝すると予言したが、ほとんどの人は予測すら放棄した。この状況をある新聞の社説はこう評している。

「これまで三十年以上にわたって、地域社会の動向を不気味なほど正確に予想してきたオブザーバーたちも、今回ばかりは答えに詰まっている」

「ジェイ、ピリオド！　アール、ピリオド！……」

＊ここでのグリーンは色ではなく、できたてのフレッシュという意味。人はどんなばかげたことでも信じるという十六世紀からあることわざ。

スペルの連呼が四六時中どこかからきこえてくる。ブリンクリーの支援者たちが入手できる限りの、ありとあらゆるスピーカーから流れているのだった。投票率は非常に高かった。「投票日の夜に開票状況が発表されだすと、あちこちから警戒の声があがった」とW・G・クラグストンはいう。「開票序盤において、ブリンクリーが断然トップに出ていたのである……膨大な数の有権者が投票用紙に彼の名前を書いており、彼をレースから追い出そうと考えていた集計の役人たちの計画は崩れた。みんなで額をつきあわせて、集計の任務よりも、ブリンクリーを潰すことに意識を集中したが、だめだった」

集計は十日間かかった。最終結果は次のとおり。

ウッドリング（民主党）二一万七一七一票
ハウケ（共和党）二一万六九二〇票
ブリンクリー（無所属）一八万三二七八票

しかしこの票数には、Doctor Brinkley や Doc Brinkly など、余計な言葉を付加したり、異なる綴りで記されたりした票はふくまれていない。これらはすべて無効とされた。そればかりでなく、ブリンクリーを副知事、米国上院議員、カンザス州最高裁判所判事、そのほかの役職に就かせようとした枠にはまらない自由な考えの持ち主の票も当然ながら無効である。今回のブリンクリーの得票数は、オクラホマ州の三つの郡でそれぞれ当選した候補者よりも多く、もしそれらの地で立候補していたらブリンクリーが勝っていたわけだ。

無効となった票は、いったいどのぐらいあったのか？　州外の大新聞デモイン・レジスターは、次のような見解を示している。

投票用紙に正しく氏名を書いていないという理由で、六票に一票の割合で票が無効になった。そうしたことがなかったら、ヤギの性腺を扱う専門医であり、九月に州の医療委員会から医師免許取り消しを食らったドクター・J・R・ブリンクリーは、現在カンザス州知事の職に収まっていたはずだ。投票用紙に名前が印刷されていないにもかかわらず、ブリンクリーは十八万三千票以上を獲得。それ以外に、彼に投票したのに、氏名の書き間違いによって無効にされた票の数は三万票から五万票あったと推定されている。

これは前代未聞の事件である。一九二四年に、有名なウィリアム・アレン・ホワイトがカンザス州知事選で同じように無所属で立候補したが、彼の場合は、投票用紙に名前が印刷されていたにもかかわらず、わずか十四万九千票しか得られなかった。ブリンクリーは遅くに選挙戦に参加したが、ラジオを活用し、飛行機で各地に出かけて遊説することで、これまでカンザスで選挙演説を行ったいかなる政治家よりも、多数の聴衆を集めた。ローズヴェルト、ブライアン、ウィルソン、アル・スミスのいずれも、聴衆の数ではブリンクリーには勝てていない。

もう一度票数の再集計をという声があがるとしたら、まさに今回の選挙だろう。それはヤギの性腺で稼いできた医師のためばかりではない。共和党の候補ハウケは接戦で、わずか二百五十一票差で二位に甘んじることになった。これは法廷でひと騒動ありそうだとみなが予測していたら、ハウケと彼を支援していた政党は文句ひとついわず、あっさりと表舞台から姿を消した。リスクがあまりに大きいと判断したせいだ。再集計を行って、ブリンクリーが知事に就任することを恐れたのだ。最終判断はブリンクリーに委ねられた。彼の支援者らは、どうか戦ってほしいと懇願。土壇場になって書きこみ式の投票方法に難癖をつけたのは、スミスの明らかな職権乱用であって、告訴すれば間違いなく勝つはずだった。

しかしブリンクリーはこの結果をそのまま受け入れることにした。W・G・クラグストンは次のように説明している。「ブリンクリーの政治顧問たちは、ここは戦わず、再集計も求めないようブリンクリーを説得した。結果を潔く受けとめ……次の選挙に再び出馬するのがいい。そのときには時間もたっぷりあるから、投票用紙に氏名が印刷される。さらにブリンクリーが納得するよう、アーサー・キャッパーの例も持ち出した。彼は十八年前に知事選に出馬した際、わずか五十二票差で敗北したが、黙ってそれを受けとめた。二年後に再び立候補すると今度は圧勝し、それからずっと知事職と上院議員を務め続けているのだと」

それでブリンクリーは高潔な道を進もうと決め、あと二年を待つことにした。それでも、カンザスのあらゆる層の人間は、ブリンクリーが本来得るべき票数を不正な手段で奪われたのだとわかっていた。後に知事に就任したハリー・ウッドリングでさえ、「無効にされたすべての投票用紙が数に入っていたら、ブリンクリーが選ばれていただろう」と認めている。最終的にはハウケもそれを認めた。

実際には、ブリンクリーの選挙運動は多くの偉業を成し遂げていた。いったん世間の常識からはずれて革新的な行動をすれば、恥辱は恥辱でなくなると証明したのもそのひとつ。しかしながら、後世まで残る彼の真の偉業は、政治とラジオの融合、そして飛行機の活用である。票を獲得するために、ラジオ放送を巧みに活用し、飛行機で人々の耳目を引く。現代選挙戦の先駆けとなる新しい選挙運動を展開したことにあった。ヒューイ・ロング、テキサスのパピ・オダニエルをはじめ、それ以降、多くがブリンクリーの手法を選挙運動に取り入れるようになるのである。

そうであっても、一九三〇年秋の時点では、ブリンクリーはどう考えても、開拓者というより敗北者だった。わずか数か月のあいだに、選挙で負け、KFKB局を失い、医師免許を剥奪された。手もとにはもう何も残っていない。

残っているのは、ひらめきだけだった。

32

免許を取り消されるずっと前から、ブリンクリーは連邦ラジオ委員会の小うるさい人間どもを侮蔑していた。時代遅れの規則もまた憎らしく、ほぼすべての局において、出力をたった五千ワットに制限しているのが気に入らない。こういう規則をつくった理由はただひとつ、天才を押さえこむために違いない。

そこでブリンクリーはひらめいた。そうか、その手があったか。

答えはメキシコ。

国境の南にラジオ局を建てればいい。リオグランデ川の向こうなら、アメリカ政府も手出しをできず、邪魔されなくて済む。ひとたびこの案をメキシコ政府が飲んでくれさえしたら、あとはやりたい放題。好きなことをなんでも電波に乗せて、西半球の半分に流すことができる。

なぜブリンクリーがそんなことを思いついたのか、誰にもわからない。過去の不名誉な軍務で、国境に隣接するエルパソの町に短期間配属されたときのことを思い出したのかもしれない（そういえばテキサスの冷えたビールは格別だったなと）。あるいは昔の友人ハリー・チャンドラーのことを思い出したのかもしれない。やつはバハ・カリフォルニア半島を併合しようとして、民兵まで派遣するほどメキシコが好きだったなと。あるいは小さなアメリカの局が国境を越えた先で、ほんの数週間前に、すでに放送を開始していることを小耳に挟んだのかもしれない。XED局、別名「ふたつの共和国の声」は、北東の町レイノサから、テックス・メックスの音楽を、豪勢にも一万ワットで流していて、誰に文句をいわれることもない。そんな恵まれた状況にありながら、なんでそいつを活かさないのかと、ブリンクリーにしてみれば、じれったくなるほどの好条件だった。

この時点まで、アメリカがメキシコの無線《ラジオ》に目を向けたのは、過去に一度だけ。第一次世界大戦のときだ。ドイツのUボートがまるで計ったように、太平洋を航行するアメリカの船に魚雷攻撃を仕掛けてくるのを、こいつはおかしいとにらんだ。探らせたところ、敵のスパイがメキシコ山中に隠れていて、Uボートに無線で連絡をしているという。それで、元鉱山労働者、家畜泥棒、偽札製造者、メキシコ軍兵士、米国財務省のエージェントと、さまざまな異名を持つアル・シャーフが、スパイを追跡するために派遣された。先住民のレッド・スリッパーズをガイドに、少数から成る傭兵部隊を引き連れて、シャーフは砂漠へと足を踏み入れた。数日後、カボ・ロボスの山中にある洞窟に、無線機が隠されているのをつきとめた。夜が明けると、シャーフはみんなを率いてクレオソートの灌木の茂みを這いずって、洞窟に近づいていった。銃撃戦の果てにドイツ人たちを殺すと、送信機を破壊。しかるのちにシャーフがダイナマイトを洞窟に仕掛けて爆破した。

そのエピソードを除けば、メキシコとラジオとは米国政府の頭のなかではまったく結びつかず、経済的に遅れているメキシコでラジオ放送を流すというのは、冗談としかとらえていなかった。流したところで、誰が受信できる？　メキシコシティが一九二〇年代半ばに商用帯域を共有する交渉をしようと持ちかけると、ワシントンはそれを鼻で笑い、いくつかの帯域をカナダに割り当て、残りの大部分を自国で掌握した。そんなわけで、一九三一年にドクター・ブリンクリーが首都のメキシコシティを訪れて、メキシコにラジオ局を建てる話を持ちかけると、メキシコ当局は一度失った親戚を取りもどしたかのように彼を歓待した。ブリンクリーの話に大喜びで協力しようといってきたのには、ふたつの理由があった。ひとつ、協力することで、北部地方に大量の現金がもたらされるため。ふたつ、協力することで「アメリカが支配しようとしている放送周波数の割り当て計画」に大きな混乱を引き起こせるため。こうしてブリンクリーは、自身を新たに迎えてくれた国と手を組んで復讐戦に乗り出したのだった。

三月にはKFKB局をウィチタの保険会社に売却し、南への移転計画を立てた。ただしカンザスを完全に去るつもりはない。「ブリンクリーは一九三二年に知事に立候補する意向を示した」とニューヨーク・タイムズ紙が報じている。「彼はミルフォードに住居を保持し、メキシコの放送局を遠隔操作で運営する。政治指導者たちはそれを阻止できない」また、ブリンクリー自身がそこで診療することはできなかったものの、ミルフォードのクリニックは依然として、オーウェンズビー医師とドラグー医師というブリンクリー配下の偽医者の下で営業していた。

二千マイルに及ぶメキシコ国境沿いのどこにラジオ局を建設するか、ブリンクリーはまだ決めかねていた。そんなある日、テキサス州デル・リオ商工会議所の事務局長A・B・イースターリングから手紙が届いた。サンアントニオの西約百五十マイルに位置するデル・リオは、自称「リオグランデの女王都市」で、「ウールとモヘアの都」と謳っていたが、実際には大恐慌によって窮地に追いこまれた、ほこりっぽい小さな町のひとつに過ぎなかった。「せめて一度こちらにいらして、現地を見ていただければと思います」イースターリングは手紙にそう書いてきた。「デル・リオの向かいの町、ビジャ・アクーニャの市長は、ラジオ局を建設するのにふさわしい土地を無償で提供すると、メキシコ領事にすでに確約しております」

ブリンクリーは現地へ飛んだ。そして気に入った。このデル・リオで一九〇三年に亡くなった著名人、ジャッジ・ロイ・ビーンは、ブリンクリー同様、酒と金を愛し、法律は自分でつくるという男だった。さらに、ここはとんでもないほら話をあっさり信じる町であることもわかった。子どもがサンタクロースを信じているように、リオグランデ川は伝説のカウボーイ、ペコス・ビルが掘ってできたのだと、住民の半分が信じていた。競争相手が気になったが、「デル・リオでラジオといえば、オートミールの箱に銅線を巻きつけた自家製だった」とある地元の歴史家がいっている。この地はいずれ自分の手の内に入るとブリンクリーは確信した。

国境にかかる橋を渡ってビジャ・アクーニャに入り、カジノとふたつの映画館、立派な闘牛場を持つその小さな町で、ブリンクリーは書類にサインをした。四月三十日に発行されたメキシコのラジオ免許は、以前の十倍の五万ワットでの出力を許していた。この免許はあなたに「包括的許可」を与えるものですと、契約を手伝った役人のひとりがいった。要するに、何でもお好きにやってくださいというわけで、ブリンクリーは「局の完全な支配権」を得たのだった。

三十五万ドルの「国境ブラスター」――コールサイン〔ラジオの呼び出し符号〕XERを割り当てられたラジオ局の建設が、その夏、町はずれの十エーカーの敷地ではじまった。工事は迅速に進んだ。現場を見てまわっているときに、特別仕様の送信管が必要になると告げられたブリンクリーは、ポケットから丸めた札束を取り出すと、そのなかから三万六千ドルを支払った。

そのあいだ、モリス・フィッシュベインはずっと彼の動きを見張っていた。双眼鏡で覗いていたというのがぴったりな表現だろう。

しかし、手紙や電話での攻勢に失敗すると、なんとしてでもこのプロジェクトを潰してやると決意して、フィッシュベインはテキサスに飛んだ。同じ思いを抱いている人間はほかにもいた。米国国務省の命令を受けて、駐メキシコ米国大使館の職員たちも、ラジオ局建設を阻止する方法を模索していた。彼らがこれまで相手にしてきたのは、麻薬密売人、武器商人、家畜泥棒といったもの。貧困とアメリカドクトカゲが蔓延する南側から、貧困とアメリカドクトカゲの蔓延する反対側へ行くために国境を越えようともがく不法移民の扱いにも慣れているが、今回の件はまったく初めてのことで、従うマニュアルもなかった。

フィッシュベインはブリンクリーの免許を取り消させようと、州医療委員会の前で披露した嵐のような弁論で当局に訴えた。しかし無駄だった。メキシコにとって詐欺師ブリンクリーは金のガチョウなのだった。次にどうするという当てもなく、しぶしぶ米国にもどったところ、思わぬ朗報が彼を待ち受けていた。自分にできなかったことをほかの人間が成し遂げていた。国務省から重圧をかけられて、メキシコ政府がXER局の建設にストップをかけたのだ。

それから数日のあいだ、フィッシュベインは勝利に酔いしれたものの、まもなくその酔いはすっかり覚めることになる。ラジオ局の建設が中止されたときくと、ブリンクリーは即座に自分の知っている最強の友人に電報を送った。昔馴染みのアメリカ副大統領チャールズ・カーティスに助けを求めたのだ。「現在メキシコシティで調査を行っていますが、差し金はワシントンから入ったのは確実で、この陰謀の首謀者を明らかにして、卑劣な行いを暴露するつもりです……。カンザスの人々は、あなたが公平な裁きのできる人と信じており、きっとこの件について調査してくださると考えています。そうすれば新聞各紙は、カンザス州ミルフォードのドクター・ブリンクリーと、その妻と赤ん坊に、たったいまどんな非道が行われているのか、世間に暴露することができます。以上」

カーティスは幅広い経験を持つ政界のフィクサーだった。上院の多数党のリーダーとして、取引を仲介する腕で知られており、連邦議会屈指の強力な「籠絡《ろうらく》師」と呼ぶ者もいる。「彼がほかの上院議員の肩に、棍棒のような短い腕を巻きつけるお気に入りのポーズを取るたびに、記者団は忙しくなる」といわれている。しかし最近のカーティスは副官の地位に甘んじて、鬱々とした不満を抱いていた。フーバー大統領から避けられた彼は、「涙の紗幕を通して、かつて自分がすわった上院の椅子をじっと見つめている」状態で、そんな彼の苦境に発想を得て、まもなくガーシュウィン兄弟がブロードウェイミュージカル『君に捧げる歌』を初演することになっている。劇中では、哀れなほどやることのない副大統領アレクサンダー・スロットルボトムが登場し、この副大統領は図書館のカードさえつくることができないのだった。

　しかもこの大恐慌でフーバーがまったくの無策をさらけだしているため、単に閑職に追いやられただけでなく、カーティスもまた政治的に無力であるとみなされてしまった。そんなときに届いたブリンクリーからの電報である。読んですぐ、胸に希望が湧いてきたのも当然だった。広く人気を集める医師を救出することで、カンザスの有権者の前で名誉挽回できるのではないか。かつては友人だったのに怒らせてしまった農夫たちを自分のもとに再び引き寄せることができるのではないか。おそらく自身のキャリアをも救うことができるのではなかろうか。

　カーティスにはまだコネがあり、どこに死体が埋まっているか知っていた。そんなわけで、これ以降彼は、自身の奉職する内務省の苦労を無にするため、せっせと働きだすのだった。まずは当たり障りのない手紙で自身の意向（「ミスター・カーティスは……これ以上、内務省がドクター・ブリンクリーの邪魔をしないで済む方法を見つけるものと期待している」）を示したあとで、ワシントンと、メキシコの米国大使館に圧力をかけた。どこまで汚いことをしたのか定かではないものの、ブリンクリーのダイレクトメールをつかった詐欺行為という最近浮上した問題が芽を出したばかりで摘み取られたのは、カーティスの功績に違いなかった。それは、なんとしてでも告訴するべきだと、フィッシュベインが長年訴えていた問題だった。ミズーリ州の保健局長も、ブリンクリーが「性腺詐欺」をダイレクトメールで宣伝するのは犯罪だと主張していた。「盲人でも、正常な眼球を眼窩《がんか》につっこめば自然に見えるようになると、彼はそういっているも同然なのです。ブリンクリーは最も危険なタイプの詐欺師であって、彼を逮捕しないならば、カンザスの州政府当局は公衆への義務を怠ることになる」といった案配で、起訴は目前に迫っていた。実際、連邦ラジオ委員会の前でブリンクリーが行った証言を、郵便検査官ふたりがずっときいて、メモを取っていたのである。しかし、ひとたびカーティスが介入すると、もう覗き見はなくなった。そうして、凄腕の「籠絡師」は、ブリンクリーのメキシコにおけるラジオ局設立計画を再び軌道にもどしたのである。

それから数週間以内に、三百フィートの塔ふたつが完成。そのそばには、噴水とそこから空に向かって水を吐く石のサギが設《しつら》えてある。スタジオのドアの上には、放送局のコールサイン「XER」が稲妻の形で彫られて、一歩なかに入るとそこは、エンジニアリングの魔術師ジェイムズ・O・ウェルドンがつくりだした驚異の空間だった。「送信機室は古典的なSF映画に出てくる放送局のイメージとそっくり同じ」とある訪問者は述べている。「ぞっとする感じの黒いパネルでできた棚がずらりと並び、メーターや冷却バルブ、ボタン、ライトがあちこちについていて、高価な回

路を覗き見るためのガラスの丸窓がいくつもあった
一九三一年十月、「ふたつの国にまたがる陽光あふれる放送局」として、XER局はデビューを飾った。デル・リオではXER局の開局が一週間に渡って祝われ、ヤギ腺外科医とその妻を讃える宴でクライマックスを迎えた。夜の出し物にはテックス・メックスの歌手が登場し、商工会議所が提供する記念詩が朗読され、ブリンクリー夫人の姉がバレエソロを披露した。
このとき、たまたまふらりと外へ出た人間は誰でも、夜空に並んでそびえ立つ放送局の巨大な塔をはっきりと見ることができた。上空に張られたワイヤーに沿って、不気味な緑の光がパチパチ音を立てて弾けていた。

33

一九二九年十月、株価の暴落に端を発する大恐慌がアメリカを襲い、それまで繁栄を謳歌していた社会は奈落の底に突き落とされた。

大恐慌がはじまってまもないある夜など、レストランの残飯を巡って五十人ほどの男が樽の前で争っているのをレストランの従業員が目撃している。そういう悲惨な状況であったから、国民の自殺率は一気に上がった。飢えや栄養不足で多くの人間が衰弱するなか、フルタイムの稼ぎ手がいない家庭はとりわけ多数の病人を出した。そしてフルタイムの稼ぎ手がいないのは、当時のアメリカの家庭ではごく普通だった。

貧困と恐怖がゾウムシのように人々の心に入りこんでいた。運よく仕事を見つけても、結局うまくやれずに解雇されるのではないかと不安になって、新たな職に就けないでいる者もいた。女性ファッション業界は、流行の先端を行くフラッパー風の女性服の製造は一切やめて、もっとふんわりした、いかにも女性らしい服をつくりだした。しょげかえった男たちに自信を持たせようとしたのだが、効果はまるでなかった。そもそも女性のほうでも、新しい服など買う余裕はほとんどない。くわえて働けない男の自信喪失は精神的な重圧となり、寝室でも失敗することが頻繁だった。

そしてそこに、ジョン・ブリンクリー医師の商機があった。大恐慌により一九二〇年代の時代思潮は大崩れして、流行も富も流されてしまったが、ブリンクリーだけは奇跡のように時代の海に浮かび続けていた。それどころか、大恐慌がなかったら若返りブームはもっと早くに消えていただろう。繁栄の時代にブリンクリーにもたらされた成功は、この失望の時代において、さらに大きなものとなった。詐欺師はいつでも希望を約束するものであり、自信を失った人々が向かうのは、希望のあるところだった。

誠実な者もふくめ、若返り術を提唱する人間たちはみな、この時代に新たなチャンスを見いだした。セルジュ・ヴォロノフは、歌わない歌姫ガナ・ワルスカ（ついに億万長者ハロルド・マコーミックと結婚）と最近手を組んで、シャンゼリゼ通りの美容院で活動をはじめた。しかし、ヴォロノフの注意が化粧水やクリームに持って行かれることはなく、以前にも増してチンパンジーに関心が向いている。その結果、こんなことまでいいだした。腺移植のおかげで、科学はまもなくスーパーマンやスーパーウーマンをつくりだせるようになる。女性の場合は「人体構造が複雑なので」、男性よりも時間はかかるだろうが、サルの甲状腺、脳下垂体、卵巣の三種類を移植することで、男性に匹敵する結果を得られるだろう。いまに女性も百五十歳まで生きるようになると、ヴォロノフはいう。

シュタイナッハのメソッドも相変わらず人気だ。ウィーンのカール・ドップラー医師やニューヨークのハリー・ベンジャミン医師のような若返り術の新しい担い手たちが、シュタイナッハ・メソッドの変種を編み出して、各自人気を集めていた。しかし、そんなふうに新顔が出てくると、昔の議論がまた蒸し返されるのだった。「時間はとめられず、逆行させることもできない。寿命をコントロールするなど、土台無理な話だ」とは、ロックフェラー医学研究所のノーベル賞受賞者アレクシス・カレル博士の言。その一方で、パリのエウセビオ・A・エルナンデス博士のような人物もいる。エルナンデス博士は、ハーバード大学医学大学院でのスピーチで、寿命を延長するだけでなく、死を避けることとさえ、近い将来可能になると断言した。それが証拠に、「J・P・ヘイマンス教授は、孤立した頭部を三時間生存させる実験」に成功したではないかと。一方、聖職者たちは、寿命を延ばすことへの執着を嘆き、重要なのは来世なのだと、会衆たちに説いてきかせた。そうかと思えば、広告業界の女性団体に向けて、腺は「魂の座と呼んでいいかもしれません」と述べたアンナ・インゲルマン博士のように、科学と宗教の交差点に立って考える人間もいた。

フィッシュベインは少なくとも当面、ブリンクリーを追うことができなくなり、ほかへ注意を向けた。どうも最近、詐欺業界は大盛況のようで、米国医師会の化学者たちは、巷に次々と出まわる怪しい精力剤を分析するのに勤務時間のすべてを費やしていた。そこでフィッシュベインは『治療の流行と詐欺』という新しい本を出版して、最新の詐欺の手口を暴露した。そのなかには、エアロセラピー（空気療法）、オートヘミックセラピー（自己輸血療法）、アストラルセラピー（星霊療法）、バイオダイナモクロマティック診療（患者が東か西を向いて「リズモ・クローム呼吸法」を行い、色付きの光の下で腹部を叩かれる）、クリストス（体内の不純物と罪を同時に取り除くトニック）、ジオセラピー（患者の身体に「小さな土のパッド」を押し当てる）、リンピオ食事療法（独自の調合物「Q－33とQ－34」を食べることで健康を得る）、パチアトリー、ポロパシー、サナトロジー、スペクトルクロミズム（患者に色付きの光を浴びせる療法、色は病気に合わせて調色）、トロポ療法、ビタ・オ・パス（三十六種類の怪しい治療法をひとつにまとめたもの）、ゾーンセラピー（ひとつのゾーンの病気を別のゾーンを押圧することで治療する、たとえば、右側の歯痛は左足の第二趾に巻かれた小さなワイヤーで治療する）といったものがある。

想像力の追求という意味では、ジュール・ヴェルヌを超えるといえるが、これだけでは問題の根本にあるものが読者には見えてこない。つまり、そういった詐欺行為と戦う武器をフィッシュベインはほとんど持っていないという事実だ。「米国医師会は実質上、法的権力を有しない」と彼は別のところで説明している。「その効果がどれだけ疑わしくとも、いかなる種類の医療行為を誰が行おうとも、米国医師会には、罰してやめさせる力はないのである」できるのは、大衆を教育して詐欺や搾取の犠牲にならないようにするだけだ。ブリンクリーとの戦いですでに明らかなように、州法も連邦法も穴だらけで、偽医者たちの刑事責任を問うだけの力がない。目抜き通りで患者に銃を発砲するような暴挙に出れば別だが、そうでなければ、医者は法律の影響をなんら受けずに、やりたい放題なのだった。民事裁判に訴えることもできるが、それは勝てる見こみもないのに被害を訴える虚しい行為といえる。そこに金（あればの話だが）をつかうのは、患者にとっては大きな重荷だ。詐欺行為につかう仕掛けや装置、すなわち回転灯や、どこにもつながっていないワイヤーとか、それら自体はどれも法的に問題がない。詐欺的な医療機器を禁じる法律を成立させるために、何十年も前から「モリスは荒野に向かってひとり声をあげるような戦いに身を投じてきた」と、彼の友人が後にいっている。

フィッシュベインはまた、自分が助けようとしている人々から抵抗に遭うこともあった。同僚たちは彼の容赦ない攻撃を賞賛するかもしれない（一九三〇年にドクター・ソレックが彼に手紙を書いている。「こういった『害虫』撲滅のために仕掛ける容赦ない攻撃は、きみの名を永久不滅にするだろう」）。しかし一般人は、フィッシュベインを歓迎しない。「これが効きます！」と偽医者はいつでもいい知らせをもたらすが、フィッシュベインが持ってくるのは悪い知らせだ。病気に苦しむ人間がききたいのは、さて、どちらの言葉だろう？

そんな逆境にありながら、フィッシュベインは持ち前の強い意志だけを武器に、余人の予想を遥かに超える勝利を手にした。

整形外科の分野では、おそらくヘンリー・ジュニアス・シライソンが、当時最も悪名高い詐欺師だったといえよう。州から州へ渡り歩いて患者に痛みを与え、外見を破壊していった。経歴は汚れ、ピッツバーグでは贈賄罪で有罪判決を受けたにもかかわらず、この男の顧客リストには超一流の著名人が名を連ねていた。ブロードウェイのスター、ファニー・ブライスもそのひとりである。

ある日若い女性が肩の火傷をどうにかしてほしいと彼のクリニックを訪ねた。するとシライソンは、せっかくいらしたのですから内反足も矯正しましょうと申し出る。結果、この女性は両脚ともに膝からの切断を余儀なくされた。

この事件をフィッシュベインは大々的に取り上げた。彼がとことん騒ぎ立てて世間の注目を集めたことで、一九三〇年にシライソンは重大な医療過誤で有罪とされ、イリノイ州から追放。移転先に選んだオハイオ州では、フィッシュベインに迎えられ、どこで店を構えようとしても徹底的に邪魔をされた。結果、シライソンはフィラデルフィアの東へ流れ、破産して収監された。

ほかにフィッシュベインがやりこめて破滅させた人物として、ヘンリー・フォードのお気に入りである自称「サナトロジスト〔健康や治療に関わる専門家〕」のパーシバル・レモン・クラーク、宣伝に自身の名をつかいたいがために法的に改名までした自己顕示欲の強い歯科医ペインレス・パーカー、大きすぎる胸をコンパクトにするという触れこみで「睡眠用ブラジャー」をデザインしたジョン・ポール・フェルネルがいる。フィッシュベインの熾烈な攻撃は片時もゆるむことはなく（ある友人が、彼のエネルギー代謝を「宇宙のアクシデント〔普通ではあり得ない特異な現象〕」と呼んだ）、その結果、攻撃の最中に「神経衰弱」としか呼べぬ症状を発症することがあった。「少なくとも四回は、大衆を前に演説をしている最中に急性失神を起こしている」と同僚のひとりがいっている。おそらく脳への酸素供給が追いつかずに意識を喪失したのだろう。本人は単なる疲労だといって、気にもせず先を続けた。フィッシュベインは滅多に医者にかからず、何か不調を覚えたときには、薬箱をひっかきまわして、余っている雑多な薬で急場をしのいでいた。

まだ『アメリカン・マーキュリー』に記事を寄せているフィッシュベインは、一九三一年に、あれについて書いてみたらどうかとメンケンに提案した。なんでもかんでも無菌状態にしたがる、リステリンが引き起こした殺菌ブームである。「この狂乱をある折衷派医学の医師が簡潔な言葉で巧みに表現している。すなわち、もし直腸に歯があったなら、それを無菌状態に保つために、われわれには特別な歯ブラシと薬品が必要になるのは間違いない、と」しかしながらフィッシュベインの攻撃の矛先が主として向けられるのは、依然として代替医療だった。クリスチャン・サイエンス〔祈りを通じた霊的治癒を科学的に探求する宗教〕を実践する治療師が、糖尿病に苦しむ六歳の子どもにインシュリンをつかうのをやめさせたことで、その子を死亡させたと知ると、フィッシュベインは糖尿病を患う判事を見つけだして、その治療師を殺人の疑いで逮捕させた。しかし、当時の法律はそういう事件までは取り締まっておらず、不適切な医療によって患者を死なせた医師に有罪判決が下るのは一九六〇年代に入るまで待たねばならない。ゆえに、この治療師は有罪にはならなかった。

34

石灰岩の地下墓地から、キングヘビが一匹、ゆっくりと這いだしてくる。鞭の動きをスローモーションで見ているかのようである。黒とサーモンピンクのきらびやかな帯を全身にまとったヘビは、地下の雨裂《うれつ》や割れ目を通って徐々に光の差すほうへのぼっていく。途中通り過ぎる壁画にも黒とサーモンピンク、さらにオレンジレッド、キャラメル、白の色が見られる。絵のひとつに白装束でそびえ立つ呪術師を描いたものがあり、その人物は胴を異様なほどに伸張させて伸び上がり、逆さに描かれた小さな黒い人間たちに何やらぱらぱらと振りかけている。この逆さ人間は死者を表し……。

「演奏は局の近くでやって、局の近くで寝て、局から遠く離れることはなかった……夜になると、ご機嫌なミュージックがあちこちからきこえてきて、天国で天使が踊っているように、電線に沿って閃光が舞うのが見えるんだ」とギタリストのファン・ラウル・ロドリゲスはいう。

ブリンクリーはたいてい川を挟んでテキサス側、デル・リオのJ・C・ペニーの店の上にある居心地の良い小さなスタジオから放送していた。米国の権威筋の目などまったく気にせず、定期的にミルフォードを訪れて、そこからも放送をした。電話線をつかって自分の声をメキシコの送信機に飛ばすのである。国際電話をつかった放送は法律違反ではない。何しろそんなことをしようと考える人間はいなかったのだ。

XERはまさに夢の実現といっていい。一九三二年一月十一日から十六日の週には、北米全体のリスナーから二万七七一七通の手紙が届いた。デル・リオは一夜にして有名になり、地元のビジネスは活況を呈し、ブリンクリーは町を狂喜乱舞させた。市民の生活向上のために気前よく金をつかい、新しい図書館まで建ててしまったのだ。しかし誰からも愛されていたというわけではない。川向こうに暮らす人間のなかには、少数派とはいえ、XERに憤慨している者たちがいた。メキシコの土壌に建設したラジオ局でありながら、所有者も経営者もアメリカ人で、ほぼすべての番組を英語で放送しているというのが気に入らないのだった。ラ・プレンサ紙が「抗議する愛国者たち」と呼ぶ彼らは、「ヤンキー帝国主義の宣伝に対して（メキシコは）寛容すぎる」と非難し、「内務省に苦情の写しを送った」という。

しかし本人がいうように、そのつもりはなくても「敵を食って肥え太る」ブリンクリーである。抗議者らの懐柔策として、「特定方向に電波を送る」塔を建設してメキシコには一切自分の放送が流れないようにしたところ、この三番目の塔によって北へ流す放送の出力が大増幅するといううれしい結果になった。一九三二年一月にはメキシコシティの同意を得て、出力を十五万ワットに上げた。その後、アメリカ政府が不安を募らせるのをよそに、一九三二年八月には五十万ワットに、それからさらに百万ワットへと引き上げた。百万ワットの出力！　これはもう、ほかのあらゆる局を大きく引き離して、地球上で最も強力なラジオ局といえる。現地の技術者からは、この送信機が稼働すると「腕の毛が逆立つ」現象が起きていると報告が入る。近隣住民からは、放送局が出す信号があまりに強いので、車のヘッドライトが勝手に点灯し、ベッドのスプリングがうなりだし、電話での会話中に、ブリンクリーの声が切れ切れに割りこんでくるという苦情が出る始末だった。

優しい雨のように落ちてくるその声は、いまや合衆国全州と、海外の少なくとも十五か国できかれるようになった。割り当てられた放送周波数帯域の中心、七百三十五キロサイクルで放送しているため、ときにアトランタのWSBやシカゴのWGNのようなアメリカ屈指の強力な局さえも凌駕する。二千マイル離れたモントリオールの局からは、XER局からの慢性的な干渉が報告されている。晴れた夜には、ブリンクリーの声はアラスカまで届き、フィンランドを越え、ジャワ海を航行する船上でもきかれた。後年には、ロシアのスパイがブリンクリーの放送を英語学習に役だてていたともいわれている。どこにでも割りこんでくる傍若無人のXER局の放送に激怒するアメリカ人もいた。一日のきつい労働を終えて帰宅した彼らは、エイモスとアンディやチャーリー・マッカーシーのようなコメディをききたくてラジオの周波数を合わせる。ところがそこへ辜丸がどうのこうのという話が割りこんでくるのだから、たまらない。とはいえ、「メキシコラジオ界の無法者」とか、「電波の密輸商人」とブリンクリーを詰《なじ》るものがいる一方で、まったく別の反応もあるのだった。消費者をおだてながらの怪しげなアドバイスの合間に、テックス・メックスやヒルビリー*の一流のミュージックや、これまで耳にしたことのない極上の音楽が流れてくる。その音楽をリスナーたちは大いに気に入ったのである。

黄金の喉を持つロイ・フォークナーのように、KFKB局時代からお馴染みのアーティストもいた。しかし南部と西部から新しいミュージシャンたちがどっと流れこんでくると、まもなく選択肢は劇的に増えていく。『グランド・オール・オプリ』**は地元で愛された人気番組だったが、国境を越える放送の驚異的な浸透力には敵わない。その一方でCBSやNBCといった全国規模のラジオ局は、ヒルビリーミュージックに放送価値を見いださない。

そこへブリンクリーがドアを大きくひらいた。パッツィ・モンタナ（才能あふれるヨーデル歌手で、登場してすぐ〈わたしはカウボーイの恋人になりたい〉で百万枚を売り上げた初の女性カントリー歌手）、レッド・フォーリー、ジーン・オートリー、ジミー・ロジャーズ、ピッカード・ファミリー、カウボーイ・スリム・ラインハートなどが、XER局の稲妻のような出力を有するマイクを通して、なお一層魅力的な歌声を響かせた。超一流のカントリーミュージック歌手を多数引きつけるデル・リオは、「ヒルビリー・ハリウッド」として知られるようになり、ブリンクリーは期せずして「ポップカルチャーの帝王」に祭りあげられる（本人はオルガン音楽のほうを好んだ）。ビル・C・マローンがその信頼できる著書、『カントリーミュージック、U・S・A』に書いているように、「アメリカ全土にヒルビリーミュージックを普及させ、四十年代後半から五十年代初頭にかけてのカントリーミュージック・ブームの基礎を築いた」のは、この「ヤギの性腺王」なのである。

＊ 南部やアパラチア地方で発展したカントリーミュージックの起源のひとつ。
＊＊ ナッシュビルから放送される伝説的なカントリーミュージックのラジオ番組。

ブリンクリーが見いだしたのはミュージシャンばかりではない。彼はあらゆるタイプの才能を見抜く目を持っていた。まもなく、どことなくメイ・ウエストを思わせる、まなざしに力のある、髪をブロンドに染めた女性が、この局屈指の（ブリンクリーに次ぐ）「メールプラー〔ファンレターが大量に届く人間〕」となる。名前はローズ・ドーン、またの名を「マヤの聖なる秩序の後援者」といい、「マヤ人の助けによって、己を見いだすことができるでしょう……」が決め台詞だった。

ヤギの性腺で対応できない問題はすべて、このローズが引き受けた。「あなたの願望を実現する」ための段階的指導や収入を増やす確実な方法、自分の魅力を開発する方法といったあれこれをひとまとめにして、四・九八ドルで売り出したのである。身につけるだけで同じ効能が得られると約束する香水も売り出した。さらに四・九八ドルを出せないリスナーには、一ドル送ってくれれば、あなたのためにローズ自らが祈りますと約束。そればかりかローズはラジオ放送で未来も占った。ドクター・ブリンクリーはそのカリスマ性と善行により、いずれホワイトハウス入りをするでしょうと予言し、そういう未来が見えること自体、ローズが超人的な能力を授かっている証拠だとリスナーたちは信じた。

勤務時間外のローズは、緑の装飾が施されたピンクのクライスラーでデル・リオの街をドライブするのが好きだった。お供をする彼氏は、占星術師兼メンタリストのコラン。長身で褐色の肌を持つ、如才ない男だった。デル・リオの噂好きな人々は、ローズはブリンクリー医師の愛人でもあるとささやいていたが、証拠はどこにもない。彼はローズのタイプではなかったのだ。

これまでブリンクリーは自分の広告しか放送してこなかったが、ローズ・ドーンの成功によって考えを改めた。アメリカのラジオで放送するにはあまりに悪質であったり、猥褻であったり、常軌を逸しているとしか思えないものを流したいと考える商人たちが、放送枠を与えてほしいとブリンクリーに懇願していた。ならばチャンスを与えてやろうと、一時間あたり千七百ドルで放送枠を売ることにした。この決断によって、突如XER局は、強引なセールストークの不協和音を流す局へと変貌した。下剤クレイジー・ウォーター・クリスタル、電気ネクタイ、ヘルニア治療、「本物の模造」ダイヤモンド、トマトの苗、生命保険、生きた家禽、さらに最後の晩餐のテーブルクロスやキリストのサイン入り写真をはじめとする宗教的なアイテムまでが売り出されて、それぞれが、どれだけ素晴らしいかをこの局の放送で口を極めて宣伝する。なかには、バプテスマのヨハネをゼンマイ仕掛けの人形にした商品を宣伝する者までいた。ゼンマイをまわすと、人形が歩き出し、しばらくひょこひょこ歩きまわったあと、最後に頭が落っこちるという仕掛けである。

思わず足で拍子を取りたくなる魅力的な音楽に、やかましい押し売りたちの声が割りこんだわけで、こういう泥沼のなかから這いだして、AMラジオは発展していくのだった。

35

いまや大陸にいる奇人変人どもがこぞって国境を越える放送局を欲しがるようになり、一九三〇年代初頭のメキシコ政府は、まるでトランプカードのようにそれを配っていた。一九三二年、ノーマン・ベイカーは、連邦ラジオ委員会によってアイオワ州のラジオ局を閉鎖させられた後、十五万ワットの出力免許を取得してXENT局をテキサス州のヌエボ・ラレドに建設した。スタジオの外壁は鮮やかな紫色に塗って、ここからブリンクリーとの放送合戦がはじまる。カントリー歌手ハンク・トンプソンはそれを「ジャック・ベニーとフレッド・アレン〔ライバル関係にあったラジオコメディアン〕の激しい打ち合いのようだった」と回想している。

ほかの局も次々と誕生した。ロサリート・ビーチのXERB、シウダード・フアレスのXELO、モンテレイのXEG、ピエドラス・ネグラスのXEPN。それぞれテキサスに姉妹都市があって、住民にも誕生が喜ばれた。ラジオ局というのは、とにかく実入りがいいものだから、さながら石油掘削塔のように次から次へと建設されたとシカゴ・デイリーニューズ紙は書いたが、そのなかでもブリンクリーの局が圧倒的に大きく、知名度でも他局の追随を許さなかった。一九三二年に連邦ラジオ委員会が「オカルト伝道者」、すなわち読心術師、占星術師、占い師、ヨギ、神秘家、心霊学者、予言者らの放送を禁じたとき、次にどこへ行けばいいか、彼らにはわかっていた。一夜にしてメキシコ国境は、シャーマンの下で育ったとか、第九次元から念力で移動してきたとかいう、ターバンを巻いた人間たちの巣窟となった。あるラジオ局から川ひとつ挟んだところにある、テキサスの町イーグル・パスでは、そういった奇人変人が集まりすぎて野球チームを結成したほどだった。遊ぶ時間は山ほどあった。というのも、彼らの超能力は頻繁に他人に貸し出されていたからだ。サンアントニオの元新聞記者はとことん落ちぶれて、そういう人間たちの代筆を仕事にするようになり、一通あたり三セントでリスナーの手紙に返答していた。手紙で相談してきたリスナーに、そのときの気分しだいで、結婚、離婚、購入、販売のいずれかを勧めるのである。ほかにも、宗教迫害の犠牲になってアメリカから逃げてきた者たちもいた。当時連邦ラジオ委員会は、伝道者がラジオを通じて寄付を募るのを禁じ、この時代錯誤の禁令に大物たちはさっさと南へ移動した。今日のテレビ伝道者の元祖といえる彼らは、無頼派ラジオでその腕を磨くことにしたのである。カウボーイ伝道者ダラス・ターナー、フレデリック・アイケレンコッター二世（牧師アイク）。こういった面々はすべて、ドクター・ブリンクリーのラジオで売りこみをし、祈ることで、それぞれの仕事を立て直した。

最終的にリオグランデ川沿いには十一の放送局が建ち並び、これらの合計出力は、アメリカの全放送局の出力を、少なくとも七十万ワットは上まわった。卑猥なカントリーソングや、詐欺の臭い《にお》がぷんぷんするローズ・ドーンの自己啓発番組など、アメリカでの放送はまず許されないものが、こういった放送局から流されていたわけだが、これはまだはじまりに過ぎなかった。「牧師たちはマイクでサタンと戦い、金持ちを殺して食らえとリスナーに向かって叫んでいた」と、当時の事情通はいう。女好きのノーマン・ベイカーはスタジオのマイクの隣にベッドを設置し、女を抱きながら癌治療の宣伝文句をしゃべっていたともいわれている。ピエドラス・ネグラスでは、局の所有者であるアメリカ人とメキシコ人が争い、誰のしわざかは明らかにならなかったが、送信機が爆破されて紛争が終わった。このあいだにも、田舎風ブギ、西部風スイング、ロンサム・カウボーイの二番煎じ、コメディショー、サンアントニオのメキシカン交響楽団、ウディ・ガスリー、それまできいたこともない新興宗教への誘いが、バケツの水を次々とぶっかけるように、アメリカ国民の目を覚ましていった。

シンディ・ルーに会いに行ったよ
気持ちよくなりにね
今日は口じゃなくって鼻にキス
すると黄金の液がしみだしてきた
いいねえ、シンディ、シンディ
いいねえ、シンディ、シンディ……

こういったすべてを放送するために金を出したスポンサーは、自分たちの売り出す商品で、顧客の暮らしをがらりと変えた。鉛中毒を引き起こすコロルバックの髪染め、盲目になるまつ毛染めラッシュ・ルア、「認証済み」放射能水ラジソー、後に捜査員によって「殺鼠剤からつくられたと判明した」除毛剤コレムル。クレゾール石鹼溶液のライソールは「安全な膣洗浄剤」として販売されていた。

一九三二年夏の終わりに、国境を越える放送局の建設ラッシュに触発されて、メキシコの詐欺師たちがビジャ・フアレスの中央北部の町で大会を開催した。そのなかで最も著名な人物は、国内屈指の教会が認めない「禁じられた聖人」ニーニョ・フィデンシオと、カメレオンの脳を売買していたニーナ・ルペだった。彼らの脇役として、ある陸軍司令官は「一ペニーも失うことなく罰金を支払える魔法のテクニック」を披露したりもした。

時代が時代だけに、脇役の出し物が極めて人気を博したのは間違いないだろう。

「これまであなた方を助けてきたJ・R・ブリンクリー医師とその夫人が、今度はあなた方に助けを求めています。というのも、出費が大きくかさんでおり、収支を合わせるのに大変な苦労をしているからです。この状況において、みなさんそれぞれが、ご友人にブリンクリー夫妻の手がけた商品を勧めてくだされば……」

どうやら、誰もが厳しい状況に直面しているようだった。しかしブリンクリーの苦境が真実であろうと、ふりであろうと、彼のラジオトークはどんどん広がりを見せ、自信を増していった。人々の財布をからにすることを狙った、医療と宗教のごちゃまぜトークや、牧歌的な長話といったものから離れて、「交通安全」、「モルモン教」、「母に捧ぐ」、「癖」といったテーマを掲げて、ラルフ・

エマーソンばりの講義をすることもあった。そして毎週日曜日には説教をするのも忘れない。「神を見つけて幸せになる。それが唯一の方法であり……」

しかし妻に対しては、「わたしは世界の頂点にいる!」と打ち明けており、つまりはその言葉が、彼の「苦境」のすべてを語っているのだった。

36

一九三二年八月、ボルティモア・サン紙の社説は、二年前にJ・R・ブリンクリー医師がカンザス州知事選に出馬したときのことを回想して、「州内の識字率の高い人々に強い衝撃を与えた」と書いている。記事に署名はなかったが、敵を弄《ろう》することに陰湿な喜びを感じているような文体はメンケンの特徴であり、印象深くまとめた結びの筆致も彼特有のものだった。「一九三〇年、ブリンクリーは投票用紙に名前がないにもかかわらず勝利の一歩手前までいった。今年はいよいよ彼の名前が投票用紙に載る。カンザスのために祈りを捧げよう」

作物の価格が九十%下落し、冬には小麦を焼いて暖を取る農家もあった。三二年の知事選が迫るなか、ウィチタ・ビーコン紙の世論調査では、ブリンクリーは現職の四倍の人気があるという結果が出た。有力な地元新聞、エンポリア・ガゼット紙の編集者ウィリアム・アレン・ホワイトがブリンクリーの支持者を州の「愚鈍な地下組織」と呼び、本人たちはそれを逆手にとって、自らを「ホワイト爺さんの愚鈍で文盲な地下組織集団」と呼んだ。結果、支援者たちの会合はさらに騒々しく、得意げになった。

しかし、一度燃え尽きたブリンクリーは、二度目の挑戦においてはかなり神経質になっていた。おまけに、ブリンクリーの遊説は人目を引き、ライバルたちに真似されやすいというジェイムズ・O・ウェルドン(部下のエンジニア)の褒め言葉もあって、ブリンクリーの選挙運動は人気の場所を避けて行うことになった。

「あなたが得ようとしている振動エネルギーは(投票日当日に)完璧になる」と、ブリンクリーから相談を受けたイリノイ州ブルーミントンの数秘術師、フロイド・R・アンダーウッドがそう答えている。その予測は一部、ブリンクリーの「エゴ番号四番」に基づいていた。ミネソタ州クリスタル・ベイの占星術師も同じく楽観的だった。当時アメリカで絶大な人気を集めていた占星術師、ニューヨーク市のエヴァンジェリン・アダムズに相談したときには、最初ちょっと叱られた。「あなたは占星術に多くを期待しすぎていると、わたしにはそう感じられます。占いというのはあくまで、何が起こるかを決定する一要因に過ぎないということを理解していない……あなたが幸運な日を選んで急行列車の前に飛びこんでも、悪運の日と同じように命を落とすのですよ」ところが次の手紙では、もっとよい見通しを出してきた。「強力な木星が、約十二年ぶりにあなたに味方してくれるようです……この惑星はいま、あなたの天頂にありますから……まったく尋常ではないことが、州内と全国の両方で、あなたを最も満足させる形で起きるのはまちがいなく……」

「わが国の偉大なるショーマン、P・T・バーナムが、すべての批判は宣伝になるといっています。わたしはこの言葉をもっともだと思いますし、あなたの最初の妻がいかなる本を書こうと、実質的な被害はないと思います。あとはその本が、土星や天王星があなたを守護する水星と敵対する時期に出版されないよう祈りましょう」

最後に言及されている本の出版というのは、ブリンクリーの最初の妻、サリー・ワイクが書くと脅しているもの。現在彼女はイリノイ州で再婚し、そこで暮らしている。サリーはもう何年も前から、ブリンクリーの資産のうち、法では認められない元妻の取り分を得られなかったことを恨みに思っていて、彼の選挙運動にゲリラ戦を仕掛けた。最近ではウッドリング知事やアルフ・ランドン（共和党の有力候補）に会って、ブリンクリーを倒す弾薬を提供し、ブリンクリーの過去について本を書くと脅していた。「サリーが最終的にブリンクリーに害を及ぼすことができるかどうか」、それを判断するために、エヴァンジェリン・アダムズはサリーの生年月日を求めた。

一九三二年六月、ブリンクリーの知事選キャンペーンが本格化し、疲れ知らずの売りこみにさらに新しい趣向が加わった。その年は飛行機と併せて、ロイ・フォークナーが運転する堂々たる金茶の十六気筒コンバーチブルが活躍した。その後部座席にブリンクリーが乗って、遊説先へ向かうのだ。コンバーチブルの後ろには、一列になってクラクションを鳴らす車の行列が続いた。それらの車のうち最大のものが、「弾丸列車ナンバー1」と呼ばれる派手に塗装されたシボレーのトラックで、荷台のステージと拡声器を備え、上部には「五マイルホーン」と呼ばれる装置が設置されてい

1932年のカンザス州知事選で、ブリンクリーの遊説パレードの目玉となった車両。
後部が開き、演説や音楽のステージとして使われた。カンザス州歴史協会提供

た。このホーンの口は縦横四フィートの正方形で、最後の審判のラッパのように、人々を外に走り出させるほどの轟音を出した。

しかしブリンクリーの演説自体は、一九三〇年よりも控えめになり、内容にも変化が見られる。あらかじめタイミングを計って、ちょうど日没どきにキャラバンが町に入ってくる。移動式のステージが下ろされ、薄明かりのなかでロイ・フォークナーの歌声が響き渡り、ジャズコンボが悲しげな〈セントルイス・ブルース〉を続ける（「あの夕日が沈むのを見たくない……／なぜならわたしの愛しいベイビーがこの町を去ったから……」）。それが終わるとちょうど夜になる。ミュージシャンたちが出払うと、舞台前方に円錐形の光がひとつ現れる。その光のなかに、ミルフォードのサミュエル・クックソン牧師が歩いて入り、候補者を紹介する（これをあまりにも頻繁に、そして上手に行ったため、牧師は後にメソジスト派の同胞たちから悪魔の仕事をしていると非難された）。そうしていよいよ主役の登場と相成る。闇のなかからふいに現れるブリンクリーは、白麻のスーツに柔らかい麦わら帽子を合わせている。マイクの前に座を占めると、そこから演説がはじまり、その模様をトピーカのある記者はこんなふうに書いている。「神秘的な薄明かりのなかで、ドクター・ブリンクリーはマイクにそっとささやきかける。まるで女性にお茶の入ったカップを勧めるように、はたまた友人に給料日まで十ドルを貸してやるように……自身の考えを披露し、それを聴衆の耳にしみこませる。それを彼は人とは異なる方法で行い、それが途方もなく効果的なのである」

二年前こそ、磔刑のショーで聴衆を沸かせたものの、いまとなってはもう新鮮味もなく、そもそも現状の文脈にはそぐわない。いまは、人当たりの良さがキーワードなのだった（「メェー、メェー」とヤギの鳴き声で聴衆から何度もからかわれたときも、ブリンクリーは愛想よくこういった。「それ、もっと大きな声でやってくれませんかね。ひょっとしたら、あなたはつかえるかもしれない」)。それでも、殉教者というのは、ブリンクリーにとって単なるポーズ以上のものであって、よくよく注意して見ていると、彼の聖痕が浮かび上がってくる。むしろ、前回の選挙以降、彼の被害者意識は一層強まり、それに伴い、被害妄想も増大していったのだった。

リンドバーグ愛児誘拐事件が新聞の見出しに踊るなか、自分にも密かに暗殺計画が練られているのではないか、息子が誘拐されるのではないかという不安をブリンクリーは公の場で口にしていた。ウッドリング知事が選挙日前に自分を殺害するため、ある囚人に「特別な恩赦」を与えたと主張したのもそのひとつ。ブリンクリーは選挙運動の本部長、アーネスト・A・デューイに手紙を書いた。「いいかい、デューイ、わたしが欲しいのは、腰の下まである防弾チョッキで、前面、背面、側面を保護し、首のまわりまでフィットするものだ。なぜって、今年の十月と十一月は、常軌を逸した暴徒たちが、わたしに何をしでかすかわからないからだ……この防弾チョッキの件は、秘密厳守としたい。それを手に入れるために、きみが交渉することになるだろうが、その際、それを必要としているのは誰なのかという事実をふくめ、この件にまつわることは一切口外しないでほしい。防弾チョッキを身につけるのが、このわたしであるとわかってしまえば、頭をはじめ、チョッキに守られていない部分に銃弾が飛んでくるからだ……」デューイはサイズ四十のチョッキを探偵社から調達し、「これはアル・カポネが着用していたものとまったく同じで、これ以上のものは手に入らない」とブリンクリーに請け合った。

夏から秋にかけて、ブリンクリーは各地での遊説と、ラジオでの熱心なアピールを繰り返した。KFKB局はもはやなかったが、その後継となるKFBI局が気前よく放送枠を与えてくれたのだ。ステージとスタジオをピンポン球のように行き来するブリンクリーの頭に、ある日素晴らしいひらめきが訪れた。

「いいことを思いついた」と相談役のひとりにブリンクリーは手紙を書いている。「トラックにしゃべる機械を載せて、わたしが直接ステージに立てない小さな町にとめたらどうだろう。トラックで群衆を引き寄せ、十分な数の見物人が集まったところで、担当者がレコードをかける。そのレコードにはわたしの演説が録音されていて……。これまで思いついたなかで、最高の名案だとわたしは思う。きみはどう思うかね？」

というわけで、アメリカの政治にサウンドトラックが入りこみ、演説や歌を流すようになったのだ。

この世にふたりといない素晴らしい才能の持ち主である外科医J・R・ブリンクリーは、わがヒマワリの州で人気をひとり占めしています。次々とわたしたちを驚かせる医師は、次に何をもたらしてくれるのでしょうか。手術、国政、それとも書物からの教訓でしょうか。考えるだけでわくわくします！

気分は上々、だんだんに自信も生まれて、ブリンクリーは敵陣のどまんなかで遊説を行うことにした。夏の黄昏のなか、弾丸列車ナンバー1はエンポリアの野球場の端にとまった。彼の最もうるさい敵、ウィリアム・アレン・ホワイト率いるエンポリア・ガゼット紙の本拠地だ。

素晴らしい夜だった。八月末といえば息苦しい季節であるが、この夜ばかりは楽に息ができた。蚊を集めぬように、野球場は照明を消している。近くの屋外ローラースケート場から、スケートの転がる音と笑い声がきこえてくる。ブリンクリーを待つ群衆は——支援者よりも見物人のほうが多かったが、満足できる数が集まった。そのあいだを、ポップコーン、ピーナツ、アイスクリームの売り子たちが縫うように進んでいく。

で、彼はどこだ？

ロイ・フォークナー、ブルース・オーケストラをはじめ、すべての前座が登場しては舞台を下りた。ここで手持ちのスポットライトが点灯して、思わせぶりな光のなかに偉大なる医師が浮かび上がるはずだった。時間が過ぎる。夜はしんしんと更けていく。群衆が顔を上げ、頭を巡らせて月をさがす。

すると、きこえてきた。この場に居合わせたある人間の言葉を借りるなら、「妙な声が闇を切り裂いた」のである。

「ミスター・ホワイトとカンザスシティ・スター紙がこれからもわたしを徹底的に攻撃してくれるよう望む。そうすれば、来る十一月に、少なくとも五十万票をわたしが得ることになるのだから！」声はそう叫んでいた。

これはブリンクリーなのか？　聴衆はささやきながら、声の主を探してあたりに目を走らせる。

「米国医師会によって出力五千ワットの局から追い出されたわたしは、メキシコでカムバックを果たした！」声は続く。「連中はいつまでもドクター・ブリンクリーをラジオ放送から閉め出すことはできない。なぜなら陸で放送ができないとなったら、ドクター・ブリンクリーは船を買い、船上に五十万ワットで出力できる放送局を建設し、十二マイルを超えた国際水域に出て放送する！　そうして、いくらでもしゃべってやるのだから！」

ここでの演説は最後まで声だけで行った。彼を敵地に乗りこませた、いたずらっ子のような豪胆は、土壇場になって、いつ撃たれるかしれない恐怖に取って代わられたらしい。結局のところ不屈のメッセージは初めから終わりまで、防弾チョッキの陰から聴衆に届けられた（彼は幽霊のように来ては帰っていき、握手はもちろん、一般人との身体接触を完全に避けた。謎の男というしかない！）。こういう遊説をブリンクリーは、もうほかのどこでもやらなかった。

妙なことに、これがウィリアム・アレン・ホワイトを刺激した。とはいえ、ブリンクリーは、いつでも彼を多少なりとも苛立たせる存在であったのだが。「選挙の後、みなさんは頭を下げるつもりでしょうか」とホワイトは読者に向かって熱弁を振るった。「米国の、知性を持つ愛国者たちが、この屈辱的な事態を避けるだけの分別も勇気も持っていなかったと、恥じ入って頭を下げることになっていいのでしょうか？　カンザスの住民がほかの州の通りを歩いていて、ヤギの鳴き真似《メエメエ》などと揶揄されることになってもいいのでしょうか？　われわれは、カンザスを救わねばなりません！」

幸いにも、ブリンクリーの敵である理性的な勢力、あるいは正攻法で選挙運動をする候補は、慎重であったことが功を奏した。探偵たち（雇ったのはウッドリングかランドンかはっきりしない）はブリンクリーのかつての相棒、ジェイムズ・クローフォードがミズーリ州カンザスシティで車の販売員をしているのを見つけた。そうして、月に二百五十ドルの報酬でブリンクリーの遊説地へついていって、毎回彼の後で演説をしないかと持ち掛けた。つまり、二匹目の犬のように、木にマーキングをしてなわばりを主張しろというのだ。クローフォードはこれを断った。じつは二年前に一度、フィッシュベインの弁護士に雇われた私立探偵に騙されたと、彼はいった。そのときクローフォードは、ホテルに武装強盗を働いた罪で服役中だった。ちょうどブリンクリーがフィッシュベインへの告訴を取り下げる前のことだ。もしブリンクリーにとって不利な情報をこちらに提供すれば釈放すると、そのマッコイという探偵は約束したので、情報を渡したものの、キャンディと箱入りの葉巻が届いただけだったと。だからもう米国医師会を手助けするのはやめたのだと、クローフォードはいった。

しかしながらサリー・ワイクは元夫の選挙戦を邪魔しようと精力的に動いて、インタビューに対して痛烈に答えていった。「子どもたちもわたしも、ささやかな車が一台あれば、ずいぶん助かったと思うんです。ところが援助を頼んでも、あの人はノーの一点張りで……」サリーを支援して動いているのは、『ピンク・ラグ』という名のゴシップ誌で、その編集方針は社説で次のような文章を載せていることから自《おの》ずと明らかである。すなわち「ブリンクリーは、下水管も吐き出すような臭い経歴を持っている」というのである。ブリンクリーは私立探偵を雇ってサリーを数週間尾行させたものの、これといった収穫はなかった。

その一方で、ノーマン・ベイカーがブリンクリーに大迷惑をかけていた。ブリンクリーの真似をしてメキシコの国境沿いにラジオ局を設立した彼は、相変わらず詐欺王の王座を狙ってもがき、アイオワ州の知事に立候補していた。勝ち目はまったくなかったが（最終的にわずか五千票を獲得しただけだった）、防弾ガラスを窓に入れたラベンダー色のロードスターで州内を遊説してまわったことで、大衆の目には、このふたりが同列であると印象づけることになり、結果的にブリンクリーを苦しめることができたのだった。

しかし最悪のダメージは、予期せぬところから持ち上がった。初めこそ「どこにでもいる化学教授のように、てんで冴えない」とあざ笑われていた、眼鏡が特徴のアルフ・ランドンであるが、選挙戦が進むにつれて、この人物でいいのではないかと、選挙民の態度が変わってきたのである。おそらく、極端な時代に、極端なリーダーを据えるのは賢明ではないかもしれないと、そう考えたのだろう。この流れにうまく乗ってランドンは、わたしは有権者にとっての温湿布であり、みなさんを穏やかに包みたいのですと、自分をアピールした。

彼は知事の椅子にすわらせるのに危険な男ではない……労働者はランドンが知事になることを警戒する必要はない……詐欺や無責任な政策は、ランドンが知事である限り、州庁舎には居場所がない。

ブリンクリーは三万票以上の差で敗れた。その親しみやすい話術をもってしても、絶望的な状況に置かれた農民の信頼を得ることはできなかった。彼らをどのように助けるか、具体的な策を示さなかったからだ。サリーもまた、女性票に打撃を与えた。さらに大統領選挙の年だったこともあって「主要政党の持つゆるぎない信頼性」が選挙の結果に大きな影響を与えたと考える者もいた。荒涼たる気持ちで、ブリンクリーは人間と神に対して怒りをぶちまけた。この黒々とした絶望に、ロサンゼルスの「神の科学と哲学の学校」の校長、アルマ・グラニングがブリンクリーに苦言を呈した。「『来世』など、すべて戯言だという結論に飛びついてはなりません！　そういう風に思ってしまうのは、あなたの知性のせいではありません。土星の抑圧的な影響が、あなたにそう感じさせているだけなのです」

クリスマスイブに、ブリンクリーは自分を慰めてくれる最愛の人にまた頼ることになった。「わたしの愛するきみへ」と、次のような手紙を書いたのである。

きみは気づいているだろうか。あと七か月で、わたしたちがいっしょになって二十年になるということを？……ひと目会ったそのときから、きみを愛してしまった……。わたしたちの未来に何が待っているのか、まったく予測がつかない……。個人的には、自分がかかわっているあらゆる事業から手を引いて、すべての混乱から解放されて、人生をもう一度いちからやり直したいと思っている。しかしながら、多くの義務や責任を抱えてしまったいま、現実的にそれは無理だ……。

わたしが、きみと子どもをどれだけ愛しているか、きみに知っておいてもらいたい。仕事においても、自己の成長においても、わたしが為すべてのことは、きみと子どもがより良い人生を送るためなのだ。一九三二年のクリスマスが近づいたいま、きみと息子に、わたしがどれだけ愛しているか、どうしても伝えたかった。きみはこの思いを余すことなく受けとめてくれると信じている。

J・R・ブリンクリー医師から愛をこめて

37

一九三〇年代初頭には、腺移植と宣伝という当時の二大関心事が国際舞台の最高レベルにまで浸透していた。それを如実に示すのが、同じ時期にドイツの最も新しい政党が画策していた陰謀である……。

ベルリンからニューヨークにもどったハースト*の外国特派員カール・フォン・ヴァイガントは、広報の魔術師エドワード・L・バーネイズと会食した。その席で、ヴァイガントはヒトラーの腹心のひとり、ヨーゼフ・ゲッベルスについて語った。がに股で、小柄なその男は、われわれが想像する完璧なナチスのイメージとは異なるが、それでも女性たちを魅了し、「バーベルスベルク〔ブランデンブルク州の州都ポツダム最大の地区〕の雄ヤギ」と彼を呼ぶ者もいるという。問題はゲッベルスが広大なプロパガンダ図書館にヴァイガントを案内した際、反ユダヤ思想を広める礎として、自分はバーネイズの著書『世論の結晶化』をつかっているといったことだった。

「これはショックだった」とバーネイズは後に書いている。

ショックというのは後知恵だろう。その後ナチスがどんな行動に出るのか、その時点では知らないわけだから、ただ驚いたのだ。CBS、ジェネラル・エレクトリック、アメリカン・タバコ・カンパニー、ドッジ・モーターズなどのクライアントを相手に「そうとは気づかれずに」大衆を操る方法を教えていたのに、そういったクライアントの末席にじつはナチスもいて、黙って話をきいていたと、そういわれたようなものである。「人心掌握の道具としての宣伝」、すなわちシンボルを活用して、いかに報道機関の目を欺くかといったテーマは、第三帝国の「プロパガンダの天才《マハトマ・プロパガンディ》」であるゲッベルスの大好物であって、「大嘘」を推進するための原動力なのだった。ベストセラー作家のブルース・バートンのように、ゲッベルスもまたイエス・キリストを一流のセールスマンになぞらえるのが好きだった。「伝道者《プロパガンディスト》は、魂について最もよく知らなければならない」とナチスはいった。

しかし第三帝国が独自の目的のために利用したのはバーネイズの著作だけではなかった。あるロシア人の研究成果もまた、彼らの興味を引いてしまうのは避けられないことだった。

「自身の子どもを若返り手術のために差しだす母親はおそらく、強力な新人類を生み出す創始者と

＊ ハースト・コミュニケーションズ。ウィリアム・ランドルフ・ハーストがサンフランシスコ・エグザミナー紙を買収したことにより設立。

なるでしょう……天才の素質を授かった子どもをわたしに与えてくれれば、新たに超人類を生み出して みせましょう」

ドクター・セルジュ・ヴォロノフは一九二〇年代後半にそういった。権力を握ったとき、ナチスはそれを思い出したのである。ミュンヘンでヒトラーが、「老化の氷河期」からの脱出を宣言し、それには、「(その)精神的復興と足並みをそろえて、第三帝国の肉体的な若返り」が必要だといいはなったとき、彼はただ新しい体育館の必要性を訴えていたのではない。

若返りについて、ナチスは独自の発想を議論にかけたのである。そのひとつが、(自然発生的な北欧型よりも優れた)超人種をつくりだすための、本人の承諾なしに進めることのできる整形手術プログラムである。これは、兵士の肉体が「最大能力を発揮できるように」改造する権限を国家に与えるもので、「必要なら本人の意志を無視してもかまわない」。ヴォロノフの研究については、ナチスがどこまで深く調べたかは不明だが――サルの身体部位をつかって超人種を生み出すという考えは、組織のなかで認知的不協和を引き起こすだろう――その理論も俎上には載せている。しかしシュタイナッハの精管結紮メソッドは一蹴。ヒトラーは一九三三年に彼の研究所を破壊している。理由のひとつは、彼がユダヤ人であることと、「女性的で受動的」な男性に、異性愛者の精巣を移植することで同性愛を「治療」しようとしたためだった。同性愛者は「治療」するより、殺害するのをヒトラーは好んだのである。

いずれにしろ、ドイツの科学者たちが性腺移植に未来はないことに気づくのにそれほど時間はかからなかった。しかし、若返りの熱狂に取り憑かれてしまったのは事実で、これ以降独自に研究を進めていく。すべてが実を結んだわけではない。カイザー・ヴィルヘルム研究所のある教授は、石炭を食べることで人間は若返るなどと、まだなんの実証もしないうちに発表してしまう過失を犯している。しかしそれからまもなく、ドイツの研究者たちは、まだ全体に靄がかかってはいるものの、部分的にははっきり見える新たな地平を見いだした。一九三三年秋、ニューヨーク・タイムズ紙はナチスが若さを瓶に詰めようと努力していることを覗わせる、興味深い事実を報じた。

「ドイツの研究所が毒ガス製造疑惑を否定」

ベルリン、十月二十四日。シェリング・カールバウム社は「ドイツの秘密の兵器庫」のひとつであって、そこで毒ガスが製造されていると、イギリスをはじめとする各国の新聞や雑誌が非難している。その事実を否定するため、同社は本日外国のプレス記者たちを招いて研究所と工場の見学を開催した……。

あくまで素人の見解ではあるが、見たところ毒ガスの製造はなかった。しかし、シュタイナッハとヴォロノフの若返り手段に代わるものを製造しようと、同社は何百万マルクもの資金を投じて男性ホルモン（テストステロン）を分離する実験をしていた。これを投与することで男性の活力と闘志を回復または増進できるらしい。被験者には、ベルリンの警察官をつかっていた。

動物実験と臨床実験ではすでに良好な結果が出ていて、純粋な若返り薬というものはまだ生み出されていないが、健康全般の回復に寄与するものはできているという……。

デル・リオにいるジョン・ブリンクリーは、すでに憂鬱から抜け出ていた。ナチスによって精神を鼓舞されたのではなく――それはもっと後になってから――金への渇望と発明への情熱が、彼を長くは見捨てていないのだった。

一九三二年にもらった酸っぱいレモンで、彼は甘いレモネードをつくっていた。録音した演説を宣伝カーで流すというアイディアを、ここに至って音楽ビジネスに活用したのだ。XER局では、スタジオの生演奏に混じって、プレストの転写カッター*で彫られた十六インチのレコードによる「録音ライブ」が流されるようになった。最初ブリンクリーは、ミュージシャンたちが朝遅くまで寝ていられるよう、早朝にこの録音ライブを放送していた。しかし、「電気転写」には、音楽と話し言葉の両方において、もっと幅広い使い道があることがたちまち明らかになる。そこで登場したのが、あらかじめ録音されたコマーシャルを流すという手法だ。これがブリンクリーを危機一髪で救った。というのも、ちょうど同じ時期に国会は、彼をターゲットに据えた法律を可決したのである。ブリンクリーはまだラジオ番組のいくつかをミルフォードから放送しており、その際に国際電話をつかってメキシコの送信機に自分の声を飛ばしていた。新しい法律には「ブリンクリー条項」というのがあって、そういう放送のやり方を禁じたのである。それに対するブリンクリーの返答が、自分の声をレコードにぶちこんで国境の向こうへ送るというもの。ネズミのほうが、ネコより一枚上手だった。

音の転写という技術はまた、詐欺師にとって商売を広げるのに格好の手段だった。ブリンクリーはいち早くそれに飛びついた。地元で人気のアーティストを多数活用したブリンクリーだが、なかでも最も人気を集めたのは「メキシコのサヨナキドリ」の異名で愛されたローザ・ドミンゲスだった。しかし残念ながら「国境のヒバリ」と呼ばれたリディア・メンドーサのほうがもっと人気で、こちらはライバル局の看板スターである。ある日そのメンドーサがブリンクリーの局でも歌いだした。XER局で歌を歌い、アナウンサーとおしゃべりをして……。

「放送中、わたしがスタジオで歌っているものと、リスナーにそう思わせていた」と、国境のヒバリが後に書いている。「リディア・メンドーサ、今日はなんの曲を歌ってくれるんですか？……とかなんとかいって、わたしになりすました別人がそれに答える。実際にわたしがスタジオにいるような芝居をしていたの」メンドーサは弁護士を雇い、やめなければ訴訟を起こすとブリンクリーを脅した。ブリンクリーはやめたが、それでも彼女の「サイン入り写真」を一枚一ドルで売り続けた。

夏の終わりになると、ブリンクリーはとっちらかったビジネスをひとつにまとめることにした。カンザスでの医療行為が禁止され、知事選でも二度敗北を喫すると、カンザスにあった病院を閉鎖し、デル・リオのロズウェル・ホテルの三階に新しい病院を開設することにした。一九三三年十月七日、これを最後にブリンクリーとミニーはミルフォードを離れた。現代版幌馬車部隊よろしく、先頭を行くブリンクリーの後に、ラジオと病院のスタッフ総勢三十名がそれぞれの家族を引き連れ

＊ 金属ディスクの柔らかいラッカー表面にオーディオ波形を彫刻する機器。

て続く。人間ばかりでなく、あらゆる家具や機器、天井照明や壁面照明まで、解体作業がはじまる前に、取り外せるものはひとつ残らず持って行った。後に残ったのはゴミの山だけだった。

ブリンクリーを迎えるデル・リオの歓迎ぶりはすさまじく、膝を抱きしめんばかりに喜んだ。XER局からも甘い汁を吸えたが、それとは比較にならない膨大な富が新しい病院の設立によってもたらされる。週に二万ドルの給与が地域経済を潤すのを手はじめに、次から次へ流れこんでくる患者たちが観光客となり、新生なった「ドル・リオ」は、もうどうしていいかわからずに、うれしい悲鳴をあげるのだった。日が落ちると、地元の人たちはライブ演奏に合わせて公園で踊る。〈マ・クロスビー・カフェ〉はいつでも大混雑。橋の向こうの赤線地区であるボーイズ・タウンも、新しい睾丸の威力を試したい男たちのおかげで大幅に整備が進んだ。「(ブリンクリーは)ラジオパーソナリティとして強力な磁力を持っており、それを自信、信頼、安心といったものに変えて流すことでリスナーたちを魅了するのです」と、あるアメリカの外交官は不本意ながら、コーデル・ハル国務長官に手紙で教えている。「町には彼に対する熱狂がすさまじい勢いで広がって、あらゆる人間が楽しんでいて、仏頂面をしているのは医師たちだけです」

地元にもっと商売を呼びこもうと、ブリンクリーは地域の魅力をラジオで喧伝した。自動車のあいだを縫うようにしてロバが歩く長閑《のどか》な風土を褒め、サン・フェリペ・スプリングスにある自然の泉がどれだけ健康にいいか、「地中海の波にキスをして金色の炎に変える」テキサスの夕日がどれだけ美しいか、言葉を尽くして語った。町の北には牧場があってヤギを飼育している。それはもう運命だった。「ここは夏が冬を過ごす場所です。どうぞみなさんおいでください」とブリンクリーはいう。これはおそらくアリゾナ商工会議所のフレーズを借用したものだろう。そのあいだ、ミルフォードとサリー・ワイクは、多くの点で意気投合していた。

「苦虫を噛みつぶすミルフォード」

カンザスの町がブリンクリーに激怒して踵《きびす》を返した
彼の看板は黄色いペンキで汚され、
建物からは名前が削りとられた。
すべて住民の意思の表明である。
——一九三三年十二月七日、地元紙の見出し

ブリンクリー軍団はひとり残らずこの町から去ったわけではなかった。長年ブリンクリーに信頼されていたふたりの部下、オーウェンズビー博士とドラグー博士は居残ることに決めて、ボスの出発直前に、こっそり彼の顧客リストを写していた。そうしていま、ブリンクリーがやっていたのとそっくり同じことを、自分たちではじめたのである。そういうことにならないようにと、ブリンクリーは建物をすべて破壊してから出発したのだが、彼らは近所にクリニックを建てて、独自に開業してしまった。

それを知ったブリンクリーは、盗まれたリストに名前が載っている顧客宛てに全部で一万五千通

のダイレクトメールを送って、苦しい心のうちを切々と訴えた。自分とミニーは「ここ、テキサスのデル・リオにおります……ここにわたしたちは骨を埋める覚悟でおり、その後に引っ越すのは、誰もそこからもどったことのない、最後の休息所となるでしょう。

人類の苦しみをどうにかして和らげることができないものかと、思い切ったことを考えて実行に移したために、わたしたち夫婦は多くの虐待を受け、ほぼすべてを失いました。そんなふたりに、あなたがもし同情してくださるのなら、わたしたちの信頼を裏切った者たちではなく、このドクター・ブリンクリーと、ミセス・ブリンクリーを支援してくださるものと信じております」

38

ブリンクリーをカンザスから追い出すというフィッシュベインの治療が、病気をさらに悪化させたと考える人が、いまではかなりの数にのぼった。XER局が好き放題をやり、その真似をして国境沿いに同じような局が続々と建った現状を見れば、そう考えるのも当然だった。フィッシュベイン本人も、机の上に積み重なる苦情や訴えの手紙の山を見れば、そんなことはないなどと反論できなかった。

「あの手術を受けても、まったく安心感は得られませんでした……ドクター・ブリンクリーとその仲間たちは詐欺師であり、これだけ大きな詐欺師の集団はこれまで見たことがありません」

「あの男が偽医者である事実を、ほかの男性諸君も知るべきだと思って、この手紙を書いています……」

「わたしはJ・R・ブリンクリー医師の犠牲になったひとりで、六百ドルもの大金を失いました……」

しかしブリンクリーが国境の向こうの安全な地に腰を落ち着けてしまえば、フィッシュベインとしては手出しをすることもできず、鍵のかかった檻のなかで行ったり来たりを繰り返す犬に変わりない。米国医師会の機関誌JAMAに記事を書いて攻撃を仕掛ければ、復讐に燃える怪しい《フィッシー》・フィッシュベインの人心を惑わす術に、どうぞみなさんはひっかからないようにとブリンクリーがリスナーに警告し、そのあとで、どんなはした金であろうとつかめるだけつかもうと、隅々まで手をのばす。「みなさんが、お金に困っているのはわかっています。われわれも同じです。もしあなたが農地や都会の地所、株券、債券、あるいは将来価値が出る資産などをお持ちでありながら、それをすぐに現金化することができず、病気や何かでお困りの場合、何をお持ちでいらっしゃるのか、手紙に書いて知らせてください。わたしのほうで力になれるかもしれません」

アメリカの放送ネットワーク（NBC局とCBS局）と国務省には、フィッシュベインと同じ志を持つ人間がまだいて、国境沿いに建ち並ぶ放送局を何としても潰したいと躍起になっていた。それでとうとう、もっと公平に放送帯域を割り当てようじゃないかと、アメリカの外交官たちがメキシコに話を持ちかけ、一九三三年七月に北米ラジオ会議の開催が決まった。これがブリンクリーの首を締め上げるための集まりであることは、誰の目にも明らかである。ブリンクリーは自らの利益を守るために、十六人の弁護士と広報工作員たちを送りこんだ。

このブリンクリー代表団をチャールズ・カーティス自らが率いた。フィッシュベインの手下が「物陰に潜んでいた」と伝えられるなか、元副大統領はブリンクリーをこの半球で最も偉大な医師と賞賛し、ヤギを活用したブリンクリーの仕事は世を驚かす偉業であったと宣言。「もし(トーマス・)スターリング上院議員(サウスダコタ州)をはじめ、すでに鬼籍に入った二、三人が、J・R・ブリンクリー医師の病院で治療を受けていたら、いまもまだ存命だっただろう」とまでいい放った。アメリカがメキシコに満足な餌を与えられないなか、この発言の破壊力はそうとうなもので、会議は崩壊し、ブリンクリーの王座は無傷で残った。

しかしそれからも王座はつねに危険にさらされた。一九三四年初め、移り気なメキシコは再び心変わりして、XER局を閉鎖すると発表。アメリカからの絶え間ない圧力も一因だったが、決定の一番の原動力はメキシコ国内にあった。というのも、ブリンクリーの支配がはじまって以来、メキシコはずっと後悔の念に胸をチクチクと刺されていたのだった。果たして彼の存在はメキシコにとって汚点なのか名誉なのか。それを決めかねて、国土全体に始終苛立ちが広がっていた。ひとたび大統領が彼の局を閉鎖すると決めると、ミニーが土壇場で現金の詰まった鞄を持ってやってきても、もう決定を覆すことはできなかった。

この結果に、またもやフィッシュベインが活気づいた。

一九三四年二月二十四日、放送局の応酬のために兵士たちがビジャ・アクーニャに到着。ある報告によると、「連邦軍と、医師に忠誠を誓う地元市民とのあいだで、危うく戦闘が勃発しそうだった」という。ビジャ・アクーニャの警察は、ブリンクリーに買ってもらったお気に入りの制服を身につけて、抵抗する気満々だった。しかし、これにブリンクリーが介入して、またもや感動的な芝居を打つ。流血を避けるために、ここはひとつ自分が涙を呑んで、一時的に局を犠牲にしましょうと、そういったのである。「わたしはメキシコ政府とのあいだで友好的な解決を望んでいます」と、翌日ラジオのリスナーたちに語った。「世界最大かつ最も強力な放送局を閉鎖するわけで、メキシコの方々には大変なご迷惑をおかけすることになるでしょう……しかし、わたしは必ずもどってまいります。わたしの親愛なる友のもとへ」

即座にメキシコ政府を契約違反で訴えたブリンクリーは、それからすぐにリオグランデの北と南に点々と建つ他局を通じて再び放送を開始。一九三四年二月から一九三五年十一月まで、コロラド州、カンザス州、ミズーリ州から、電話回線と録音を使って昼夜放送を続けた。それと併せて国境沿いのピエドラス・ネグラスにある小さな放送局XEPNを買収し、それを拡大成長させつつ、レイノサにあるXEAW局も取得した。当局はもうついていけなかった。

大量に送りつけるダイレクトメールも、これまで以上に手がこんで、攻撃力を高めていった。うっかりそれに返信してしまうと、即座に見こみ客リストに入れられてしまい、それから第二信、三信が続々と届く。三信ぐらいまでは、穏やかな筆致なのだが、それから……。

第四信

わたしを笑いものにしているのですか？

もっと詳しい資料が欲しいというリクエストをいただきましたので、お客様はきっと、わたしに会いにここへ来てくださるのだと思い、こちらはそれに喜んで応じました。

ところが、いまもって予約をいただいておりません。ひょっとして、わたしはあなたに「からかわれた」だけなのかと……そんなふうに思いはじめています。もしこちらへいらっしゃるおつもりがないのでしたら、はっきりそういってください。そうすればこちらも気が収まります。

正直こそ、最善の策です。

第五信

あなたはいったい、どういう人間なのです？

わたしたちの提供するサービスについて、情報が欲しいとおっしゃったので、こちらはそれをお送りしました……資料を同梱して、あなたにお手紙も書きました……それなのに返事ひとつ寄越さない。

第六信
これが最後通告……これ以上はこちらも待てない。
このチャンスはもう二度と訪れない。

自宅の郵便ポストから手紙を出して、家にもどりながら封をあけてみると、またもや催促の手紙であった。しかも家に入れば、その手紙を書いた当の本人がラジオを通じて話しかけてくる。筆と舌、ふたつながらを駆使する、まさに二刀流である。

「性的な活力が回復すると、人生に対する見方が百八十度変わります。生きることはなんと素晴らしいのかと、また思えてくるのです。しかし、性的活力を失った男性は、去勢されたも同然で、声はひび割れ、髭は消え、腰は丸みを帯び、乳房が大きくなって……」

しかしこういった販促システムも完璧ではなかった。E・E・クーパーがブリンクリーの病院で血中毒で死亡した後、彼の自宅に病院見学の招待状が届いたのである。遺された妻が激怒して大騒ぎを起こしたのも当然だ。

二十か月後、メキシコの最高裁判所は、政府がブリンクリーとの契約を破り、違法に彼の局を押収したと判断。新たにＸＥＲＡと命名された彼の放送局は、一九三四年十二月一日に放送を再開し、ブリンクリーは有利な立場を奪回したのだった。

「わたしの親愛なる友人たち、患者さんたち、わたしのために嘆願活動に身を投じてくれた方々。

昨日から続々と届いている、みなさんからのお手紙が、いまわたしの目の前に数百通もあります。これは、無実の者の身にふりかかる痛み、悲しみ、不幸に対して、みなさんが同情してくださっている証しであって、わたしの胸はいま、感動に打ち震えております」

でっぷり太って生え際が後退したいま、「アメリカで最も学識のある医師」として、ブリンクリーは大恐慌の最悪の年に一千二百万ドルを稼ぎ出した。一般開業医の年収が三千ドルから三千五百ドル、専門医が七千ドル未満という時代にである。五つの州にまたがる二十の銀行口座に現金を分散し、木材、柑橘類の果樹園、不動産に投資した。これには、彼の少年時代の家の近くにある、ノースカロライナの七千エーカーの土地もふくまれている。これらの資産のほぼすべてが、ヤギの性腺移植とは関係ない商売で得たものだった。

デル・リオに移ってまもなく、ブリンクリーは驚くべき発表をする。ヤギの性腺移植はやめようと思っていると、そういうのだ。性的活力を高める新しい手術を考案したといい、それは「精巣上体と腺そのものとの関係を変える」もっとシンプルな処置らしい。これが何を意味するのか、いったい性腺移植とどう違うのか、よくわからない。しかしブリンクリーはいう。「結果は驚異的であって、ここ、テキサスのデル・リオで手術した約七百人の患者とほぼ毎週連絡を取り続けているが、率直なところ百パーセントの結果を出しているといえる」

この新しい技術をブリンクリーは、珍しく競争相手に敬意を表して「シュタイナッハ・ナンバー2」と名づけた。実際のところブリンクリーの新案は標準的な精管結紮にマーキュロクロームをひと吹き加えるというだけで、これにより手術後数日間は、患者の尿に色がつく。それが科学がまた

アメリカ当局の手が届かないメキシコに、ブリンクリーは「ボーダーブラスター(国境破りの電波砲)」XERA局を設立。100万ワットという出力は、当時世界最強だった。ホワイトヘッド記念博物館提供

一歩前進した、目に見える証拠だという。手術の効果はどのぐらい続くのかと問われると、ミセス・ブリンクリーはこう辛辣に答えた。「最後の審判の日に天使ガブリエルがラッパを吹くときまで続きます。その時点で効果をとめるには、あなたの頭を金槌で叩かなければなりません」もちろん、患者がそれだけの費用をまかなえるほど裕福であって、どうしてもそっちがいいといってきたときには、ブリンクリーがどこかからヤギを引っ張ってくる。ヒューイ・ロング〔一九三五年に暗殺されたルイジアナの政治家〕はデル・リオでヤギの性腺移植を受ける予約をしていたが、手術を受ける前に暗殺されたと伝えられている。

しかしながら、いまやブリンクリーの一番のお気に入りは、男性の美しいボトルネック、前立腺であって、見こみ客に送りつけるダイレクトメールの巻頭を飾るのはつねにこれであった。四十歳を超えるアメリカ人男性は少なくとも三千六百万人いて、若返りなどばかげていると考える人間でも、男性である限り、この頑固で解消しがたい前立腺に関する悩みとは向き合わねばならない。「あなたの前立腺は感染症にかかり、病んでいる。そう自覚しているのですよね……だったら、身もだえして苦しんでいないで……わずかな費用で、わたしの簡単な治療を受けたらいかがでしょう。生涯保証のついた素晴らしい治療プランです。すぐにブリンクリー病院にいらしてください。手遅れになって一生後悔するはめになる前に」

ブリンクリーは若い男性をも顧客ターゲットに据えた。とりわけ、あまりにも軽率に「エロスの祭壇に身を捧げ」てきた男性は急いでうちの病院に来て、検査を受けなさいと勧める。そしてここでも、具体的にどのような検査や治療が行われるのかはベールに包まれている。「ミセス・ブリンクリーでさえ知らない」とブリンクリーはいう。しかし、この技術こそ、わたしの名前を「この世代の偉大なる著名人たちのなかで、ひときわ輝かせ」、それと同時に、青色の電球（「腹部の脳を刺激する！」）をつかう前立腺温熱器や、その名前が暗示するとおりに恐ろしいレクトロ・ローター〔腸の回転機〕などの偽物を粉砕するだろうという。

ブリンクリーの前立腺を柔らかくする治療は、三つのバリエーションで提供された。貧乏人向け（百五十ドル）、一般人向け（七百五十ドル）、ビジネスマン向け（千ドル）。最後のものは「最高の自動車、最高の家、最高の馬、最高のダイヤモンド、最高の芸術作品」の所有者に推奨され、ドクター・ブリンクリーの生み出した技術のなかでも、「ジブラルタルの岩〔非常に強固で動じない信頼できるもの〕」といえる「包括的技術」を提供する。患者には、手術後、帰宅してから順番に注入するための「処方薬千二十番」の小瓶六本が与えられ、この代価として、追加で百ドルが請求される。

「ほかにみなさんは、何をお望みかな？」

テキサス州サンフアンにもうひとつ病院を開設するのはどうだろう。こっちの病院は「女性と男性の直腸の病気」を専門とする。そして、女性のみなさん、その病院にいるあいだに「性的活力が衰えていると感じていれば、わたしたちの提供するエストロゲンをぜひお試しください……きっと全身に精力がみなぎってくるでしょう」

「デル・リオは前立腺、サンフアンは大腸、そう覚えておきましょう！」

かくして丸太小屋で育った少年は、長じて医療界に一大帝国を築くことになったのである。と、そういう話はすべて、一九三〇年代半ばに発刊されたハードカバーの本に書かれている。食い詰めていた詩人クレメント・ウッドをブリンクリーが雇い、ふたりが力を合わせた結果、『ある男の一生』という伝記が生まれた。この本の主軸は誰でも予想がつくとおり、次のようなものだった。「……イエス・キリストを十字架にかけ、ステファノを石打ちにし、パウロを狂人扱いし、ルターを犯罪者として裁き、ガリレオを拷問し、コロンブスを鎖で縛り、ダンテを追放の地獄に追いやった、そういうものと同じ手合いの批判のさなかにジョン・R・ブリンクリー医師もいたのだった」そして、「米国医師会の硬直した勝手な倫理で縛ることのできなかった」この男を讃える感動的な賛歌のなかで、一九三〇年に彼の免許を取り消したカンザス州医療委員会のメンバーたちが、その後たどった数奇な運命も語られている。

ジェンキンス博士は……列車によって瞬時に殺され、恐ろしいバラバラ死体となった。またヒッセム博士は、ウィチタの著名な外科医である息子がセメントの橋に自動車をぶつけて死んだ事故に強いショックを受け、その痛手が原因で亡くなったといわれている。またロス博士は、ブリンクリーの免許が取り消された直後に妻を失った。妻の死を嘆き悲しむあまり、精神に変調を来したのか、あるいはブリンクリーを不当に扱った罰なのか、このロス博士が妻の衣服を身につけて歩きまわっているのを近所の人が見つけ、面倒を見なければいけなかったという話も伝わっている……。

こういう状況をブリンクリーが密かに楽しんでいると思ってはいけない。さまざまな顔を持つ彼ではあるが、その本質は考える人であり、神が正しい裁きをすると信じる敬虔な信者なのである……ゆえに、（彼は）不思議な満足を覚えながら、ひとつの真実に気づいたのである。いかなる個人、集団、組織であろうと、自分に攻撃を仕掛けてきた者たちには必ず災難が振りかかるのだと。

同じ時期、ブリンクリーは全国の映画館を巡る広報映画を制作した。ロバート・ベンチリー〔米国のユーモア作家・劇評家・映画俳優〕の短編映画のように、これもブリンクリーが机の前にすわっているシーンから幕をあける。

「テキサス、カンザス、そして全国のみなさん、こんにちは。ドクター・ブリンクリーがテキサスのデル・リオにある美しい自宅からお話ししています。ここは夏が冬を過ごす町です」

それから数分間にわたって、素朴な話題のなかに理解不能な言葉を交えて、ブリンクリー特有の「百万ドルの話術」が披露される。それからふいに驚いた口調で、「おや、誰が来たのかな」とわざとらしい演技をしたところへ、ミニーが近づいてきて夫の頬にキスをし、カメラに向かってこういう。「先生のいうことをちゃんときいたほうがいいわよ。でないと、いまより悪くなってしまうから……あ、ごめんなさい、これからキッチンでサンデーディナーの用意をしないと」そういい残して去っていく妻の背中を見つめながら、ブリンクリーは視聴者に向かっていう。「みなさん、ミニーのいうことは信じていいですよ。何しろ、たったいま聖餐式〔パンとぶどう酒をキリストの体と血として受け取ることを通じて信仰を確認する儀式〕からもどってきたばかりなんですから」

39

「もし地獄とテキサスがわたしの私有地だったら、自分は地獄に住んで、テキサスを人に貸し出すだろう」北軍の将軍フィリップ・シェリダンはかつてそういった。その理由は気候だけに限らないかもしれないが、実際六月ともなるとデル・リオは、小さなトウガラシ畑に二匹で入れられたヤギ以上に暑い場所になり、そんなところにブリンクリーのような金持ちが、我慢してじっとしているわけがない。毎年夏になると、ミニーとジョニー・ボーイを連れて、異国に数か月のバカンスに出発するのだった。そのあいだ、家族はほとんど海で過ごす。それというのも、一九三四年の三月に、デトロイトのある新聞が「口八丁手八丁でヤギの臓物を調達する人間がヨットを買った」と報じたように、ブリンクリーはいまやヨットがつかえるからだった。

それもなんと、ドクター・ブリンクリーI号、ドクター・ブリンクリーII号、ドクター・ブリンクリーIII号と、三隻のヨットを続けて購入し、最後の最も大きなものは全長一七二フィートあって、二十一人のクルーを乗せていた。クルーは全員、ドクターの名前が刺繡されたまったく同じシャツを着ており、ドクター自身は、金ボタンと剣が付いた提督の制服を着て、甲板を堂々と歩く。「素晴らしい日々だった」とミニーは当時を振り返っている。「太平洋と大西洋を旅して、太平洋側の中央アメリカや南アメリカへ行った」南太平洋ではウミガメの卵を食べ、悪魔島〔南米のフランス領、流刑地〕を訪れた。それについて後にジョニー・ボーイは学校に提出した日記に「三人の女性を殺した模範囚が、靴や衣服、家具が作られる店を案内してくれた」と書いている。管理人の事務所ではココア、ナッツミルク、パイナップルジュースを出してもらったらしい。「尾でぶら下がっているサルがいて、そのサルはある犯罪者のものだった。その人がパパにサルを売ってくれた」ともジョニーは書いているが、それにくわえて提督は、オウムとマホガニーの杖も持ち帰っている。

夫妻のお気に入りの寄港地ナッソーでは、ウィンザー公爵と公爵夫人（元エドワード八世とウォリス・シンプソン）と親しくなった。メンケンが「イエス・キリストの復活以来、最大のニュース」と評したように、世間を大きく騒がせて結婚したふたりである。ミニーは「午後にカントリークラブへ行って、公爵がポロをしているあいだ、自分は特別席で公爵夫人といっしょにすわっていた」という。ある年には、彼らにブリンクリーが自分のヨットを貸している。

ブリンクリーが何よりも情熱を燃やしたのはスポーツフィッシングで、これがもう掛け値無しに大好きだった。冒険心に飢え、カジキや巨大マグロとの戦いでは、ヘミングウェイとも張り合えただろう。一九三五年の夏には右腕であるオズボーン医師とその妻といっしょに、北大西洋のマグロを釣ろうと、米国東海岸を北上していった。コネティカット沖でハーバード大学とイェール大学のレガッタ競走を楽しんだ後は、カナダに向かって航海を続ける。ところが六月三十日にヨットが座礁してしまう。

ノバスコシア沖の濃霧のなか、ファンディ湾近くの海流に吸い寄せられてしまったのだ。しかし乗組員は全員無事で、船の被害もさほどではなかった。そこで一行は地元の人々に助けを求めようと下船（「自分たちはしがない庶民で気取らないのが取り柄だ。提督の制服を着ていても、驕っているわけじゃない」とブリンクリーは地元民に話をしたらしい）。まもなく民間のモーターボートが手配されて、それでヨットを航路にもどしてもらった。

ハリファックスでは救助費用の支払いを逃れたとして逮捕されたが、その支払いを済ませると、また旅を続けた。

それからは波に持ち上げられ、叩かれながら、何事も起きぬまま広大な海を進んでいく。時間の過ぎるのがやけに長く感じられた。八月八日にはノバスコシアのリバプールに到着し、スクーナー船や小舟の群れのなかに入って錨を下ろした。八月中旬には大量のニシンが集団で海を移動し、それを追って飢えたマグロが集まってきて、青い魚雷さながらに、水面近くまであがってきたかと思うと、さっと方向を変えて姿を消す。ブリンクリーは地元の船乗りを雇って八月十日の夜明け前に出発した。

その日のうちに一匹を釣り上げた。数時間にわたる格闘の末だった。全十五ラウンドを戦った後、疲れ切った魚がようやく船の脇に腹を見せて浮かび上がると、魚鉤で捕らえて船上に引き上げた。重さは六百九十ポンドで、ニューヨーク・タイムズ紙は「今シーズン大西洋で捕獲された最大のもの」と報じた。後にブリンクリーはそれを剝製にして、デル・リオの高校に寄贈する。

じつに見事なトロフィーだったが、その後に釣り上げたもののほうが、もっと凄かった。重さ七百八十八ポンド。西部劇作家ゼイン・グレイが持っていた記録を超え、その時点までに西半球で捕

上図：当代屈指の裕福な偽医者であったブリンクリーは、毎年夏になると妻のミニーを伴って海外クルージングを楽しんだ。ホワイトヘッド記念博物館提供　下図：彼は遠洋釣りの名人でもあった。重さ788ポンドの釣果の隣で愛息のジョニー・ボーイと撮影

獲された最大のマグロであった。

40

しかし、ああ、わたしが再び若返ったら
そして、彼女を腕のなかに抱いていたなら
——ウィリアム・バトラー・イェーツ

マダム・ザッチアニーの若返りを描いた小説『黒い牛』で一世を風靡したあと、ガートルード・アサートンは、詩人ホラティウスの姪の視点から描いた最新作の宣伝をはじめた。サンフランシスコでの講演には、黒のサテンのロングドレスに羽根で縁飾りをつけたピンクのサテンジャケットを合わせ、爪と唇を真っ赤に染め、ブロンドの髪をポンパドールにまとめて登場した。卵巣に放射線を当ててもらったおかげで、ローマのティーンエイジャーの気持ちが手に取るようにわかり、「まるで彼女が自分で書いていると錯覚するかのようなリアルな人物造形が可能になりました」とアサートンはいう。

この発言についてコメントを求められたモリス・フィッシュベインは、彼女のいうメリットは

「心理的な効果が大部分を占める」と、やんわりと反論した。

もう二十年近くも、フィッシュベインと仲間たちは、いったいこの狂乱の祭りはいつになったら終わるのだろうと、ずっと考え続けてきたに違いない。当代最も偉大な詩人という評価にほぼ万人がうなずくであろう、ウィリアム・バトラー・イェーツにしても、六十九歳でシュタイナッハ式の施術を受け、その後「奇妙な第二の思春期」を迎えた気になって、二十七歳の女優と恋愛関係に陥っている。シュタイナッハ本人も、自分の偉業をゆがめて伝えたとして報道陣に牙を剝きつつ、「老化のプロセスは逆行させることができる」と、依然として主張を変えていない。現在オーストリアの二十歳の美女を三番目の妻に迎えているドクター・セルジュ・ヴォロノフは、これまで以上にサルの性腺の力をアピールしているが、依然として決定的なエビデンスに欠けていて、汎用には至っていない。

しかし一九三五年の秋には、科学者がずっと模索していた突破口が見つかった。スイスの化学者レオポルド・ルジッカとドイツのアドルフ・ブーテナントが、それぞれ独自に、男性ホルモンであるテストステロンを分離するのに成功して量産化に乗り出したのである。この功績により、サルとヤギの性腺の活用で知られるようになった若返り理論を科学的に検証する道がひらかれ、ひょっとしたらテストステロンは、そういうものをしのぎさえするかもしれないと『タイム』誌が書いている。ナチスが示唆したように、おそらくテストステロンは失われた時間へ帰ることのできる魔法の鍵なのだろう。それが本当なら、女性にも若返りの道がひらかれるはずだった。手術などしなくても、簡単な注射や丸薬の飲用で若返ることができるようになり、ダイエットのように、「三週間で十五年若返りました！」と自慢する時代が来るかもしれない。

　H・L・メンケンは五十六歳になって年齢による衰えを感じていた。彼が心配しているのは性的能力の減退ではなく、精神力や生きる意欲を失うことだった。偉大なる懐疑論者は、仕事に対する膨大なエネルギーが減っていくのを恐れたのである。

　一九三六年の十二月、彼は例によってさまざまな不調を訴えて、ジョンズ・ホプキンズ病院に入院した。医療記録には「六日間続く喉の奥の掻痒感にくわえ、倦怠感、筋肉痛、非常に軽い発熱」とあり、「診断――急性感染性気管支炎、急性感染性副鼻腔炎、原因不明の急性陰嚢炎（右）」と記されている。入院中には重要な治療がふたつ行われた。まず「右側の陰嚢から嚢胞を取り除く処置」を終える。しかる後に手術室に運ばれていき、あわてず騒がず、あり得ないことにシュタイナッハ式若返りの施術を受けたのである。

41

フランクリン・ローズヴェルト大統領が一九三六年に再選を目指したとき、彼の所属する共和党の対抗馬はカンザス州の知事であった。アルフ・ランドンは、J・R・ブリンクリー医師がかつてそうしたように、襟にヒマワリを付けていた。ひょっとしたら、自分がその座についていたのではと悔しい妄想を巡すブリンクリーにとって、この大統領選挙の時期は、長く残酷な秋だったといえる。

そうはいっても、ブリンクリーはすでに夢を実現していた。クリームブリュレよりも甘く贅沢な財産をすでに築いていたのである。富を得ることにおいて計算高い男が、ようやく手にしたそれを湯水のごとくつかうことは普通なら考えられないが、この頃ブリンクリーは、まるで強迫観念に突き動かされるように、糸目をつけずに膨大な金をつかっていた。

一九二〇年代初頭にニューヨーク市を訪れた際に、ミニーに宝石のネックレス、毛皮のコート、スタッツ・ベアキャット〔一九一〇年代のスポーツカー〕を購入。これが呼び水となって、それからほぼ二十年にわたる浪費生活が続くことになる。その支出額はデル・リオでピークに達した。ブリンクリーはそこで自分用に十二台のキャデラックを購入。しかし車というのは、彼の財産のなかで些末なものに過ぎない。本当に注目すべきは彼がそこに建設した大邸宅であった。リオグランデ近くにミッションスタイル*で建てた大豪邸と庭園は、テキサス州民のあいだでは自己顕示欲の権化と呼ばれ、十六エーカーの広大な面積のなかに、ヴェルサイユ宮殿と、バーナム＆ベイリーのサーカス**が共存しているとの噂だった。

この邸宅の私道はデル・リオで最大の大通りであり、輸入したヤシの木と夜通し燃える五つの球

＊　スペインの伝統的な宣教所に発想を得た建築様式。十九世紀末から二十世紀前半にかけてアメリカ全土で流行した。
＊＊　「地球上で最も偉大なショー」と称して成功を収めたアメリカのサーカス団。

状の照明がついた街灯で縁取られている。これをずっと進んでいくと、ブリンクリーの名前が刻まれた高い鉄の門が見えてくる。鉄格子の向こうには、きれいに刈りそろえられたバミューダ芝の島が見える。「まるでヤマヨモギに覆われた荒れ野のどまんなかに、突如巨大ゴルフ場のフェアウェイが落ちてきたよう」だったと、そこを訪れた人はいう。芝生の草自体が新しい品種であるのに、そこへブリンクリーはさらに睡蓮の浮かぶ噴水池、温室（別名「天国の小さな出張所」）、八千本のバラが咲き乱れる花壇、放し飼い方式の動物園といった、新しい趣向を次々と加えていった。ガラパゴス諸島からくすねてきたカメがセロリを嚙んでいるかと思えば、ペンギンの群れが暑さにまいってふらふらと歩いていたりする。ヤシの木は私道沿い以外にもいろいろな場所に植わっていて、地面に埋めた四百ポンドの氷の塊によって生かされている。水中照明のついたプールと、高さ十フィートの飛びこみ台のまわりに張り巡らされた斑《まだら》のタイルは、ブリンクリーの名前を三回もモザイクで表現している。

夜になると、そこはおとぎの国に早変わり。遠方のあちこちからやってくる訪問者が門前に車をとめて、車内にすわっている。噴水が三十フィートの放物線を描きながら空にあがっていって、十の色に変化するのを楽しむのである。

プールの上空、古典様式の彫像のあいだに、自身の名前をネオンで点滅表示させている男は、こういったものすべてに満足していたものの、ときに予想外の事態が起きてまごつくこともあった。「車が自宅の私道に入ったところで、三百ポンドのカメたちがゆっくりと目の前を歩いていくのをじっと待たなきゃいけないときがあって、そういうとき、あの人は本当にいらいらしていた」とミニーが述懐している。そうしてようやく玄関ドアまでたどり着くと、妻と使用人の一団が戦場から帰還した彼を迎える。廊下にずらりと並べて置かれたイタリア製の鏡が、歩いてくるブリンクリーの姿を順々に映し出していく。ペルシャ絨毯、スイスの大時計、黒檀のゾウ、チェスセット、カララマーブル〔イタリア産の白または青灰色の大理石〕とブロンズでできた彫刻といったものが、十四の部屋にひしめいている。それらはすべて、ブリンクリー家の夏の航海から持ち帰られた華やかな記念品である。ブリンクリーは「ハプスブルク家のように」暮らしていると、ある訪問客がいっているが、そのたとえはブリンクリーの具体的な生活様式をいっているのではなく、そういった豪華な品々がいかにしてこの家に収蔵されることになったのか、その調達方法である。

リビングはブリンクリーがくつろぐ部屋であり、夜になると、チェコスロバキア製のクリスタルのシャンデリアが二千四百平方フィートの宝物を照らし出す。そのなかで最も大きなものは二階建ての高さがある最先端のパイプオルガン（音楽家ではないブリンクリーは、ハリウッドの〈グローマンズ・チャイニーズ・シアター〉のオルガニストを雇って演奏させた）。そのほかの戦利品として、映画スター、ノーマ・タルマッジがかつて所有していたローズウッドのピアノ、六百年前のタペストリー（中国政府から贈られた）、ブリンクリーの名前が彫刻されたクリスタルのカットグラスを詰めた箱、世界中から集めてきた香水のコレクションといったものがある。そして壁には、この屋敷の主の巨大な写真が飾られていた。なかでも最も印象的なものは、高さ四フィートの写真に手彩色を施したもので、釣り上げて新記録となった巨大マグロの横で、提督の制服を着て立つブリンクリーを描いており、タイトルはずばり「マグロとわたし」である。アールデコ様式の大理石の階段が階上へ華麗に続き、二階には鳥眼杢《ちょうがんもく》が美しいサトウカエデ材でつくられた寝室と、赤や深い紫に塗装されたバスルームが円を描くようにずらりと並んでいる。

ブリンクリーはよくこんなことをいった。「ノースカロライナ州ジャクソン郡で貧しく暮らしていた裸足の少年から出発して、よくぞここまで来たものだ」しかし、そんな彼の成り上がりぶりを冷ややかな目で見ている人間が少なくともひとりはいた。彼の家を訪れた、地元デル・リオの住人、ジーナ・ウォーリーは、州外の友人に手紙でこんなことをいっている。「たぶんあの人は自分の専門分野以外では、まったく教育を受けていないと思う。自己顕示欲にまみれるばかりで、趣味のよさがまるで感じられない。虚栄心と野心に蝕まれているのね。彼が考える成功の尺度は、ドルと影響力だけ……世間に向かって、自分がどれだけ凄いのか、ずっと叫び続けていないと気が済まない。手に入れるのが不可能なものを激しく欲しがっている。わたしたちは、こういう人に気をつけなきゃいけないけど、ある意味彼の人生って悲劇よね」

少なくとも二回、ブリンクリーは邸宅の壁面を塗り直している。赤、それからアップルグリーンに。さらに、壁の色とマッチするようにキャデラックも塗り直していた。毎年クリスマスには、ミニーとともに貧しい人々に食品を詰めたバスケットを配った。金銭的な寄付も惜しまなかったため、テキサス州の「ソサイエティ・フォー・フレンドレス」〔出所した囚人の世話や教育を行う組織〕の代表、J・アンドリュー・アーネットや、「ボーイズ・タウン」〔身寄りのない少年の世話や支援を行う組織〕のフラナガン神父から感謝と友情を得た。

そしてブリンクリーはデル・リオのロータリークラブの会長に選ばれた。

42

一九三七年四月、オパールのように輝く夕空で、曲芸飛行士が連続横転《バレルロール》を披露するなか、地上では、クモの巣さながらに縦横無尽に吊り下がる提灯のもとに、千四百人のゲストが集まった。ここはブリンクリー邸の広大な庭で、植えこみのあちこちに設置された照明が、桜の季節の日本さながらに、仄白い月明かりを表現している。女子高校生たちが芸者に扮して、全部で七十ポンドはあろうかと思われる大量のカナッペを手分けして客たちに配っている。ふだんはサンアントニオのホテルで演奏しているオーケストラが、今日は光の瞬く舞台に上がって、ダンスミュージックとブルースを奏でている。

このパーティーは、ブリンクリーがこれまで開催したなかで最大のもので、テキサス南部においても、ここまで盛大なパーティーはかつてひらかれたことがなかった。短いスピーチが連続して披露され、料理の大盤振る舞いが終わると、壮大な花火ショーがはじまった。まぶしい炎が、犬、ネコ、アヒル、馬に乗った兵士たちを夜空に描き出すと、人々は息を呑んで、割れるような拍手を送った。最後のロケット花火は星々のあいだでちらちら光りながら、次のようなメッセージを空に描き出した。

「BON VOYAGE DR MRS BRINKLEY AND JOHNNIE」
(ブリンクリー夫妻とジョニー坊ちゃん、どうぞ、よい旅を)

六月半ばに、この愛情あふれる送別会を自ら催した後、ブリンクリーは息子の家庭教師も同行させて、家族そろってクイーン・メリー号に乗ってヨーロッパを目指した。その年、ニースで開催される国際ロータリークラブの大会にブリンクリーがデル・リオを代表して出席するのだった。彼がニューヨーク港から出航する際にちょうど『タイム』の最新号が出た。表紙をモリス・フィッシュベインが飾っているのだが、ブリンクリーはこれを見逃している。

この春はフィッシュベインにとって、ある意味大変な季節だった。重い風邪に続いてベル麻痺〔顔面片側の突然性麻痺〕を発症し、顔の片側が「ブラッドハウンドのたるんだ顎」のように垂れ下がったのだから、大変なことだった。JAMAでは、「顔の片側だけが魚のように冷え切っているのは、妙な感じである。この顔はぜひとっておいて、詐欺師たちにくれてやろう」などと冗談めかして書いているが、治療は冗談では済まない大事となった。医師たちがフィッシュベインの頭を三週間にわたって装具で固定することで、筋肉を強制的に持ち上げるとともに、電流を流した。この最先端の治療と、偽医者の治療にどんな違いがあるのか不明だが、フィッシュベインは文句ひとつ言わなかった。「別にわたしは痛みや病気に苦しんでいるわけではない。ただ、外見が見苦しくなって、顔を自由に動かせないだけだ」とポール・ド・クライフに手紙で説明している。

それでも麻痺する前の自分の顔写真がタイムの表紙を飾ったことで、フィッシュベインの士気は高まった。医師会という組織の代表としてだけでなく、アトラスのように組織を持ち上げているのだという書かれ方をしたのが、とりわけうれしかった。「事実上、米国医師会の必要経費はすべて、ドクター・フィッシュベインが編集主幹を務めるジャーナルに依存している」とタイムはいい、具体的な数字も載せて事実を証明した。ところが、フィッシュベインがつくった敵についてはほとんど触れない。医師会の内部にも、個人的な意見を教皇のように吹聴するフィッシュベインに反感を持つ者もいたし、保守的すぎると非難する少数派もいた。さらに、産科で生まれた革新的な技術を、フィッシュベインが「過剰サービス」と一蹴したことで、シカゴ医療協会ににらまれて懲戒処分を受けそうになったことも書かれていなかった。

しかし、米国医師会の内でも外でも、フィッシュベインは敵なしにはやっていけない男だった。フィッシュベインもブリンクリーも、他者から挑まれない人生は生きる価値がないと考えていて、その意味ではふたりはうってつけの組み合わせだったのだ。

一九三七年、ふたりはともにキャリアの絶頂期にあった。どちらもその夏、家族を連れてヨーロッパへ旅立った。

フィッシュベインはベルファストで開催される会議に参加した後に、スカンジナビアを巡る予定だった。

クイーン・メリー号が五月三十一日にシェルブールに着くと、お抱え運転手つきのリムジンがブリンクリー一家を桟橋で迎えて地中海沿いの南へと運んだ。ロータリークラブが、会員たちの遊び場にニースを選んだのはこれが初めてではなかった。風光明媚な土地でありながら、銃撃戦や刃傷沙汰、酔っ払い運転は日常茶飯。前年には、ある交通警察官が七回も入院するという、バカンスには少々刺激が強すぎる場所でもある。司祭に扮した詐欺師の一団まで現れる始末なのだ。

ロータリークラブの大会が終わると、それから十週間かけて、ブリンクリー家はヨーロッパをぐるりとまわる豪華ツアーに出発した。パリ、ディジョン、グルノーブル、カンヌ、ローマ、ナポリ、フィレンツェ、ベニス、ユーゴスラビア、ベルギー、ルクセンブルク、イギリス。旅の道中では歓迎の会を催されることも多く、ダブリンでは市長から饗応を受けた。しかし、何よりブリンクリーが気に入ったのはベルリンで、今回のツアーでついにナチスの第三帝国を目の当たりにしたのだった。

やってきたのが数年前だったら、この町は汚穢にまみれた荒廃都市に過ぎず、銃を構えて畑のジャガイモを守る市民を目にしたことだろう。しかし、ベルリンが一九三六年のオリンピック開催地に選ばれると、ふいにヒトラーはバケツと箒《ほうき》を取り出した。以来、路面電車の線路のあいだに敷かれた玉石までもが光り輝く町になったのである。どこの大通りでも、軍靴を履いた兵士の行列が大きな足音を響かせて行進している。ありとあらゆる場所に「ヒトラー十字」が掲げられ、樹木には拡声器が取り付けられている。なるほど、これぞ崇拝の科学を理解している国民だと、ブリンクリーは感に打たれるのだった。

一九三七年八月十一日、一家はとうとうヨーロッパに別れを告げて帰郷する。土産物をどっさり抱えて、濃霧に覆われたイングランドのサウサンプトンから出発した。今回ブリンクリー家が乗りこんだのは、伝説に謳われたフランスの船、ノルマンディー号である。この時代には大恐慌にも負けず、贅沢な定期船が次々と登場していたが、そのなかでもノルマンディー号は世界で初めて全長が千フィートを超えて、壮観さでも豪華さでもほかの船の追随を許さなかった。ニューヨークの記者は「ノアの方舟の三・五倍」の大きさがあると評した。大きさばかりでなく、どこをどう見ても、ノルマンディー号は、動物たちを乗せて洪水の難を逃れようとした舟に圧勝していた。その豪華なラウンジ（広大な風景をレリーフした巨大なクリスタルの箱）からはじまって、幾何学的様式のキリスト像を備えたオスマン帝国の礼拝堂、エッチングガラスの壁画と古代エジプト、ギリシア、日本をテーマにした美しいパネルで飾られた喫煙室に至るまで、「光の船」の名に恥じぬ豪華な装飾で、あらゆる人間を圧倒するのだった。「奇跡の岩屋、アリババの洞窟」と呼ばれた一等客用のダイニングルームは、ヴェルサイユ宮殿の鏡の間よりも奥行きがあって、洗練の極みであるフランス料理を提供した。イギリスの外交官ハロルド・ニコルソンは、妻ヴィータ・サックヴィル＝ウエストに宛てて、「この贅沢は想像を超えている……一週間もこんなところにいたら正気を失ってしまうよ」と書いた。それほどやわにできていないブリンクリーは船内で最高のスイートルームを利用したと伝えられている。それが本当なら、彼はツタンカーメン王を超える贅沢な暮らしを楽しんだといえる。

とにかくこの船に乗っていれば、見るべきものが山ほどあって、退屈するのはまず不可能だった。四日間の航海でジョニー・ボーイの家庭教師ローウェル・ブラウンは、「映画鑑賞、ダンス、豪華なスイミングプール、ダミーの競馬、卓球、ボクシングとフェンシングの特別実演」を心ゆくまで楽しんだと書いている。人気レフェリーをヘンリー・フォンダが務めるボクシング試合の後には、決まって素人演芸があり、目隠しをした六人のボーイが、こけつまろびつしながら、手探りで敵を倒そうとする茶番に、観客が大笑いする。

しかしブラウンが何より胸を躍らせたのは、船上で芽生えたロマンスだった。相手は医師の娘で、元気いっぱいの十七歳。彼女もまた、家族そろって巡った長いヨーロッパの旅を終えて家に帰る途上にあった。若い家庭教師と医師の娘は卓球を楽しんだ後で、デッキに上がっていく。強風が吹きつけるなか、デッキでは英国紳士たちが空中に放り上げられるクレーの標的を撃とうしているが、まったく当たらない。潮の香りと、水平線を遠くに見ながら波を切って進んでいく巨大客船。こういったシチュエーションが、男女の軽いじゃれ合いを、叙事詩で謳われるような大恋愛へと盛り上げていくこともまれではない。次の日になると、ふたりはネットに向かってボールを打つゴルフレッスンをはじめた。若い男性が未熟な女性に、手取り足取りスイングのフォームを教えるこの機会は、ふたりの関係をさらに進展させる。

家庭教師が恋愛にうつつを抜かしているおかげで、ジョニー・ボーイには束縛から逃れる貴重なチャンスが訪れた。十歳の少年は、年を重ねるたびに気難しくなっていた。三歳から偽医者になるための訓練を受けている彼は、痔や扁桃腺摘出術などの言葉を徹底的に叩きこまれた後、ラジオでリスナーからのお便りを愛らしい声で読んでいた。見ず知らずの、顔の見えない若い友人たちに「ハッピーバースデー」の歌をうたったりもする。運転免許を取るまでにはまだ何年も待たねばならない、緑のキャデラックのオーナーは、学校へはボディガードに付き添われて歩いていく。ボディガードは校内でも始終坊ちゃんにつきまとって、帰り道もぴたりと貼り付いて護衛する。これではほかの子どもたちにからかわれて当然だった。「ジョニーが何をしようと、お父さんは否定しない。神様のように崇め奉っていた」と子ども時代の友人がいう。「だけど、ジョニーは不幸だった。あれほど不幸な人間に会ったことはない」

船内の廊下をこそこそと歩いていくジョニー。途中、ドアがひらいて、曲芸師や奇術師が顔を出すかもしれないと思ったが、そういうのは夜だけだともわかっている。一度か二度迷った末に、ジョニーは前部煙突の基部に設けられた子ども部屋を見つけた。

まるで美しい絵本の世界に入りこんだみたいだった。壁には人形やおとぎ話の登場人物たちがずらりと並び、音符の雨が降るなかでダンスをしている。水玉模様の木馬たちにはスプリングがついていて乗って遊べるし、ここには、男女が殴り合いの喜劇を見せるパンチとジュディの劇場さえあった。小さなステージにはいまは幕が下りている。室内に、人の気配はまるでなかった。

ジョニーはおもちゃ箱をあさりだした。するとドアがあいて、またべつの少年が入ってきた。この子も十歳。手に負えなくて子守が次々と辞めていくために、家族からは「わんぱく坊主」と呼ばれている。しかし部屋の奥にいる小さな紳士に対しては、自分はジャスティン・フィッシュベインだと、あっさり自己紹介をした。

ふたりはお決まりの質問を投げ合う。「きみのお父さんは、何をしている人？」ジャスティンがおもちゃ箱に手をつっこみながらきく。「ぼくのお父さんは医者なんだ」

「ぼくのお父さんも医者だよ」とジョニー。「でも、ほかのお医者さんたちからは、嫌われてるんだ」

これにはジャスティンが首を傾げた。そんなのおかしいと思ったのだ。後にジャスティンは父親にこの話をする。お父さんが医者だって子に会ったんだ、いい子なんだよ。でもその子のお父さんは、ほかのお医者さんたちに嫌われているんだって。それでずいぶん落ちこんでた。ねえ、お父さんが、なんとかしてあげられないかな。フィッシュベインはその医者の名前を息子にきいてみた。

一方、ローウェル・ブラウンが自分の雇い主について、新しい恋人に明らかにするのも時間の問題だった。「ぼくのボスが誰だか知っているかい?」ゴルフのスイングを練習する合間に、マージョリー・フィッシュベインにそうきいた。知らないといわれたので、話してやった。「すると彼女がいきなり口をつぐんで、会話が途絶えた」と、後にブラウンはそういっている。「その後、一度か二度は話をしたと思うけれど、それ以降は完全に没交渉になった」

あとはもう、主役同志が顔を合わせるしかないだろう。これまでずっと、ふたりはお互いじかに目を合わせることはなく、フィッシュベインとしては、この先もずっとそうでありたかった。しかしブリンクリーは違う考えを持っていた。

デッキを歩きまわっているとき、ラウンジチェアに横になっているフィッシュベインを見つけた。本を胸に置き、顔を太陽に向けている。ブリンクリーは近づいていって、数歩手前で足をとめた。フィッシュベインは眠りからはっと覚めたように身じろぎをし、目をぱちぱちしてから読書にもどる。

ブリンクリーがさらに近づいていって、また足をとめる。このときばかりは何もいいだせない。あちらを向き、こちらへ向きを繰り返し、まるで異なる角度から憤りを示しているかのようだった。そのあいだフィッシュベインは、相手がそこにいないかのような態度を取り続けた。奇妙なパントマイムが一分ほど続いたところで、ブリンクリーは喉が詰まったような音を出してくるりと背を向けた。そうしてそのままずかずかと歩み去っていった。

結局ふたりはひと言も言葉を交わさなかった。なんと拍子抜けの結末かと、そう思われたかもしれない。しかし、人間の姿をした生身の詐欺師を目撃したことで、フィッシュベインのなかで何かが目覚めた。なまくらになりかけていた攻撃の矛先が鋭く研ぎ澄まされたのである。ニューヨークで船を下りると、あの悪党の息の根を今度こそ完全にとめてやると、フィッシュベインは決意した。

43

シカゴに帰ったフィッシュベインは、前後編の記事「現代の医療詐欺師たち」を執筆し、記事のなかで、ありとあらゆる物をブリンクリーに投げつけた。初回の記事は一般向け雑誌『ハイジア』の一九三八年一月号に掲載予定だった。

その一方で、この時期フィッシュベインはハリウッドに招待され、現代作家の多くが経験する、映画制作会社による丸めこみに遭う。ワーナー・ブラザーズの幹部が考えていたのは、フィッシュベインのファイルから取り上げた事例を基に、正義を追求する力強い人間ドラマ、『諸君の命はやつらの手中に』（仮題）を制作することであった。これにフィッシュベインは技術顧問として参加する。ルエラ・パーソンズのコラムによれば、「ワーナーであと一本映画を取る契約が残っているポール・ムニが主役を演じることになるだろう」という。

これが告知されると、あらゆる種類の代替療法を行う治療家たちが激怒した。フィッシュベインが定期的に攻撃していたカイロプラクター、視能訓練士、整骨療法士たちは、「医学博士でない者はこの映画で笑いものにされる」と確信。あまりに大きな物議を醸したせいで、ワーナーは屈してプロジェクトを中止した。

帰国したブリンクリーも新たな決意を胸に抱いていた。ドイツの現状を目の当たりにしたことで、めくるめく未来を夢想するようになったのだ。選挙に出馬する必要などどこにある？ 政治の実権はすぐ目の前に、手の届くところにある。あとはそれをつかめばいいだけの話だ。ラジオを支配下に置いている彼は、新たな役割を自身に任ずるのに絶好のポジションにいる。右翼の扇動家ジョン・ブリンクリーという新たな看板を掲げて、究極の自己陶酔に浸るのだった。

その本質は金儲けに走る傭兵に近いのに、自分は大衆の救世主であると勘違いしている、ブリンクリー独自のキリスト教観には、つねに反ユダヤ主義の思想が潜んでいた。一九三二年に知事選に出馬した際にはウィチタの牧師ジェラルド・B・ウィンロッドの支持を得ているが、この牧師は、世界で起きる悪いことはほぼすべて、ユダヤ人の世界規模の陰謀に結びつけ、良いことはすべて「昔ながらの、神を恐れ、子どもを多く産み育てるアメリカ人」に帰すのである。絶望的な三〇年代にヨーロッパで爆発的に広がったファシズムは、アメリカ合衆国内にも同じ考えの人々を生み出した。強い訛りのあるカフリン神父〔反ユダヤ主義やファシズムを支持する思想をラジオで喧伝〕、「アメリカの総統《フューラー》」フリッツ・クーン、ナチスが権力を握った翌日に「銀シャツ」*を設立したウィリアム・D・ペリーなどがそうである。こういった面々は大衆の憎悪を煽る人間として有名で、三人ともに、ブリンクリーがデル・リオにもどってくると、XERA局の番組にゲスト出演した。ブリンクリーは彼らの考えに概ね賛成しており、ペリーの設立した組織には五千ドルを寄付してもいるが、この三人のように露骨に反ユダヤ主義を煽ることはしない。少なくとも放送では、感傷的孤立主義者〔平和を望んで、国が外国の政治に関与することを避ける〕の立場に徹して、こんなことをいっている。「戦争は共産主義者の喜びです。その苦いスープの味を調整して、あなたの息子の甘い唇に持って行く……柔らかなベツレヘムの光より好戦的な火星の輝きを好む急進派を、わたしならすべて国外追放に処するでしょう」

　しかし、ブリンクリーの自宅にあるプールのタイルには小さな鉤十字がいくつも加えられていた。「赤い脅威」、「反逆者たち」、「パーラー・ピンク」のリベラルたち**をはじめ、ヒトラーの人生を困難にしようと目論むすべての人間を糾弾しながらも、ブリンクリーは顧客を敵にまわすような危険は冒さない。一九一四年から一九一八年の世界大戦は人々の記憶にまだ新しく、リスナーのほとん

* ナチスドイツの茶色シャツやイタリアの黒シャツに触発されたファシスト的な運動。
** 表面的にはリベラルや進歩的だが、実際には共産主義者やそのシンパサイザーと見なされる人々。

どは第二次世界大戦を望んでいなかった。そのため孤立主義を支持することは、前立腺手術や結腸洗浄を売りこむのに役立っただけでなく、通信で販売している、偽の効能を謳う粗悪な商品の売れ行き増にもつながった。そういう商品のなかには致命的な結果をもたらすものもあったのだが。

しかし、ブリンクリーはそういった現象の表面しか見ておらず、実際自分が世間にどれだけ甚大な影響を与えているのか、理解していなかった。顧客をおだてて釣り上げる餌としてXERA局で流している音楽番組が、じつは世界的な音楽の潮流を変えるほどの文化の大変動をもたらしたことを本人は知らない。ほかのことに夢中になっているあいだにブリンクリーはわれ知らず、カントリーミュージックとテックス・メックスミュージックの博士号を無料で提供していたのである。

チェット・アトキンス*は、ジョージア州コロンバスのティーンエイジャーで、自分で作ったバッテリー式ラジオでXERA局を聴いていた。

ウェイロン・ジェニングス〔アウトロー・カントリーを代表するアーティスト〕は、テキサス州リトルフィールドの若者で、父がトラックのバッテリーから家にケーブルを引いてXERA局を聴くことができるようにしていた。

トム・T・ホール**は、ケンタッキー州オリーブヒルで育ち、シンガーソングライターになった。

アーカンソー州ダイエスのジョニー・キャッシュ〔アメリカのカントリーミュージックのアイコン〕は、将来の妻となる当時十歳のジューン・カーターがブリンクリーの局の番組で歌うのを初めて聴いた。

A・P、セアラ、メイベルの三人から成る「オリジナル・カーター・ファミリー」は、ブリンクリーがヨーロッパからもどった後、XERA局に初登場した。雇ったときには、カーター家が南東部で人気があること以外、ブリンクリーはほとんど知らなかった。十年前にヴィクターのタレントスカウト、ラルフ・ピアーによって発見されたこのトリオは、地元で何千枚ものレコードを売り上げ、〈悩める男のブルース〉、〈輪は絶えない〉など数多くのヒット曲を生み出していた。しかしそれも、いまとなっては過去の物語。大恐慌によって、カントリーミュージックのレコードはまったく売れなくなってしまった。それで三人は、慣れ親しんだヴァージニアの小さな町から飛び出すことにした。ラルフ・ピアーがブリンクリーの放送局に出演枠を求めたところ、一日二回のショーで六か月間、報酬は週に七十五ドル、六か月の有給休暇付きというオファーをされて、それを受けたのである。この仕事には、じつは予期せぬ特典もついていたのだが、当初は誰もそれに気づいていなかった。XERA局で三年間番組に出演したことで、カーター・ファミリーは地域のスターから全国を代表する存在へと変貌。「商業カントリーミュージックの発明者」「カントリーミュージックのビッグバン」として、初の殿堂入りを果たした。

彼らには不思議な魅力があって、それには私生活をずっとベールに包んでいたのが大きい。アルヴィン・プレザント・デラニー・カーターは、背が高く、耳が大きい男で、内向的で軽い震えがあり、かつてはセアラと結婚していた。セアラは、カントリー界のキャサリン・ヘプバーンと呼べる女性で、ズボンをはき、狩猟に出かけ、タバコを吸っていた。アルヴィンは彼女に夢中だったが、その風変わりな習慣と長い不在が、一九三六年、セアラに離婚を決意させた。セアラはアルヴィン

＊　カントリーミュージックにおける指弾きギターのスタイルを革新。ナッシュビルサウンドの発展に寄与した。
＊＊　「ストーリーテラー」とも称されるアーティストで、具体的な情景描写と語り口調が特徴。

のいとこ、コイ・ベイズとも恋に落ちたが、親戚間の恋愛がはらむ問題が、コイにとって耐えがたく、結局彼はカリフォルニアに移住。アルヴィンとセアラは依然として行動をともにしていた。

　メイベルはセアラのいとこだったが、いつも目立たぬようにして、ギター演奏に専念していた。独学でギター演奏を会得した二十一歳のメイベルは、メロディとリズムを同時に演奏する方法を考案。ベース弦を使ってリズムを刻むその技法は、カーター・スクラッチと呼ばれるようになって、次世代のカントリーミュージックのギタリストに強い影響を与えた。「（セアラの）類いまれな声、A・Pの生き生きとした曲づくり、メイベルの高音のハーモニーと楽器演奏能力が、彼らを不朽の座に押しあげた」と、ある熱狂的なファンはいう。

　デル・リオでは、XERA局の夜の四時間番組、『グッド・ネイバー・ゲット・トゥゲザー』に出演。カーター・ファミリーは一時間を担当し、そのほかの枠はカウボーイ・スリム・ラインハート、プレーリー・スイートハーツ、テネシー出身のピッカード・ファミリーが埋めた。ピッカード・ファミリーは、カーター・ファミリーとはまったく毛色が異なり、〈シー・ビー・カミン・ラウンド・ザ・マウンテン〉や〈バッファロー・ギャルズ〉のような騒々しく活気のある、素朴なエンターテイメントを提供した。そして彼らは何でも宣伝した。古いアコーディオン音楽に合わせて、ダディ・ピッカードはコロルバックと万能薬ペルーナを売りこんだ。数年のあいだにペルーナの処方は変わって、いまではアルコール含有率十八パーセントで、ドクダミ、セイタカアワダチソウ、クベバ〔インドネシア原産のコショウ科の植物〕、コパイバの油〔南米原産のコパイバノキの樹脂から抽出される天然オイル〕、クロウメモドキ、生姜、ワイルドチェリー、グリセリン、リンドウ、フジバカマ、ヨウ化カリウム、海葱《かいそう》がふくまれていた。

恥知らずな偽医療行為に手を染めながらも、ブリンクリーは素晴らしいカントリーミュージックも放送した。伝説的なカーター・ファミリーはXERA局での演奏によって全国的なスターとなった。後列左から、A.P、ジャネット、身元不明のアナウンサー、セアラ、メイベル。前列：ヘレン、アニタ、ジューン

カーター・ファミリーは一切売りこみをしない。実際、彼らはハダコール〔高アルコール含有量が人気を博した強壮剤〕を好んでいて、いつその商品名をラジオで出すかとひやひやしたブリンクリーがスタジオの周辺をうろついているのを目撃した者がいる。彼らがしていたのは、音楽を通して厳しい現実を容赦なく突きつけることであって、その嘘偽りのない強いメッセージにリスナーの心は慰められる。ブリンクリーの計算高い牧歌的なメッセージとはまったく対照的だった。しかし、この放送が、南部ではすでに知られている事実を広い世界に認識させることになった。ブリンクリーの性腺の宣伝の合間に流れる〈輪は絶えない〉、〈原生林の野草〉、〈日の当たる方へ〉など多くの曲がアメリカ人の心に刻まれた。

デル・リオに向かう最初の旅に、メイベルは一番下の五歳の娘アニタを連れていった。この幼子は、元気いっぱいのおてんば娘で、しょっちゅう逆立ちをして歩いている。みんなはこの子の顔より先にお尻を覚えるんじゃないかと、家族のひとりはそんなことをいっていた。ある日アニタは放送内で、母親といっしょに〈小さなカウボーイ〉という曲をデュエットした。これが道をひらいて、メイベルのほかの娘たち、ヘレンとジューン、そしてアルヴィンとセアラのあいだに生まれた末っ子のジャネットも西部に来ることになった。ジャネットを除く全員がラジオで歌うのを好んだが、スタジオのリハーサルは骨が折れるものだった。ジャネットはアニタがギターケースのなかで身を丸めて眠っていたのを覚えている。

あるときブリンクリーは彼らを自宅に招待した。カーター・ファミリーが邸宅の一階で待っていたところ、ブリンクリーが友人を連れて現れた。「階段を降りてくる先生の肩には首に尾を巻きつけたサルが一匹乗っていた。そんな光景は生まれて初めて見た」と、後にアニタがいっている。

44

欲求不満に満ちた女性のかすれ声——「男の人って、もう一度若い力を取りもどすことはできないのかしら？」

男性の力強い声——「アーカンソーのリトルロックにあるブリンクリーの病院に手紙を書いて相談してごらん」

アーカンソー？

ブリンクリーといえば、デル・リオだと思うだろうが、じつは帰国してからまもなく、ブリンクリーとデル・リオの関係は破綻した。別れの原因は新たな男の出現だった。ブリンクリーが夏のバカンスに出ているあいだ、地元の外科医ジェイムズ・ミドルブルックが、ブリンクリーと同じ治療を五分の一の価格で売り出した。しかも図々しいことにミドルブルックは、ライバル局でそれを宣伝していたのである。ブリンクリーは反撃に出て、XERA局でこの男をこてんぱんにやりこめた（「詐欺的な治療にひっかかって……命を落とす患者さんも出ています」）。両者の競争は熾烈になり、ともにギャングを雇って自局の警護に当たらせ、列車から降りてきた患者を奪い合った。激しい乱闘が起き、刃物まで出てくる始末。ライバルのクリニックの門前で客をひとまとめにして車に押しこみ、車内でくぐもった悲鳴があがるなか、自陣の病院へ連れていく現場も目撃された。町の人々はどっちに味方するか、態度を決めた。ロズウェル・ホテルの前にミドルブルックの手下がいるのを見かければ、ブリンクリーの支援者はそれを見過ごしにして通り過ぎることはなかった。「そいつはブリンクリー先生の患者を奪おうとしていたんだ」とヘンリー・〝グーニー〟・クローフォードはいう。「それでぶちのめしてやったら、やつは車の下に半身をつっこんじまった」

これまで自分がデル・リオのためにしてやったことを思えば、町の有力者たちが密猟者を追い出して当然だとブリンクリーは思っていた。それなのに介入を拒まれると、もうこの町の人間には何もしてやらないとばかりに、クリニックを畳んでアーカンソー州のリトルロックに引っ越すことにした。怒っているときに下した決断がたいていそうであるように、この決断もブリンクリーの首を絞めることになった。通勤のために、毎週アーカンソーの病院とメキシコの放送局を行ったり来たりしなければならない。そんなのはおかしいとミニーはいって、自分は自宅の豪邸から動くつもりはなかった。

一九三八年の一月二十八日にリトルロックのダウンタウンにクリニックがオープンした。二十番街とシラー・アヴェニューの角に位置するガラスとクロームでできたスタイリッシュな建物には四十床の病室があり、薬局も入っている。町から十五マイル離れたところに、倒産したカントリークラブがあって、これもブリンクリーが買収したので、入院患者は緑豊かな環境でゴルフを楽しむこともできる。レストランではヨーロッパの料理を提供し、舞踏場では小さなオーケストラが演奏し

ブリンクリーは、彼の３つ目にして最後の病院をアーカンソー州リトルロックに建てたが、後にその決断を悔いることになった。カンザス州歴史協会提供

て、歩ける患者はタンゴを踊るよう勧められる。

そうであっても、リトルロックでの病院経営は自己満足に過ぎなかった。田舎では成功したものの、自分は大都市で大物になる器ではないのだと、すぐにブリンクリーは気がついた。ヒトラーの頭の上のハエを追い払う暇があったら、もっと商売に精をだすべきだと思い直した。

ブリンクリーが病院をアーカンソーに移した数か月後に、ノーマン・ベイカーも同じことをした。「不思議な水」と呼ばれる癒やしの力を持つ六十の湧き水で、そこそこに知られているユーレカ・スプリングス。その町のクレセント・ホテルを買収した。ヴィクトリア朝様式で建てられたこのホテルは、多くの塔と装飾的な外観が特徴で、それをベイカーは、「ベイカー癌治療病院」と改名し、自分の執務室を派手な紫色に塗り、壁には二丁のサブマシンガンを掛け、窓には防弾ガラスを入れた。古風な趣のあったロビーは赤、黄、オレンジ、黒に塗り直した。ベーカーはさらに、ブリンクリーをデル・リオから追い出した起業家精神あふれるミドルブルック医師を、ユーレカ・スプリングスで新事業をいっしょにやらないかと誘った。一年に十万ドルの報酬と、プライベートジェット機も提供するという。ブリンクリーへのあからさまな挑戦である。しかし、ミドルブルックは断った。

それからベイカーのラジオトークは、だんだんに右翼の大言壮語に近づいていく。

45

リトルロックの病院がオープンしてまもなく、一九三八年の一月と二月に、フィッシュベインの前後編の記事「現代の医療詐欺師たち」が世間にお目見えした。ブリンクリーの職業人生を覆う「汚穢と虚偽」をこれまで以上にでかでかと書き立てた記事だった。「ここまで厚かましい偽医者がかつて存在しただろうか……その経歴は最も下劣な詐欺の臭《にお》いをぷんぷん放ち、偽医療の頂点を極めている。医学らしきものを学んだことはまるでなく、医師免許は、ときの権力者たちを自在に操って手に入れた。これまでどんな詐欺師も想像だにしなかった、極悪非道の詐欺道をひたすら突き進み、騙されやすいアメリカ人のポケットから金を巻き上げ続けているのである」

この記事のいわんとすることは、ただひとつ。シャーロック・ホームズがモリアーティを追うように、フィッシュベインはブリンクリーに、こっちを向いて戦えと対決を迫ったのだ。この場合のライヘンバッハの滝〔ホームズとモリアーティの最終対決の場〕は民事裁判所である。殺人を犯す偽医者を罰する上で、米国の刑法は情けないほど無力であったから、そこしか選択肢はなかった。しかしそこでブリンクリーを仕留めるには、彼が名誉毀損で訴えを起こし、実際に裁判が実施されなければならない。もし彼が餌に食いついて、連邦裁判所で対決に出るのなら、かつて行われたカンザス州医療委員会の聴聞会など、子どものおままごとだったといえるだろう。

米国医師会を「この地球上で最大の汚職集団、最大の詐欺師集団、最大の泥棒集団」とすでに激しく非難していた男が、この新しい対決を喜ばないわけがなく、それから数週間、ラジオを通じてブリンクリーは怒りを表明し、苦情を述べ立てた。しかし裁判にまで持ちこむ様子はなく、フィッシュベインの作戦は失敗したかと思われた。その心配が杞憂だったとわかるのは、それから二か月後。ブリンクリーは名誉毀損でフィッシュベインを訴え、二十五万ドルの損害賠償を求めると発表した。あっさり餌に食いついた、このブリンクリーの軽率さについて、ずっと後になってある心理学者がこんなことを書いている。「宿敵であるモリス・フィッシュベインと米国医師会を相手に、その後長きにわたって繰り広げられる戦いは、いま振り返れば、避けがたいものだった。ブリンクリーには、あえて迫害される立場に身を置く習性があるようだ」しかし、どうしてこの餌に食いつかないことがあるだろう？　長年にわたる迫害はブリンクリーにとって苦悩の源というより、力の源泉であった。一九三八年、彼は世界で最も有名な医師のひとりであり、また新たに政治の権威としても名を馳せている。このふたつの評判に傷を付けてはならない。それにくわえて彼は、以前担当した患者からの、増え続ける厄介な訴訟にも悩まされていた。もしコロシアムで、自分を非難する最大の敵を倒し、とどめを刺してやれば、世間の不満分子すべてにメッセージを伝えることができる。そして、この裁判はアーリア人とユダヤ人との対決になるわけで、ブリンクリーの宇宙論では、どちらが勝利するか、結果はもう確定しているのだった。

感情を刺激されて発奮し、戦略的にもここは受けて立つべきだと思ったのだろう。船上で会った

ここに描かれている松葉杖に注目したい。長年にわたり、ブリンクリーのクリニックを後にした多くの患者が、歩けなくなったり、命を落としたりしていたことを物語っている。カンザス州歴史協会提供

ときの記憶も鮮烈だった。しかし、そういったものをすべて脇においても、ブリンクリーはいまなら勝てると信じて立ち上がったことは間違いない。じつはこの時期、米国医師会におけるフィッシュベインの権威がゆらぎはじめていた。組織内の不満分子が、フィッシュベインはJAMAを自分個人の意見発表の場にして、異論や討論を抑えこんでいると非難し、反乱を起こしていたのだ。この非難に対してフィッシュベインは、「ばかどももひとりひとりの意見」を述べる場をつくるなど土台無理な話だと答え、これが火に油を注いで、彼の人気はがた落ちとなった。

『フォーチュン』誌も新しい記事で彼を取り上げ、フィッシュベインの立場を危うくする要因をまた別の側面から明らかにしていた。「多くの医師が、フィッシュベインの演説や冗談は医師という職業の尊厳にそぐわないと感じており……自己宣伝を禁止している米国医師会のなかにいながら、どこに行っても殺人事件級の大見出しを生み出すフィッシュベインは、この組織の倫理に違反しているのではないかという批判も出ていた」とはいえ、そういう状況は米国医師会にとって一概に悪いものとはいえなかった。フィッシュベインは自身を宣伝することで、米国医師会を温厚な学術団体から、強力な商業連盟へと昇格させてきたのである。そのように組織にとって貴重な存在である彼だが、自身のなかに「時代の求める社会意識を育てる」ことをしていなかった。いいかえれば、大恐慌の危機に対処していなかったのである。一九三七年の十一月、AMAのメンバーによる一団が「グループヘルス協会（GHA）」という医療協同組合をワシントンDCで設立した。「……あらかじめ支払われた健康保険の『保険料』によって患者に財政的な救済を与え、これらの保険料から定額給与を支払うことで医師の収入を改善する」という。これは管理医療のはじまりであって、フイッシュベインをはじめとする米国医師会の幹部らは大反対。「社会主義医療」と非難し、これを支持する者は破門にすると脅かした。しかし米国司法省はGHAに味方し、フィッシュベインほか二十名を取引の制限をしたとして、シャーマン反トラスト法の下で起訴した。

H・L・メンケンはすぐさま友の弁護を買って出た。コラムのなかで、反乱者たちを「卑劣な嘘つき」と呼び、「わたしはたまたまフィッシュベイン医師をよく知っている……アメリカ合衆国で現役で仕事をしている編集者のなかで彼ほど有能で、誠実で、知的で、勇敢な人間はいないと信じている」と書いた。同じ調子で、メンケンは一九三八年の八月、米国司法長官補サーマン・アーノルドに手紙を書き、米国医師会に対する訴訟を取り下げるよう促した。「フィッシュベインに対する攻撃にはことさらに悪意がある……この国で、アメリカの病院の基準を高め、アメリカ国民を怪しい薬や偽医者から守るためにこれ以上のことを行った人間はいない。彼のように有益で正直な人間がそのような不誠実な攻撃を受け、アメリカ合衆国政府がそれを是認するのは、まったくけしからぬことである」

いまやブリンクリーは血の臭《にお》いを嗅ぎつけたサメだった。フィッシュベインが組織の妨害者として、反動的とそしられればそしられるほど、法廷で彼を潰すのは容易《たやす》くなる。ブリンクリーにとって、これほど甘美な瞬間はなかった。今回、法律にやりこめられているのは自分ではない。この長い戦いのなか、それは初めてのことだった。

46

「カウボーイの恋人」として知られるパッツィ・モンタナは、人のあいだに挟まれるのが好きではなかった。しかしA・Pとセアラ・カーターは、また無言の交戦状態に突入していた。夜の番組はなんとかやり過ごしていたけれど、それ以外の時間はまったく口を利かない。「A・Pがセアラに何かいいたいことがあると、わたしが呼ばれて、彼のメッセージを中継することになる。気まずいったらしょうがなかった」とパッツィはいう。

一九三九年の二月、セアラの心に変化が訪れた。XERA局で仕事をしたこの数か月は、自分の人生の大きなターニングポイントだったと、いまさらのように気づいたのである。ある夜、予告なしに、セアラは自分のもとを去った恋人コイ・ベイズにラジオを通じて次の歌を捧げた。カリフォルニアでコイがきいてくれていたらいいと思いながら。

わたしたちが出会ったのが、この厳しく、つらい世の中でなかったら、
どんなによかったか。だけど、ともに過ごした楽しい時間は忘れられない。
今夜わたしはあなたのことをずっと考えている。

青い瞳を持つ彼は、いまは遠いところにいる。海の向こうで旅をしている。
今夜わたしの頭のなかは、彼のことでいっぱい。
彼もわたしのことを思っているかしらと、
気がつけばそんなことを考えている。

A・Pは傷ついた。その歌〈アイム・シンギング・トゥナイト・オブ・マイ・ブルー・アイズ〉は、古い音楽から発想を得ているとはいえ、彼がつくった曲だった。コイはこの放送をきいていて、まっすぐテキサスへ向かい、セアラと結婚した。

カーター・ファミリーの放送に異変が起きたのにリスナーは気づいた。しかし事情は何も明かされず、後はリスナーたちの想像に委ねられた。A・Pはセアラの下を立ち去った。通常なら、これだけ大きな危機には、ブリンクリーが飛びこんでくるはずだった。しかし彼はいま、ほかのことで頭がいっぱいだった。

一九三九年二月一九日
【宛先】モーリス・アンド・モーリス法律事務所
ナショナル・バンク・オブ・コマース・ビルディング
サンアントニオ、テキサス州

拝啓

現在わたしの事務所にフィル・フォスター（別の弁護士）がいて、フィッシュベインの記事について議論しています。証拠の準備や必要な証人、証言の取り決めなどについて以下の提案をします。

まず、わたしは証人台に立ちません。一九三〇年にトピーカでの医療委員会の聴聞会で十四時間証言台に立ちましたから、それがどれだけ大変であるかわかっています。今回の訴訟において、身に覚えのないことをあれこれきかれながら、二、三日もの尋問に耐える体力はありません。

次に、わたしたちはフィッシュベインの主張をひとつひとつ否定していかねばなりません。これはわたしにではなく、ほかの証人たちにやらせることになるでしょう。適切な証人であれば、原告が自分の利益のために話すよりも、裁判官と陪審に対してよい印象を与えることでしょう……。

必要であれば、わたしの治療を受けて満足のいく結果を得られた患者さんたちを証人台に立たせることもできます。医師会の、いわゆる倫理的なメンバーの診断を受けて、前立腺を除去する手術が必要と診断された患者が、数か月前、あるいは数年前に、わたしの治療を受けに来て、以来ずっと健康であるという……。

この手紙のなかで、ブリンクリーがいっていることはほぼ道理にかなっている。患者がやってきたときに自分が最初に行う徹底した検査について、陪審にきかせて感銘を与えたいという気持ちもわかる。「電気で光を投ずる機器で患者の鼻を調べ、扁桃腺も検査し、歯を透過照明で検査し、直腸はプロクトスコープとシグモイドスコープで検査する。胃はバリウムを飲ませてからX線で検査し、胆嚢と腎臓の検査は染料をつかって行う」。

しかし、この手紙の一番の特徴は、書き手が戦争の惑星、すなわち火星の影響を強く受けているということだ。ブリンクリーは名誉毀損裁判の原告であって、相手側は彼を証人台に立たせることができる。そのことに本人は気づいていないらしい。しかしそれは些末なことである。それより問題なのは、ブリンクリーにとって事実はあくまで素材であって、人生の戦いに武器としてつかえるように、その素材をいかようにも調理するという点だ。弁護士には守秘義務があるからと安心して、この手紙でも大鉈を振るっている。

「カリフォルニアでの起訴に関してですが、この件は非常に単純でばかげていて、調査が進むと自動的に訴えが取り下げられました……」

「一九二五年にわたしはパヴィアの王立大学に行き、一連の最終講義を修めて、卒業証書を受け取りました。その後イタリアで、米国の州試験に相当する試験（十三日間にわたる試験だと主張している）に合格し、今日までイタリアで医療行為を行うことが許されています」

こんなふうに自身の弁護士たちに、体《てい》のいい希望的観測を武器代わりに授けて法廷に送り出すのは、決して自分のためにはならない。郵便詐欺で起訴するというフィッシュベインの執拗な攻撃に対して、あきれるほどに事実を曲げて、弁護士を安心させているのも同じく危険だ。「（これについては）さすがのフィッシュベインも、事実証明は不可能でしょう。何しろアンクル・サムはわたしのダイレクトメールを徹底的に調べた後、清廉潔白であることを確認しているのですから」さらに、処方薬千二十番（青い色水）のような、自分で処方した薬についても、企業秘密ゆえ、その成分は明らかにできないと妙な自信を持っている。「わたしの傘下にある医師や薬剤師たちは、その処方と成分は、ドクター・ブリンクリーの私有財産ですから、自分たちにはその中身を明かす権限がありませんと、きっとそういうはずです」

　他人を欺くことに生涯をかけてきた男は、その生涯の終わりに、とうとう自身を欺くことになった。「フィッシュベインは、船上でわたしと妻をひどく恐れていました。こちらが近づくたびに、逃げてしまう。わたしとじかに顔を合わせることを死ぬほど恐れていたのです。ある日彼がデッキで本を読んでいるところへ出くわしました。目の前でとまって、顔をじっと見つめてやったら、相手は本当に顔面蒼白《ターン・グリーン》になりました。ユダヤ人が『くそ食らえ《ターン・グリーン》』といわれるのには、ちゃんと根拠があったのですね」

47

降水量二センチにも満たない雨ではあるが、町の塵埃は落ち着き、人も元気を取りもどした。一九三九年三月二十二日の朝、灰色の空の下、デル・リオのダウンタウンでは、ガーナー通りとメイン通りが交わる近辺に露天商が店を広げはじめた。昼になると、いつもの商売上手な老婆がやってきて、脂ぎったヤギの内臓肉を具にしたタコス（ひとつ三セント）と重たい瓶入りのコカコーラをじゃんじゃん売りさばくことになる。町の外から来た観光客の目を引こうと、麦わらで編んだソンブレロや金色に塗ったベルトのバックルを並べている者もいる。その向こうに見える赤いパイプ屋根の漆喰塗りの建物は郡裁判所で、門前の太いモクレンがたわわに花を咲かせている。今日はJ・R・ブリンクリー対モリス・フィッシュベインの裁判の開幕日。かつては伝説のバー、〈ジャージー・リリー・サルーン〉で、店主のジャッジ・ロイ・ビーンが店内で開催した裁判が地域住民を楽しませていたが、今回の裁判は、それを上まわる最高のエンターテイメントになること間違いなしだった。

何しろこの裁判には、馬泥棒の運命以上のものがかかっている。やりたい放題の民間医療と、正道をいくプロの医療が対決する、長年待ち望まれてようやく実現した決戦なのである。サンアンジェロ・スタンダード・タイムズ紙は、この裁判は「米国医師会が国の医療の指導者となるか、それともJ・R・ブリンクリーが現在の年間百万ドルの年収をさらに超える大成功者になるのか、それを決定するものである」と簡潔に述べている。対立する二者には、実際には大きな隔たりがあるのだが、部外者がふたりを見分けるには、多少説明が必要かもしれない。

「全国どこにでも出没して、敵意を剝きだしにし、非常に強い影響力を持つ医師」と『タイム』が書けば、それこそまさにブリンクリーの正確な描写だと思うかもしれない。しかしこれは、ＡＭＡに対する反トラスト訴訟で苦境に立たされているモリス・フィッシュベインのことだった。なぜそういう誤解が起きるのか、その理由は、軍事戦略家が「複製」と呼ぶ過程で説明できる。すなわち強敵同士がにらみあううちに、だんだんにお互いが似てくる現象で、このふたりもその過程を一歩先へ進んだのだ。本人たちは認めたくないだろうが、いまとなってはブリンクリーとフィッシュベインには共通点がいくつもある。どちらも気球ほども大きく膨らんだ自我を持ち、自己宣伝の名人で仕事中毒。どちらも、その疲れ知らずの鮮やかな弁舌で大群衆を魅了し、ひと目見ただけで眼前の光景を写真のように記憶する力を持っているともいわれている。ローズヴェルトを嫌悪し、互いのことが大嫌いというのも共通点だ。

これほど似たふたりであるからして、これはもうどっちが勝ってもおかしくないと、世間はそう思ってしまう。ＡＭＡが独占的で不寛容であるというブリンクリーの主張には、人品卑しからぬ人間の多くがうなずいている。「さてどうなるだろう？」とテキサスの記者は読者に尋ねている。「この町の言葉でいえば、まさにキエン・サベ〔誰にわかるだろう？〕である。それでもブリンクリーがＡＭＡに勝てば、これ以上に効果がある自己宣伝はほかになく、それを活用すべく次の目標をすぐに定めるであろうことは、誰もが承知している。同様に、ブリンクリーの勝利は、全国の医師団体に大きな後退をもたらしかねない……」今回勝利すれば、ブリンクリーはホワイトハウス入りするかもしれないと、そう考える者もいた。

その一方で、ニューヨーク・タイムズ紙はここに至って、〝ドクター〟ブリンクリーと、肩書きに疑問を呈してから彼に言及している。

午前八時半頃、原告はキャデラックを妻に運転させて裁判所に向かった。多数所有している車のなかでも、一番気に入っている愛車だった。消防車のように真っ赤な長い車体には、十三箇所にわたってドクター・ブリンクリーの名前がエンボス加工されている。そのすぐ後ろには、ピンクのクライスラーを運転するローズ・ドーンが続く。大統領になれるチャンスはどのくらいかと、最近ブリンクリーにきかれた彼女は、星々の位置は幸先がいいことを示していると答えていた。

一方、かつてブリンクリーの病院が入っていたロズウェル・ホテルのダイニングルームでは、モリス・フィッシュベインがまだ朝食を食べている。忙しい月だった。ここ数日のあいだに、サマセット・モームと昼食をともにし、その後ミズーリ州の裁判所で八フィート十一インチのロバート・ワドローとその家族を打ち負かした。ロバートの両親は、世界で最も背の高い男は精神にも感情にも遅滞があると描写したJAMAを訴えていたのである。

グレープフルーツの果肉をすくいながら、フィッシュベインは手紙の何通かに目を通している。ブリンクリー戦での支援者から届いたものだった。

テキサス州ドラウンフィールドのJ・W・ヘンドリックス牧師は手紙にこんなことを書いている。「痔、前立腺、性的興味を失った男性の話。若返りは可能です、若返って子どもをつくりましょう。ヤギの性腺を入れていないために女性化しつつある男性がいます、などなど……。いつも同じような話で、もううんざりです。あなたを支援する人々は数千人規模で存在します。みなあなたに直接力を貸すことはできないかもしれませんが、あなたが裁判に勝って、ゴミ屑のような話がラジオ放送から一掃されることを強く望んでいます」

シカゴのF・W・ブシュナーからの手紙は次のとおり。「息子がわたしをロチェスターのメイヨー兄弟のところへ連れて行ってくれて、彼らがわたしの命を救ってくれました。メイヨー兄弟のところにはブリンクリーの患者がたくさん来るといっていました。わたしはブリンクリーの手術のせいで膀胱が破裂し、そのせいで一日もまともに働けなくなりました。彼に人生を台無しにされたのです」

ネブラスカ州リンカーンのサミュエル・ガーナー夫人からの手紙はこうだ。「南部にいるあいだに（わたしのいとこは）マラリア熱にかかりました。帰宅途中で具合が悪くなって、（ブリンクリーの）病院の前を通りかかり、『そこに連れて行ってくれ』といったがために、彼はその病院の犠牲者になりました。前立腺手術とかいうものを、いろいろと受けて、結局亡くなりました……ブルー・アイランドで彼を診た医師は死亡証明書を読んで、『これは殺人だ』といいました。このような高血圧の患者に手術をするなど、まともな医師なら絶対に考えないと。銀行口座を調べたところ、ブリンクリーの病院に出した千ドルの小切手が換金されているとわかりました。人を殺した上に、金までむしりとる。いったいこれが米国の名のある病院のすることでしょうか？」

裁判所はすでに、中も外も大混雑だった。裁判官R・J・マクミランは秩序を保つため、立ち見を許可しないと発表。内部の扉が開かれると、一斉に人が雪崩《なだ》れこみ、百足らずの席を巡って椅子取りゲームがはじまった。騒ぎが静まって、保安官が敗者たちを廊下にもどすと、ブリンクリーの応援団の大部分は女性であることが判明した。人間ドラマと、強い力を持つ男の魅力が彼女たちをここへ引き寄せていた。約一ダースほどの席は妙な老人たちに占拠されている。ブリンクリーの弁護士に雇われた、みな大切な証人だ（「こんなに元気な老鶏の群れは見たことがない。となると、あちらの作戦はもうわかったようなものだ」と、フィッシュベインの主任弁護士、クリントン・ギディングス・ブラウンがいった）。そのほかの予約席は双方の証人と、ネルソン先生率いる地元の高校生男女が占めた。公民の授業でアメリカの司法について学んでいる彼らは、実際にそれがどのように機能しているのか、見学に来ていた。

フィッシュベインは腕時計で時間を確認すると、手紙をブリーフケースにしまった。ウェイトレスがテーブルを片づける。盆に食器をすべて載せ終えた彼女は、ブリンクリーの客になるのはどんな気分かときいてきた。

フィッシュベインは訳がわからない。

「あの方は、まだこのホテルのオーナーのひとりなんですよ」とウェイトレス。「それで、そのグレープフルーツも、あの方の果樹園で採れたものなんです」

次に来るときは、自分のグレープフルーツを持ってきなさいねと、ウェイトレスは目でそう語っていたようだった。

48

陪審員の選定が行われるなか、ブリンクリーはサイドテーブルで冷たい水を飲んでいる。ひとり、またひとりと、選ばれた陪審員が席についていく。全部で十二人いるそのほとんどが牧場主だ。紐ネクタイをしめ、彫刻入りの革のブーツを履いており、牧場ではそれぞれにヤギを飼育している。その動物への知識がこちらに味方するかどうかは未知数だが、地元民はおおむね自分を支持しているとブリンクリーにはわかっていた。いまはリトルロックに移っているとはいえ、町が大恐慌を乗り切るのに、この医者が力になってくれたという事実をみな忘れていない。実際広告まで出して、それを表明してもいた。

アウェーで戦うのを、フィッシュベインは不利と思っているだろうか？　ブリンクリーは水差しの陰からそっと敵の様子を覗う。フィッシュベインは五人の弁護士に囲まれて、小さな手帖に金のペンで走り書きをしていた。五人。これは自信の表れではない。ブリンクリーをはじめ、この場にいる人間たちには、弁護士を五人も引き連れているフィッシュベインは傲慢で、金の無駄遣いをしているとしか思えない。ひょっとして脅えているのか。じつはフィッシュベインの主任弁護士であるクリントン・ギディングス・ブラウン自身も、この構図を密かに憂慮していた。ブリンクリーの雇った地元の父子弁護士チームに対して、嫉妬深い医師会がこうやって力を誇示するのは、依頼人に決して有利に働かない。いまを遡ること一九三〇年には、米国医師会、医療委員会、カンザスシティ・サン紙が手を組んで力を見せつけたことで、危うくブリンクリーをホワイトハウスの豪邸に送りこむところだったのだから。しかしもうそれは終わったことだと、ブラウンは思い直す。少なくとも、証人のほとんどを扱うのはこの自分である。そういう仕事はお手のものだし、ここぞというときに、陪審の機嫌を取る方法もわかっている。サンアントニオの元市長であり、現在はヒューストンの有力者であるブラウンは、少年向けにアラモ〔テキサス革命中に起きたアラモの戦い〕の本を書いて教育的なメッセージを伝え、古き良き価値観を重んじる人物として自己を位置づけている。

「全員、起立してください」

主役ふたりの証言はさておき、それから一週間にわたって繰り広げられた戦いは、両陣営互角に思われた。少なくとも、裁判を傍聴する群衆にはそう見えたが、傍聴人の多くは感情的にブリンクリーに肩入れしていた。最初に証言台に立ったのは、デル・リオの新聞販売店の店主、エフィ・ケリーである。問題の雑誌が一般大衆に行き渡っていることを証言するために原告側の弁護士に呼ばれていた。それに続いて、フィッシュベインの事実無根の個人攻撃の記事を読んだという人間が次々と証言台に立つ。たとえばある製氷業者は、サンアントニオにあるガンター・ホテルに滞在しているときに「鏡台の上に置いてあった雑誌で、その記事を読んだんです」という。「ほら、こんなふうに手に取って読んだんですよ」と、そのときのジェスチャーまでして見せる。

その後、ブリンクリーの医療スタッフが証言台に立ち、彼の仕事がたしかであることを請け合った。この重責を担ったのは、A・C・ピーターメイヤー。自称整骨医で、ブリンクリーの側近のひとりだった。立派な身ごしらえの丸顔の男は伸ばしかけの口髭を生やし、聖人のような燃える目をしている。おそらくボスの弁護士に脅えているのだろう。原告の弁護士ウィル・モリス・シニアは、ゴミ捨て場の老いた野犬さながらに、激しい反対尋問に長けている。自身が雇った証人に友好的な質問をするときでさえ、ふいにあらゆる縛りを解かれたかのように、いきなり飛びかかって相手を引き裂くような印象を与える。

ピーターメイヤーは、ドクター・フィッシュベインの記事がドクター・ブリンクリーを辱め、そのためにブリンクリーが以前よりも引きこもりがちになったと証言した。しかしモリスが欲しいのはそんな証言ではなかった。当然この後来るであろう、ブリンクリーは偽医者であるという非難に対抗するために、いまのうちに、彼こそは、世界一厳格な科学者であり、最も慎重な外科医であり、世界屈指の学識を持つ学者であるとの印象を決定づけたかったのである。そのために最も効果的なのは、（ブリンクリー自身がその効果に太鼓判を押しているように）難解な専門用語《ジャーゴン》の連発で、聴衆を煙に巻くことだった。ピーターメイヤーは弁護士に促されて、彼の教えに忠実に専門用語を連発した。「陰嚢をアポジシンで麻酔し……しかるのち精巣を左手で持ち上げ、右手の人差し指で副睾丸の頭部をつかみます。副睾丸の頭部は精巣の付属物です。次に、皮膚、陰嚢筋、筋膜、そして腹股溝筋を通して切開を行います……」そういったあとで、ピーターメイヤーはさらに言葉を続ける。

「少なくとも千件の（前立腺）治療を手がけた、わたしの経験から申し上げますと、九十パーセントの患者が結紮法の治療または手術によって回復を見ております。症状が完全に消失した患者さんもいれば、部分的に回復を見た患者さんもおられます。部分的に回復された方というのは、肥大が進行している患者さんで、この場合には、経尿道的切除も併用して行われます」

ミニーが気を揉んで廊下を行ったり来たりしながら時折ドア口から顔を覗かせてみると、ブリンクリーは弁護士席にすわって「像の上の忍耐」*さながらに、裁判の進行を見守っている。その後ろには、彼を個人的に支援するラジオ局のスタッフが連なっている。ローズ・ドーン、「メキシコのサヨナキドリ」ローザ・ドミンゲスなど。そのときのブリンクリーについて、フィッシュベインは後に次のように語っている。「小柄な男で小さな口髭をたくわえ、灰色のスーツを着ていた……しょっちゅう楊枝をかじりながら、指で髭をとかしている。彼のチョッキのポケットには、両端のそれぞれに楊枝と耳かきがついた金のスティックが入っていて、それでブリンクリーは、歯、鼻、耳をほじり、スティックにくっついてきたものを、どこか愛しそうな表情で見つめていた」

証言台を去る前にピーターメイヤーは、前立腺患者にブリンクリーがアンプルに入った処方薬千二十番を持ち帰らせる理由は何か、説明するよう求められた。すると彼は、この薬はドクター・ブリンクリー自身が独自に開発したもので、患者の白血球数を増やして感染と戦うように処方されて

＊ シェイクスピアの『十二夜』に出てくる言葉。動揺を見せず、感情を抑えている様子を表現。

いるといった。

その後、ブリンクリーの従業員五人が、先生の腕のたしかさについて大げさに証言した。一九三三年以来ブリンクリーの下で働いているJ・H・デイヴィス医師は、「正確な割合はわかりませんが、（前立腺患者の）完治した割合は非常に高い」と述べ、その根拠は、自身が行った数多くの追跡調査にあると主張。レスリー・ダイ・コン医師は、九十パーセントが改善を示したと主張。裁判はそれからも進み、両陣営の専門家が次々と証言台に立つうちに、黒板や証人席の壁にはペニスと前立腺の断面図をふくむ説明図がベタベタと貼られていく。まもなく、ネルソン先生が引率してきた高校生たちの興味は完全にそっちに持って行かれ、裁判の進行など、もうどうでもよくなっていった。

反対尋問では、被告の主任弁護士クリントン・ギディングス・ブラウンの鋭い質問によって、ブリンクリーの証人の信頼性や証言の一貫性が危うくなり、ひとまずフィッシュベイン側が幸先のいいスタートを切ったといってよかった。なかには、本人にその気はないのに、自分でも気づかぬうちに、ブリンクリーの従業員選びに問題があることを露呈してしまった証人もいた。詐欺師でもブリンクリーの信奉者でもない、オーティス・チャンドラー（ロサンゼルス・タイムズ紙の経営者とは関係ない）は、大恐慌を生き延びようと奮闘している、ごく普通の男として証人席に立った。


サンアントニオで妻と三人の子どもたちと暮らしていたわたしは、このままでは食べていけないと判断して、サウステキサスで一旗揚げようと挑戦しました。ほとんど一からのスタートです。ウェスラコの小さな町で精一杯やってみましたが、うまくいかず、その後カーンズシティ、ポティートを経て、最終的にサンアントニオへもどりました。カーンズシティにしばらくいたとき、地元の薬局で働くアルビスという若者と知り合いました。生活に困っていた彼をなんとか救い出して立ち直らせたところ、彼はデル・リオに移り、そこにあるジム・シアーンの薬局で働きだしました。その頃、ブリンクリー医師のX線技師が、なぜか唐突に職を辞しました。アルビスはわたしが経済的に苦しんでいて、以前X線の仕事をしていたことも知っていたので、ブリンクリー先生の病院でX線の仕事を手伝ってほしいと、わたしに頼んできました。

そんなわけで、わたしはそこで働くことになったんです。

初日の裁判が終了すると、ブリンクリーは、J・C・ペニーの店の上にある自身のスタジオに直行し、マイクの前に椅子を引き寄せて話しだした。新しいコンテストを思いついたとリスナーに伝え、一等賞は五百ドル、次のフレーズを二十語以内で最もうまく完成させたリスナーに授与されますという。そのフレーズとは「わたしが、ドクター・ブリンクリーを世界一優れた前立腺専門家だと考える理由は……」。

その後、裁判に関して軽くコメントし、最後をこう結んだ。「もしドクター・フィッシュベインが天国に行くなら、わたしは逆方向へ行きたい」

翌朝、憤慨した弁護士たちはブリンクリーを法廷侮辱罪で訴えようとした。彼が裁判を愚弄し、裁判が終わった後の時間にも陪審員（隔離されておらずに自宅でふだん通りの生活を送っている）

に影響を与えようとしたと非難したのである。しかし、裁判官はこれをそれほど深刻に受けとめず、この裁判の続く一週間のあいだ、ブリンクリーは毎晩ラジオコンテストを続けた。

しかしこれはささいなことで、問題はそれからである。弁護士のウィル・モリス・シニアがブリンクリーの証人である一連の老人たちを証人台に向かわせる段となり、元気いっぱいの牧場主、I・F・〝フレンチー〟・イングラムが最初に出廷した。ドクター・ブリンクリーがいかにして自分の重いリウマチを治療したか、それを証言するのが彼の役目だった。右足を軸に、くるりと回転しながら、滑りこむようにして椅子に腰を下ろした。そうして、自分は原告の元患者であると自己紹介したのだが、それ以上、この男には何も話すことがなかった。

クリントン・ブラウンが「異議あり」という。

それに続いて激しい議論が長々と続き、ここが裁判の一番のクライマックスかと思われた。これらの元患者の証言は、彼の依頼人にとって「極めて重要なもの」であると、ウィル・モリス・シニアはテーブルを叩きながら強調する。一九三〇年の医療委員会の聴聞会で、実際に患者たちは長々と自分の話をしたではないかと。どうやらこの弁護士は、カンザスでの規則がここでも適用されると信じているようだった。しかし、「ここはカンザスじゃないみたい」〔『オズの魔法使い』のドロシーの言葉〕という、映画に出てくる少女の言葉が引用されて、彼の誤解は解けたのだった。

連邦裁判所の規則は、医療委員会の場当たり的な取り決めよりも厳格なのだとブラウンは主張。非専門家が専門的な問題について意見することを禁じる、昔からある証拠規則を例に挙げ、今回の場合、原告側で医療の諸手続きについて判断を下しているのは素人だと非難。裁判官のマクミランはひと晩考えて、翌朝自分の考えを開陳した。

みなさん、わたしは特定の医療行為の良い結果や悪い結果を示す事例を法廷での証拠とすることはできないと考えます……。(もし、それを認めてしまえば)証拠は無限に出てくるでしょう。おそらく、七十五人または百人の患者が現れ、その治療からなんらかの有益な効果を得たと主張し、反対側からも七十五人または百人が現れて、あれは治療ではなく虐待であるとか、なんの効果もなかったとか主張するでしょう。そうなれば本来公正に審理する場であるはずの裁判が偏見や激情に流され、裁判官と陪審の前で下すべき正当なる判断が難しくなり、ただの喧嘩に成り下がってしまう……ですから、そういったものを証拠として認めてはならないと、わたしは思うのです。

この一撃で、ブリンクリーの二十人の証人は失格となった。次の休憩時間にクリントン・ブラウンは、外に立って彼らが出て行くのを見ていた。「全員がいっしょに階段を降りていった。何人かはうなだれて、まるで葬式に向かうように歩いていた」元気な老齢者が退場させられたとなれば、被害に遭って人生を台無しにされた犠牲者も証言はできないことになるが、ブラウンは最初から、もっと争点を絞って戦うつもりであって、そういう証言に頼る必要もなかった。

大打撃を受けたウィル・モリスは、逆境を転じて自分の優位にことを運ぼうと考えて、常識外れとしか思えない意見を押し出した。すなわち、もしブリンクリーの証人を除外するなら、フィッシュベインが証人として連れてきた専門家たちも除外すべきだと訴えたのである。それに対して裁判官は皮肉をこめてこういった。「いや、ブリンクリーの信用が本当に傷つけられたかどうかを検証するために、専門家たちはどうしても必要です。なぜなら、もとから（フィッシュベインの記事が出る前から）彼が、医療の専門家たちから信用されていなかったとしたら、信用を傷つけることは不可能だからです」

そこで、テキサス州の三人の著名な泌尿器科医――ダラスのA・I・フォルソム、サンアントニオのマニング・ヴェナブル、ヒューストンのB・ウィームズ・ターナー――が次々と証言し、図を指し示しながら、ブリンクリーの前立腺治療がまったく無価値であること、ヤギの性腺移植はナンセンスであることを断言した。法律家たちは、最もからかいやすいヤギと性腺の問題にブラウンが何度も立ちもどっているのに気づいている。それに対してモリスは、移植は六年前にやめているのだから、いまはもう「関係なく、取るに足りない問題」だとして、執拗に異議を唱える。しかしマクミラン裁判官は異議をことごとく却下し、原告の弁護士はだんだんに激昂していく。

裁判官　弁護士の先生、この尋問に異議が示されたことは理解しています（記録に残しておきます）。もし引き続き異議を申し立てたい場合、あなた方にはその権利があります。
ウィル・モリス　この尋問を続けたくないと申し上げました。
裁判官　続けたくないといいながら、実際には続けていますね。

ブリンクリーが誇大広告していた処方薬千二十番については、単なる着色水であることが露見した。ある泌尿器科医は、無価値どころか、有害だという。「蒸留水自体、血流に入れるのは危険だと見なされている……なぜなら、血液より濃度が低いために、血液が適切に機能するのに必要な特定の物質を血液細胞から吸収してしまう嫌いがあるからです。それゆえ蒸留水の注入はなんの効果も出さないどころか、人体に害を及ぼすと考えられているのです」

フィッシュベインの専門家三人組の後、ジェイムズ・クローフォードが登場する。といっても法廷に本人がじかに現れたのではない。電気治療で荒稼ぎをしていた時代のブリンクリーの相棒は、またもや服役中だったのだ。それでフィッシュベインの弁護士は、一九三〇年の彼の供述調書を紹介した。これにはクローフォードがブリンクリーとともに犯罪活動に関与した詳細がふくまれており、グリーンヴィルから逃亡するに至るまでの出来事が記されていた。そのなかでも特に陪審員の心証に働きかける選りすぐりの部分を選んで弁護士は朗読する。そのなかには、二十六年前に——ブリンクリーが「過去の谷」とよく呼ぶ時代——患者に「甘味をつけた水」を注入したこともふくまれていた。自分たちは約二か月にわたって「無数の治療法を患者に試し」、しかる後に町から遁走したと、クローフォードはいう。

尋問　請求された代金を支払わなかったのには、何か理由がありますか？
応答　払っときゃあ、よかったんでしょうが、何しろこっちは金が惜しかったもんでね。

49

その週の終わりに、自らの弁護に立ったフィッシュベインは、冷静で分別ある証人のお手本といってよかった。証言台に立って五分もしないうちに早口をたしなめられたものの、己の利害にとらわれない真実の伝道者としての印象を与えることに努め、それがかなり成功した。

被告側の弁護士ブラウンに尋問を受けて、フィッシュベインは米国医師会の由緒ある歴史と、詐欺医療の撲滅者としての自分の資格について簡単に説明をした。すると、あなたはブリンクリーをどう思っているかという質問が飛んできた。

「科学的な見地からいえば、言語道断です」あからさまにそういったものの、「個人的な敵意」は抱いていないとフィッシュベインはいう。復讐劇？　それはばかげている。そうではなく、わたしがミスター・ブリンクリーを相手にここでやろうとしているのは、外科手術のようなものです。「健全な肉体から悪性腫瘍を取り除くこと。ここでいう肉体は科学のそれです」そういって、向こう側にすわっている腫瘍にちらっと目をやった。

それからフィッシュベインは自身の扇動的な記事に書いたブリンクリーへの非難をひとつひとつ取り上げて、その根拠となる出典を明らかにし、自身が記事でつかった言葉（「彼は偽医者の典型である」）が的確であることを示していった。記事で明らかにした非難のいくつかは、クレメント・ウッドが書いたブリンクリー「公認の伝記」である悪名高い『ある男の一生』を根拠にしている。それ以外に、調査部門のアーサー・J・クランプが集めた資料や、現在明らかにされている被害を受けた患者のインタビュー、ラジオから流れてくるブリンクリーの話も参考にしたとフィッシュベインはいう。そうしてここで再び彼は、ブリンクリーが昔からいる偽医者の典型であることを示す事実を指摘する。すなわち、守れるはずのない約束をし、処方薬の成分を「企業秘密」とし、偽の学位をずらりと並べ立てるといった点である。本物の医者なら、自分の発見は他者と共有するはず。なぜなら人々を助けたいからだ。ところがブリンクリーは、いわゆる自分が発見したとするものを「いかなる医学雑誌にも決して発表せず……医学の専門家に批評を仰ぐ」こともしない。それも当然で、彼自慢の処方薬千二十番は、ただの水に過ぎず、そこに「非常に微量の着色剤」が加えられているだけであるからだ。非常に微量なので、それがなんであるかを解明するために、米国医師会研究室は、顕微鏡化学者の助けを借りることになった。

で、それはいったいなんだったのか？

「インディゴです。インディゴに水を加えて十万分の一に希釈した――ミシガン湖に青い着色料のボトルを投げこんだようなものです」各アンプルの製造コストはひとつあたり約十八セントで、ブリンクリーは各患者に半ダースのアンプルを持ち帰らせて、百ドルを請求していた。つまり彼は九千二百パーセント以上の利ざやを得ることになる。しかもこれは彼が手広く働く詐欺行為のほんの一例です！　あの神をも恐れぬ非道なラジオ番組ＭＱＢをはじめ、悲喜劇にしかならないヤギの性腺移植まで、およそ二十年以上にわたるブリンクリーの狡猾な大謀略の目的はただひとつ。人をはばからぬ自己権力の拡大です。金銭欲、我欲、そのほかなんと呼ぼうが構いません。自分は米国医師会のなかで特別な立場にあるため、アメリカにいる一万人以上の医師を個人的に知っているが、彼らの誰ひとりとして、ブリンクリーが一九三七年に得ていたという百万ドル以上の年収を得てはいない。「それはもう医療ではなく、一大ビジネスなのです」フィッシュベインは最後をそう結んだ。

そこでブラウンが次の質問に入る。それはわかりましたが、しかしブリンクリーの若返り治療は無価値だと、どうしてあなたはそこまで確信しているのでしょう？　ヨーロッパでもアメリカでも、人品卑しからぬ男性たちが同様の治療を受けて、効果があったといっています。

フィッシュベインはわかりきっているというように、ため息をひとつついてから陪審と向き合った。

自然な老化のプロセスを逆行させるのは、「サスペンダーの伸びきったゴム」に再び弾力を回復させるのと同じで、まったく不可能です。若返り術というのは、大衆を陥れる罠であり、いいかげんみなさんも、その妄想から目覚めつつあるのではないですか。そうであってほしいとわたしは祈っております。

「反対尋問の番です」

それからの数時間、ウィル・モリスは敵意も剝きだしに、猛烈な勢いでフィッシュベインに反対尋問を行った。飛びかからんばかりに相手に身を乗り出し、口から泡を飛ばす様子はさながら猛獣だった。繰り返しと余談を省いて要点だけを記録すると次のようになる。

尋問　あなたはドクター・ブリンクリーの医療技術について、本人と直接話す機会を持つこともできたのではないですか？
応答　そうしようと思えば、はい。
尋問　あなたはご自身で何も調査はなさっていませんね？
応答　はい、あえてしようとはしませんでした。
尋問　ドクター・ブリンクリーと連絡を取るために、何も努力はしなかった？
応答　はい、自分から積極的に動くことはしませんでした。
尋問　彼について、彼の医療行為について、そして彼の手術や、その理論について知るために、何も努力はなさらなかったと？
応答　個人的には何もしませんでした。
尋問　折々にチャンスはあったでしょうに、どうして会うことを拒んだのですか？
応答　二十六年余り偽医者の調査をしてきましたが、いかなる相手に対しても、個人的に会ったり、会おうとしたことは一度もありません。
尋問　何もせずにただ証人席にすわって、ドクター・ブリンクリーが偽医者だと主張なさるのですか？

応答　はい。

ウィル・モリスは手帖をめくる。

尋問　アメリカで誰が医療行為をしてよく、誰がしてはいけないか。あなたがそれを決定する権限を、政府をはじめとする、なんらかの権威筋から与えられていますか？

応答　いいえ。

尋問　自分で自分に権限を与えているのでしょうか？

応答　いいえ。

尋問　あなたはアメリカで「医療界のムッソリーニ」になろうとしていると、この本にはそう書かれていますが、あなたはいつこれを読まれましたか？

応答　最初に読んだのはたぶん一か月前でしょう。

尋問　その直前に、あなたのやり方の多くが、医学界で大きな物議を醸しました。違いますか？

応答　違います。

尋問　あなたのやり方が不和のもとをつくり、そのために最近あなたはワシントンで少なからず問題を抱えているというのは事実ですか？

応答　いいえ、事実ではありません。

尋問　あなたは最近、ワシントンの連邦裁判所で起訴され、現在も起訴中ですか？
応答　はい、そうです。
尋問　起訴されたのは、あなたのやり方が問題だったから。すなわち医師たちのいうように、あなたが医療を独断的に扱い、自分の思うままにしようとしたせいですね？
応答　いいえ。
尋問　その起訴内容を教えてください。
応答　その起訴は、コロンビア特別区の特定の病院が――。
尋問　質問に答えてください。起訴内容は何ですか？
裁判官　彼は質問に答えています。この証拠の妥当性には非常に疑問がありますが、いずれにしろ……裁判所の立場からは、この証拠は証拠として認めることはできません。これは偏見というもので……ワシントンの裁判事案をここで決するわけにはいきません。
尋問　それはわかっています、しかし――。
裁判官　あなたはこれ以上、この路線で質問を続けるのはやめたほうがよろしい。
尋問　わたしは彼の行動をはっきりさせたいだけなのです。
裁判官　彼がここで裁判にかけられているのは、その行動を裁くためではありません。そちらの起訴内容については、彼がワシントンで証言するはずです。陪審員のみなさん、このワシントンでの起訴に関するすべてを無視してください。この事件とは無関係であり、副次的な問題です。陪審員のみなさんは、それについて議論したり、それを参照したり、心に留めたりすることはしないでください。

これは負けるかもしれないと、ある時点からウィル・モリスにはわかっていたに違いないが、この二度目の打撃はかなり堪《こた》えたようだった。頼りにしていた武器。おそらくほかの何よりも大切にしていた切り札を失った。あの起訴内容につっこんでいけば、保守的なフィッシュベインは、ブリンクリーをはじめワシントンで自由のために戦う勇敢な医師たちを権力で押さえ付け、弱い者いじめをしているという印象を与えられると思っていたのに、その武器をたったいま、ひったくられてしまった。

ウィル・モリスは落ち着きを取りもどすのに、かなり時間がかかった。なんとか持ち直すと、今度はフィッシュベインの記事にあるフレーズをひとつひとつ引き合いに出して、こんなことをいえる根拠がどこにあるのかと、たたみかけるように相手を攻めていった。「あなたが一ドルを送ると、彼は丸薬をひとつ送ってくる」この誹謗の根拠はなんですか？

応答　そういうことを示す資料がどこかにあったんだと思います。

尋問　そんないいわけが通ると思うんですか？

応答　いいわけだとは思いません。

尋問　こういう誹謗をしたことに対する、あなたの最善のいいわけがそれですかと、わたしはそうきいているんです。

応答　いいわけだとは思いません。
尋問　そんなことはきいていない。
応答　きいています。

ドクター・フィッシュベインは生涯かけて、原告の医師としての技量を侮辱してきました。しかし、ご自分はどうなんです？　ドクター・フィッシュベインは開業医として、何年の経験がおありですか？　一年？　たった一年ですか？　一年とおっしゃいましたよね？　で、その一年というのは、いつの時代のことですか？　一九一二年から一九一三年にかけて。なるほど。証人の意見では、第一次世界大戦以前から、医学はなんらかの進歩を遂げているということでしたが、そうではないのですか？

尋問　ドクター・フィッシュベイン、あなたはこれまでに前立腺の手術を手がけたことがありますか？
応答　ありません。
尋問　あなたはこれまで、ドクター・ブリンクリーが前立腺の手術を行っているのを見たことがありますか？
応答　いいえ。
尋問　あなたはこれまでに、ドクター・ブリンクリーの患者のひとりに話をきいたり、インタビューをしたことがありますか？

応答　いいえ。

尋問　ということは、あなたの書いた記事は、ご自身で調査した内容を根拠にしているわけではない。ドクター・ブリンクリーとも、その患者やスタッフともまったく連絡を取っていない。船上で、ほんの五フィート先に彼がいるのを見ても話しかけはしなかった。地球上で最も危険な偽医者だとあなたがいう人物が、すぐ目の前にいるというのに、話し合いの場を持とうという努力は、まったくしなかったのですね？

応答　（彼について）さまざまに調査はしました。

尋問　そんなことはきいていない……ドクター・フィッシュベイン、あなたは、ご自身の仕事を宣伝することによって、米国医師会の信条とやらに反しているのではないですか？

応答　いいえ、そうは——。

尋問　あなたの著書『現代家庭医学』はどうなんですか？　これは、MQBの基本概念とまったく同じコンセプトで書かれていますよね？　これを出版したとき、米国医師会内部では、かなりの怒りや批判が生まれたのではないですか？

応答　はい、多少の騒ぎはありました。

ウィル・モリス弁護士は最後を華々しく締めくくった。米国医師会の強硬策は、正当な医師たちをも滅ぼしてはいないか。新しい医学の地平を切り拓こうとする黎明期の偉大なるパイオニアたちは、こういった組織に苦しめられ、嘲笑されてきたのではないか？　そんなことを訴えながら、彼は何度も同じことをいう。

この問題に対して、あなたがいえるのはその程度のことですか？

こんな記事を書くに至ったのはなぜか、それがあなたの最善のいいわけですか？

フィッシュベインとしてはそれなりに満足はしただろうが、自分が主導権を握って、裁判を大きく動かせなかった不満は残っただろう。そのせいで自身も傷を負ったのだから。しかし、傍聴人たちにはわかっていた。フィッシュベインの記事の核にある、ブリンクリーの医療は無価値であるというテーマは依然として無傷であると。いずれにしても、この裁判の行方を決めるのは、フィッシュベインの出方ではない。ブリンクリーその人が、どれだけ被害者然として個人の威厳を見せつけられるか。それが裁判の行方を決するのである。

50

ブリンクリーは最初、すこぶる上機嫌に見えた。初めての土地に舞い下りた鳥のように室内をきょろきょろ見まわしている。これから二日かけて、彼の経歴の腑分けが行われ、それを本人も手伝うことになるなどとは夢にも思っていない。

原告側の弁護士による尋問は予想どおり順調に進んだ。ブリンクリーは子ども時代と、社会に出たばかりの奮闘の時代をセピア色で描いていく。これはもう意識せずとも自然と口をついて出てくるのだが、法廷という場にふさわしく、詩的な表現は控えめにしておく。

尋問　それでドクター、どのような状況だったのでしょう？　貧しかったのでしょうか？

応答　父が生きているあいだは、食べるものには困りませんでした。父が亡くなると、それはもう生きるか死ぬかの状況に陥り、何を拠り所にして生きていけばいいのかわかりませんでした。ええ、貧しい子ども時代でした……。

ウィル・モリスがフィッシュベインの記事を話題にすると、ラジオでお馴染みのその声が細かく震えだした。「深く傷つきました。わたしだけでなく妻も傷つきました」この誹謗中傷の記事が公になったことで、ブリンクリーの収入は「一九三七年の一千百万ドル（彼はこれを、莫大な印象のある million をつかわずに、eleven hundred thousand dollars といってのけた）から一九三八年には八十一万ドルに落ちこんだ」という。

しかし、被告の非難についてはどうでしょう？ たとえば、ジェイムズ・クローフォードなる下劣な犯罪者が、あなたは着色水をグリーンヴィルの善良な人々に注射したといっていますが、それについては？

「わたしは、いかなる着色水も患者に投与したことはありません」ブリンクリーは落ち着いてそういった。このばかげた流言と向き合うのに、いいかげん疲れたとでもいうようだった。ブリンクリーは何年も前に、テネシーの「ドクター・バーク」なる医師の要請でノースカロライナに行き、彼のためにオフィスを開設したと証言した。バーク医師自身がまもなく到着することになっていて、医師を待つ数週間のあいだに、このジェイムズ・クローフォードなる、それまでまったく知らなかった人物と出会った。それからもバーク医師は現れなかったので、ブリンクリーは町を出る列車に乗った。「その前に、こちらは出て行くと、電報を打ってドクター・バークに知らせました」とブリンクリーはいう。

尋問　このクローフォードという犯罪者は、それからまた現れたのですか？

応答　はい。わたしがカンザス州の知事選に出馬した一九三二年の夏に、わたしに会いにミルフォードにやってきました。

尋問　そのときには、自由の身だったのですか？　刑務所を出ていたのでしょうか？

応答　出所したといっていました。

尋問　どういういきさつで刑務所を出たのか、あなたに話をしましたか？

応答　彼がオクラホマ州マカレスターの刑務所に入っていたとき、刑務所長の事務所に呼ばれ、そこで弁護士ふたりに会ったそうです。彼らはアメリカ医師会からやってきたといい、ドクター・ブリンクリーに不利な証言を提供すれば、刑務所から出られるよう力になると、話を持ちかけてきた。それからふたりは、クローフォードに葉巻とキャンディの詰め合わせと二十ドルを置いて帰っていきました。その二週間後にまたふたりがやってくると、彼は相手の望みどおりの供述を与えたそうです。

尋問　あなたには、どんな提案をしてきたのですか？

応答　三百ドルくれれば、彼らに話したことはすべて嘘だとまた別の供述をすると、そういってきました。

尋問　あなたはそれにどう答えましたか？

応答　わたしの事務所からとっとと出て行きなさい。

この一週間ウィル・モリスは、何かというとヤギの性腺に言及してくる敵と果敢に戦ったものの、結果は全敗だった。もうこの問題については、依頼人自身にしゃべらせたほうがいいだろうと、弁護士はそう思ったらしい。ブリンクリーは喜んでその役を引き受けた。自分が見いだした「驚天動地」の発見は、何度語っても決して飽きることはないようで、ビル・スティッツワースまで遡って、ブリンクリーは嬉々として語り出した。「たまたまですが、彼自身がヤギを飼育していて、その性腺を移植することになったのです」

尋問　それで、どうなったのですか？

応答　当然ながら、成功のニュースは大々的に広まりました。スティッツワースのいとこがわたしのところにやってきて、自分も同じことをやってほしいといってきました。それで手術をすると、今度は妻にもお願いしたいといって、それも引き受けました。それから、彼らの親戚でネブラスカ州の精神科病院に入院している患者さんがいました。もともと地元の銀行で働く支配人でしたが、正気を失って病院に入れられたとのこと。ひょっとして性腺の移植手術で治るのではないですかと、家族がわたしにきいてきました。それは無理ですと、わたしはいったのですが、「とにかくやるだけやってみてほしい。というのも彼は自慰をしていて……」といって、彼を病院から出してわたしのところへ連れてきました。それで性腺移植をしてみると、彼の精神はすっかり正常になり、いまではミズーリ州カンザスシティ屈指の大銀行のひとつを経営しています……その結果について、小さな雑誌に記事を載せたところ、アラバマ州に暮らす女性がそれを読みました。彼女の娘は、アラバマ州テュスカルーサの精神科病院に十年間入っておりました。手がつけられない荒れようで、自身を傷つけないように、四方の壁にクッションを詰めた個室に入れられていました。実際彼女は四六時中、自殺を試みていたのです。わたしは妻とともに、その女性と娘さんに会い、ミルフォードに連れて来ました。そうして娘さんに腺移植の手術をしました。それからまるまる一か月わたしの病院に入院した後、彼女は回復し、医者と結婚して、現在は健全で幸せな毎日をごく普通に送っていらっしゃいます。こういった例でしたら、いくらでもお話できると思います。

尋問　あなたはそういった、実験、手術、研究を通して、性腺移植は人間に益をもたらすと確信したのですか？

応答　はい、そうです。自分は素晴らしい発見をしたと思いました。これは世界一凄いことだと。全世界にこのことを知ってほしいと思いました。

しかし米国医師会はわたしの発見を公表することを拒んだと、ブリンクリーはいう。それで自分で公表することにした。もちろんそんなことをすれば敵を一層刺激することはわかっていたのだが、それでも伝えることは自分の義務であり、「このあまりにも貴重な発見を自分の胸のうちだけに収めておくことはできない」と思った。しかし蓋をあけてみれば、パンフレットもチラシもほぼ不要だった。ひとたびこの発見が広まると、ヤギの性腺は勝手に売れていった。「ラジオをつかって自分の病院に来る患者を増やそうなどと、そんなことは決して考えませんでした」とブリンクリーはいう。「そんな努力はまったく不要だったのです」

そんなに素晴らしい技術なのに、どうしてやめてしまったのか？

ヤギの性腺を移植したのと同じ効果を、乳剤を注射することで引き出せるようになったからだとブリンクリーはいう。そもそも自分はヤギの性腺に完全に見切りをつけたわけではない。ヤギの性腺をつかうことによって、前立腺肥大の患者さんの排尿がもっと楽になることを知ってからは――「それが最初にわたしの注意を引きました」――研究対象は一気にそっち方面へ移った。すなわち、前立腺の問題を手術以外で解決できる方法を模索することである。米国医師会は「前立腺を恥骨上部から摘出、あるいは尿道を通じて摘出することを安易に勧めていますが、これには一定の外科的リスク、出血、ショック、感染の危険を伴います。それでわたしは、動脈の一部を取り除くことにしました。精管動脈を結紮して……」これを一般の人に説明するのは難しい。「これにより、下垂体前葉にあるプロランと呼ばれる物質のブレーキが解除されます……」

尋問　ドクター、あなたの前立腺手術が人々に益をもたらすことは生理学的に不可能であると、専門家たちが証言したのをききましたね。それについて、あなたは何かいうことがありますか？

応答　人々に益をもたらすと、わたしは知っています。わたしのように二十年以上もひとつのことを続けてきた人間には、よくわかるのです。数千人という患者を診てきましたが、最初に診た患者さんにしても、それから長い年月を経て診た患者さんにしても、有益であることは、このわたしがちゃんと確認をしております……わたしの野望はいつでも、自分にできるあらゆる方法で善を為したいということです。もしわたしが医療業界なり、一般社会なりに、危険な手術を不要とする方法や、腺の喪失から男性を救う方法を導入できるなら、どんな犠牲を払おうともそれを実現したいと思っていました。その気持ちはいまも変わりません。

「証人尋問をはじめてください」とウィル・モリスがいうと、クリントン・ブラウンが立ち上がった。しかし、彼が前へ出てくるより先にマクミラン裁判官が警告を発した。ブラウンにではなく、ブリンクリーにである。「名誉毀損裁判では、名誉を毀損されたという人物の全人生が俎上《そじょう》に載せられます」――つまり、この先の裁判の争点はそこになるのである。

ブリンクリーに動じる様子はなかった。医師として、これまで何千人という患者から感謝の言葉を引き出してきた。政治の舞台に立って、群衆から崇拝の念が波のように自分に押し寄せるのも感じてきた。かように賞賛され、聖人のように扱われてきた人間が、どうして自分自身を偽医者だなどと思えるだろうか？

51

尋問　あなたは豪華なヨットを三隻所有していますね？
応答　はい、幸いなことに――。

尋問　あなたは豪華なヨット三隻のオーナーですねと、わたしはそうきいたのです。
応答　はい、わたしは三隻のヨットを所有しております。
尋問　現在お持ちのヨットを運行させるのに何人のスタッフが必要ですか？
応答　二十一人です。
尋問　それは海洋用のヨットですか？
応答　はい、そうです。
尋問　あなたは豪華なヨットとはいいたくない？
応答　現在わたしが所有しているのは、じつに素晴らしいヨットです。
尋問　ありがとうございます。さて、あなたが夏の旅行で海を横断するときには、最も豪華な船に乗りますよね？
応答　船で行くようにしています。航海に適する船で。
尋問　クイーン・メリー号やノルマンディー号より豪華な船がありますかね？
応答　もしそういうものがあれば、そちらに乗りたいですね。
尋問　あなたは最高の船に乗って、その船で最高の部屋に宿泊する、そうですね？
応答　ええ、できるだけ。

被告席にもどると、クリントン・ブラウンはフィッシュベインの記事のコピーを取り上げ、あるフレーズを声に出して読みあげた。「さまざまな政府機関や官庁の努力も虚しく、彼はそれからも巧妙な策を弄して、騙されやすいアメリカ人のポケットから金を巻き上げていった」

ブリンクリーは待つ。

尋問　米国医師会が発行する『ハイジア』に掲載されているこの記事ですが、アメリカの新聞や雑誌は折々に、あなたとあなたの仕事に関して非常に否定的な見解を示しているとある。ドクター、これは真実ですか？

応答　雑誌や新聞に載った、わたしに敵意を持つ記事は、おそらく米国医師会の声明がもとになっているのだと思います。それをたしかな情報筋として、わたしを非難しているわけです。

尋問　米国医師会のメンバーの多くは、キリスト教を信仰する古き良き時代の紳士ではなく、政治屋であり、堕胎医である、そういわれて仕方のないことを彼らはやっていると、あなたはそうお考えなのですか？

ウィル・モリス　異議あり。

裁判官　異議を認めます。

ここにはじまる長い二日間の審議で、この「異議あり」は、ウィル・モリスが唯一勝ち得た成功だった。つまり非常に困難な状況に追いこまれていたわけだが、それでも彼は戦うのをやめなかった。クリントン・ブラウンの尋問には脈絡がなく、ブリンクリーの興奮した反応や、怪しげな学位、失った免許、ＭＱＢの悪辣な手口といったものに、軽い興味を覚える風を装うだけで深追いはしない。それとは対照的にウィル・モリスのほうは、あらゆる質問に対してことごとく異議を唱え、法廷にできる限り多く混乱のタネを撒き散らそうとする。しかしどちらの弁護士もブリンクリーを動揺させはしなかった。何を恐れていたのか知らないが、当初は証言台には立たないと宣言していたのに、その恐れが雲散霧消したかのように、いま証言台に立つブリンクリーは冷静沈着、用意周到で、フィッシュベインの弁護士が何を投げつけてこようと、すべて受けとめる覚悟があるといいたげだ。この状況を楽しんでいる気味さえうかがえた。

困難なくして栄冠なし。

尋問　二十語以下で次の文章を完成しなさい。「わたしは、健康こそ最も貴重な財産だと考えます。なぜなら……」「わたしは、ドクター・ブリンクリーこそ、前立腺手術で世界一有名な医師だと考えます。なぜなら……」こちらはあなたの言葉ですね。二、三日前の夜にラジオでそうおしゃっていました。「みなさんが為すべきことは、ちょっと考えるだけです。ただし真剣に、心底誠実になって、一枚目の紙にこの言葉を完成させるのです。二枚目の紙には、あなたと個人的なつきあいがある男性、少なくとも五人の名前と住所を書いて送ってください。ただし注意点があります。その方々はたしかにあなたの知り合いで、病気に苦しんでいて、ブリンクリーの医療サービスを必要としているのでなくてはいけません。そして、その方々は身体的にも経済的にも、わたしどもの病院に来て治療が受けられる力がなくてはなりません……優勝者には百ドル、二位は五十ドル、三位は二十五ドル、四位は十ドル、さらに五人に五ドルずつ、二百九十人に一ドルずつ。つまり全部で二百九十九人に現金が賞金として与えられます」米国で医療に携わる人間がこういう賞金コンテストを行うのは、普通のことですか？

応答　いいえ、そうは思いません。

尋問　ところであなたはご自分以外に、こんなことをしている人を知っていますか？　赤い封印のついた特典付きの案内状を送りつけて、「病院に来てほかの十人と競い、一番の文章を書けばオールズモビル〔米国製の乗用車〕を差し上げます」なんていう誘い方をしている人ですよ。

応答　いいえ、そういうことをしている人間をほかには知りません。

尋問　全米の新聞が、あなたの偽造行為、詐欺行為について記事を掲載していたというのは事実ではありませんか？

応答　多くの新聞がそうしていたと思います。

ウィル・モリス　異議あり。

判事　異議を却下します。

尋問　米国の至るところで、あなたは卒業証書を大量生産する学校の卒業生であるとの烙印を押されているのは事実ですか？

ウィル・モリス　異議あり。

裁判官　異議を却下します。

尋問　ヘンリー・フォードが出資した新聞ディアボーン・インディペンデント紙があなたをいかさま医者の第一人者と呼んだというのは事実ですか？

ウィル・モリス　それは無関係で的外れで不適当な尋問であり、証拠として認められないため、異議を唱えます。
裁判官　弁護士の先生、その件については、もう裁定しました。あなたとわたしとでは、記録の保存に関する裁定について、まったく考えが異なるようです。あなたが特定の手続きに対して異議を明確に表明し、それに対して裁判官がその異議を却下し、手続きを続行すると宣言した場合、それで十分であり、あなたが再度異議を唱える必要はありません。それなのにどうやらあなたは、質問が投げかけられるたびに、立ち上がって異議を申し立てなければならないと、そう考えているようです……。
ウィル・モリス　これは別の質問だと思います。
裁判官　問題は、再三にわたる異議申し立てが、ふたつの点で裁判の妨げになっていることです。第一に多くの時間をとっており、第二に話を頻繁に断ち切って陪審や法廷やそのほかの人々が話の自然な流れを見失ってしまうことです。裁判の進行がどうあるべきか、わたしはあなたに説明したはずで……彼が宣伝の一部として行ったさまざまな活動から得られたお金について、質問することを許可しました……。
ウィル・モリス　先ほどは誤解があったようです。
裁判官　そうですね、しかしどうやらあなたは裁判の進行を妨げるのをやめられないようですね。わたしが何かいうたびに、あなたは新たな議論を引き起こします。
ウィル・モリス　それはですね、どんな問題についても、考えることを放棄したくなかったからです。それに、この件に関しては、われわれはまったく別の問題だと考えており……。
裁判官　あなたが別の問題だといったのは、これで五回目です。あなたはそうすることで裁判の進行を助けていると思っているのかもしれませんが、わたしはそう思いません。
ウィル・モリス　裁判官の発言に異議を唱えます……。

ブリンクリーのつくりあげた自己正当化の迷路に、クリントン・ブラウンはめったに近づかない。代わりに嘲笑と厳密な科学を武器に戦った。過去の証人に対したときと同じように、話題を繰り返しヤギの性腺にもどし、相対性理論について真剣に理解したいのに絶望的にわからない生徒さながらに、医師に敬意を表する口調で、そのあり得ない手術について次々と質問をぶつけていくのだった。

尋問　ヤギから睾丸を抜いて、それを人間の睾丸に入れるという手術を手がけたのは、あなたがはじめてですか？
応答　わたしの知る限り、そうです。
ウィル・モリス　当然これは異議を申し立てなければ――。
裁判官　それであなたの状況が改善されるとお考えならどうぞ……。裁判の進行の助けにはまったくなりません……。
尋問　わたしが理解していることをお話ししますので、間違っていたら正してください。あなたは人間から睾丸を抜くことはまったくしないのですね？
応答　あなたがおっしゃっているのは、通常のヤギの性腺移植手術のことですね？
尋問　はい。
応答　男性の睾丸の特定部位を切開し、中身を少し取り出して穴をつくり、そこにヤギの性腺を入れるのです。
尋問　通常は小さな皮弁〔ほかの部分に移植するため部分的に切り離した皮膚や筋肉〕をつくるのですか、それとも切れ目を入れるだけですか？
応答　性腺を入れるためのポケットをつくるだけです。
尋問　そんな小さな穴にヤギの性腺を入れるのですか？
応答　いいえ。ヤギは生まれて三週間です。生まれて三週間のヤギの性腺の外膜をはがしてから、丸ごと入れます。
尋問　ヤギの睾丸を人間の睾丸のひとつに入れた後、反対側の睾丸にもそれを入れるのでしょうか？
応答　はい、ときに腹筋に入れることもあります。移植する場所は睾丸だけではありません。
（驚きのあまり場内がざわめく）
尋問　これは実験的なものなのか、それともあなたが発見した最大の治療法なのか、どちらでしょうか？
応答　ヤギの性腺移植は特定の疾患に対する治療の補助薬〔主薬の効果を助けるためのもの〕として、最高のもののひとつだとわたしは信じています。今日においても、あらゆる製品を遥かにしのぐのではないかと……。

クリントン・ブラウンはここで処方薬千二十番に飛びついた。一九一三年に着色水だったそれは、今日でも着色水である……これこそ、彼の経歴を象徴するものとして、位置づけることができるのではないか？

わたしは着色水など誰にも与えてはいないとブリンクリーは気炎を上げた。

クリントン・ブラウンは調査報告書を掲げる。

潮目が変わったのはいつか？　最も頼りになる支援者たちまでも、もうこれ以上ブリンクリーの妄想を支えることはできないと、見限ったのはいつか？　反対尋問も二日目に入ると、もう出だしからして勝者が誰であるかは明らかだった。川向こうのメキシコにある闘牛場に引き出された牛と同じで、奇跡でも起きない限り牛が勝つことはない。しかもこの闘牛場においては、牛は動くことを許されず、次々と首に剣を突き刺されるなか、じっとすわっていなければならない。

クリントン・ブラウンは、フィッシュベイン側のもうひとりの弁護士、ドン・レイノルズに報告書を渡した。レイノルズは処方薬千二十番に関する尋問を引き継いだ。ブリンクリーはピーターメイヤーズの主張を繰り返す。すなわち、この薬は「防御的作用」を有しており、白血球の数を増やすことで感染と戦うという。

尋問　処方薬千二十番がどうやって白血球をつくりだすのか、それを知りたいのですが。
応答　白血球をつくりだすものを刺激するのです。
尋問　本当ですか？
応答　それが処方薬千二十番の作用であり、何がそういう作用を起こすのかはわかりませんが、何かが……。
尋問　それがあなたの説明のすべてですか？
応答　われわれは病気に対抗するために、患者にさまざまなワクチンや血清を注射して人間が持つ力と肉体を強化します……具体的に何がどのように起きているのかは、誰にもわからないと思います。
尋問　胃にはどの程度の塩酸がふくまれていますか？
応答　正直なところ覚えていません。一・二五だったでしょうか、忘れました。

あなた自身のスタッフは除いて、あなたの「画期的な」前立腺治療を採用している医師がひとりでもいたら名前をあげてくださいと、レイノルズはブリンクリーに挑んだ。ブリンクリーが答えあぐねていると、レイノルズはしびれを切らしてさらに攻撃する。「教えてください。処方薬千二十番の投与量は重量で測りますか？　それとも体積ですか？」

この質問にブリンクリーはたじろいだ。あちらこちらに目を走らせ、しまいには表の通りで答えを探そうとでもするように窓の外に目を向けた。この裁判がはじまって以来、最も長い沈黙の後、ようやくブリンクリーが口をひらいた。「正確にはわかりません。この処方薬に何がふくまれているのか、その詳細をすべて知る必要があるとは思いません……」

その瞬間、ゴングが鳴り響いたかのような緊張が場内に走った。それからクリントン・ブラウンがブリンクリー公認の伝記『ある男の一生』を手にして立ち上がり、「面白い本です」と口火を切った。「ただし胃が強くないと、これは読めない……」

本をぱらぱらめくりながら、首を横に振る。さて、どこからはじめようか……？

「『彼の精神構造はまさに、天才のそれである』」

「『ドクター・ブリンクリーを見ていれば、この天才の愛すべき点がわかってくる……。彼にとって金は目的ではなく、自分が生涯をかける仕事を充実させる手段なのだと』」

「『彼の身の内では神の声がしている……。そのおかげで彼は、救済の道を指し示すことができるのである……ラジオの輝かしきパーソナリティは、声色も見事に変えて、こういうのだった……J・R・ブリンクリーはアメリカの大統領になるよりも……』」

尋問　ドクター、正直にお答えください。自分は前立腺の専門家として世界一だと、あなた自身、そう思っているのですか？

応答　いや、実際にはそうは思っていません。きっとわたしより偉大な方が数多くいらっしゃるでしょう。

尋問　あなたは全米で最も学識のある医師ですか？

応答　いいえ、そうは思いません。
尋問　しかし、この第九章のタイトル「全米で最も学識のある医師」からすると、そうなんじゃありませんか？
応答　いや、それはミスター・ウッドの考えたタイトルで……わたしの伝記を書いた人間の。
尋問　「おぼろげながら、彼にもわかってきた。自分はほかの医師たちとは一線を画す、偉大な才能を与えられているのだ……」これも、この本に書かれていることですよね？
応答　そうでしたか。わたしの記憶にはありません。
尋問　それに、この二百ページにはこんなことが書かれています。「米国医師会をはじめ、医師たちやこの国の人々に、いずれわたしは知らしめてやるつもりだ。ジョン・R・ブリンクリーは、そういう人間たちが誰ひとりとして敵わない、最強の医学知識を持っているのだと」
応答　そんなことはいったことがありません。おそらくウッドの創作でしょう。
尋問　「彼はどのようなテーマであっても、事実を提示する際に、人間の性格や心理を理解する学者であり、心理学者であり、優れたショーマンであり、世界で最も博識な医師や外科医のひとりである」これもあなたの本に書かれていることですよね？
ウィル・モリス　「あなたの本」という言葉を繰り返し尋問に入れることに異議を唱えます。
尋問　この本を書いた人間は、どこからそういう事実を持ってきたのでしょう？
応答　それは、さまざまに異なる場所から集めました。わたしが彼を雇って自伝を書かせたのです。金を払って……。

尋問　「アメリカ政府には、天まで達するほどに悪臭を放つ迫害の法的記録がある」と書かれています。アメリカ政府自体があなたに敵対していたのですか？

応答　そういう質問にはどう答えていいやらわかりません……。

尋問　連邦ラジオ委員会と大統領がグルになってあなたの放送免許を取り消したと主張されていますが、それは事実ですか？

応答　はい、そうです。カーティス副大統領がわたしに話してくださって……。

尋問　「倫理意識の欠如した偽医者」と、カンザス控訴裁判所が、あなたについてそう書いていますよね？

ウィル・モリス　異議あり。

裁判官　異議を却下します。

尋問　「……倫理意識の欠如した偽医者……彼は詐欺師の倫理規範に従って組織的なペテンを行い、人間の弱さ、無知、信じやすさを利用して、卑しい大道の薬売りにはとても思いつかない方法で、広範囲に搾取を行っている。不正に取得した免許をつかって、この詐欺師は障害のある人、病人、騙されやすい人、そして慢性的な薬の常用者を搾取し、医学界に恥をかかせ、軽蔑と嘲笑の対象にしている」これはあなたと、あなたの仕事に対する、カンザス控訴裁判所の見解ですよね？

応答　まあ、そのようなもので……。

尋問　ドクター、あなたが左手につけている巨大な指輪の金額をお尋ねしてもよろしいでしょうか？

応答　この指輪は四千三百ドルで購入しました。

尋問　右手のほうは、いかほどで？

応答　およそ千ドルです。

尋問　そのタイピンは？

応答　千五百ドル。

尋問　ネクタイ留めは？

応答　およそ八百ドル。

尋問　お車は何台ほどお持ちですか、ドクター？

応答　それは数えてみないことには。

ウィル・モリス　この名誉毀損裁判に、そういった事柄が関係するとは思えません……そういう質問をすることで、なんらかの偏見を生じさせられるとお考えでしたら、異議を申し立てはしませんが。

裁判官　異議を唱えるつもりがないなら、立ち上がらないでください。異議を唱えたいなら、それについて裁判所が判断をします。

尋問　外にとめてある赤いキャデラックに、あなたのお名前はいくつついていますか？

応答　わかりません。

最後のひと刺しとして、クリントン・ブラウンは再びヤギの性腺に話題を持って行く。これで十五回目ほどになる。

尋問　性腺には「患者の髪の色を変え、皺をなめらかに伸ばし、老化と病で青ざめた顔色を血色のいい健康な顔色に変える力があるというのは、動かぬ事実である」と、あなたはそう宣言していますよね？

応答　それは本当です。

尋問　では、説明していただきましょう。あの小さなヤギの小さな睾丸――通常、生まれて何週目のヤギでしたっけ？

応答　約三週目です。

尋問　その若いヤギの小さな睾丸は、あなたが人間の睾丸に移植した後も生き延びて成長するというのですか？

応答　なかには成長して大きくなるものもありますが、ほとんどの場合は、徐々に吸収されていきます。

尋問　吸収？

応答　はい、そうです。だんだんに吸収されていって……。

尋問　つまり、その小さな睾丸が、人間の睾丸の一部になって、そこでずっと生き続けるということですか？

応答　いいえ、そうは考えておりません。人間の睾丸の一部になるとは考えられず……。
尋問　神経や血管をつなぐと、そうおっしゃっていましたよね？
応答　いや、そんなことは。
尋問　じゃあ、あなたがやっていることは、ヤギから睾丸を抜いて、それを人間の睾丸に入れた切れ目にぶちこんで、また縫い合わせたと、それだけですか？
応答　はい、そうです。

ブリンクリーは精も根も尽き果てたのだろうか？　生涯をかけてきた仕事に、丸二日にわたって切れ目なく疑問をぶつけられれば、誰でも打ちのめされるだろう。それでも、ヤギの性腺は移植するのではなく、ただぶちこんだだけなのかといわれて、そうだと答えてしまった。これは二十年以上にわたって彼が主張し続けたことの全否定である。その日の早い時間に口にしたこととも完全に矛盾する。ブリンクリーは正気を失ったのか。支援者たちはただ呆然と彼を見守るしかなかった。
裁判官が退席してよろしいと告げても、ブリンクリーはしばらく何もきこえないようだった。

52

弁論による猛攻撃という点で、陪審に向けたクリントン・ブラウンの最終弁論は、ロンドンの法務長官によるオスカー・ワイルドへの痛烈な非難*には及ぶべくもない。そちらはもう驚きの非難であり、「タキトゥスの鮮烈な著作、ダンテの『神曲』の一節、サヴォナローラのローマ教皇への告発」と並ぶ、非常に激しいものだった。しかし今回の裁判における被告側弁護人の最終弁論も、並みのものではなかったはずだ。マクミラン裁判官はクリントン・ブラウン（かつての学友）に、「これまできいたなかで、最高の最終弁論だった」といっている。

テキサス法の妙な規定により、その内容は正式な記録には残されていないが、断片的なメモが残っている。「ドクター・ブリンクリーがラジオで提供している優勝賞金五百ドルのコンテスト。あれにわたしは応募したい」とブラウンは最後にいっている。「しかし、その際には、文章に少々変更を加えたい。わたしならこうする——ドクター・ブリンクリーこそ、世界一金を稼ぐ外科医である。なぜなら彼は人間の弱点を知っていて、そこにつけこんで年間百万ドルもの金を稼ぐ図々しさがあるからだ」

ウィル・モリス・シニアが依頼人をどのような手で救おうとしたのか、具体的な方法は不明だが、その時点ではほとんど意味がなかった。マクミランの陪審員に対する説教は、事実上の有罪判決に近いものだった。「被告であるドクター・モリス・フィッシュベインには、訴えられた容疑の事実が真実であるのか否かを証明する責任がある」と裁判官はいいながらも、「この原告がこの国のいくつかの場所で問題を起こしてきたことに疑いはなく、彼が医療行為を行う権利については、これまで何度も問題になっている……本人の証言をはじめ、ほかの数々の証拠からも、彼に関するこの種の告発記事が書かれたのは今回が初めてではないことが明らかである」と断じた。それからマクミランは陪審員に、ブリンクリーが有罪であることを示す、考慮すべき重要な事実を挙げていく。「カンザス州でのドクター・ブリンクリーの医療行為免許の取り消し、コネティカット州での折衷主義派医師全般の免許取り消しに伴う彼の免許の取り消し、彼に恒久的な免許を与えることをカリフォルニア州が拒否したことも、連邦通信委員会が彼の放送権限を取り消したことも、イタリアの医学校が彼に与えた学位を取り消したことも」すべて公共の関心事として「公正かつ合理的な批判」の対象にしてくださいという。たとえドクター・フィッシュベインが「なんらかの点で正しくなかった」としても――ただし裁判官は彼が間違っているとはいわなかった――彼の書いた記事は、「報道特権であって、名誉毀損と見なされるべきではありません」とマクミランはいう。最後に裁判官は、カンザス控訴裁判所がブリンクリーを非難した「倫理意識の欠如した偽医者」という言葉について、声に出して考える。いったい何を考えてそうしたのかわからないが、原告は人に書かせ

＊一八九五年にワイルドが起こした名誉毀損訴訟で、法務長官は彼の評判を徹底的に傷つけた。

た自伝のなかに、こういった自身を侮辱する言葉をすべて入れている。「……わたしが解せないのは、ここで訴えられたような記事に屈辱を感じる人間が、なぜそのような言葉が自分に向かって吐かれた事実を、わざわざ自伝に書いて世間に広めるのかという点です」自分の力で自分の名誉をここまで毀損できる人間に、わざわざ他人が手を貸す必要はないと、裁判官はそういいたいのだった。

デル・リオ・イブニング・ニューズ紙は裁判の状況を一週間にわたって大きな見出しで大々的に書き立てていた。しかし三月三十日の裁判報告は小さなコラムに次のように書かれただけだった。

ブリンクリー上級裁判所に控訴
陪審はフィッシュベインに有利な評決を下す

陪審員は四時間かけて、フィッシュベインに有利な評決を下した。「原告は通常理解される意味でのペテン師及び詐欺師と見なされるべきだ」と判断したのには、次のふたつの要因が大きな決め手となった。すなわち、彼が職業人生のはじまりと終わりで、着色水を使用したことと、ヤギの性腺をつかう治療が外科的移植であると二十年にわたって主張し続けたことだ。デル・リオのお気に入りの息子は、証拠が提示される以前にすでに社会的には抹殺されていたのである。

記者たちはフィッシュベインにコメントを求めようとしたが、彼はもうそこにいない。空港へ急ぐタクシーのなかにすわっていた。飛行機の乗り継ぎ地点であるオクラホマシティで彼をつかまえた記者がいた。「友人たちに囲まれている地元で彼に勝つことができるなら、どこでだって勝てる」と勝者はいい、豪勢なチキンのディナーにかぶりついた。訴訟を起こすなどというばかな真似をしなかったら、ブリンクリーはそれからもずっと同じことを続けていただろうと、後にフィッシュベインはいっている。

アーサー・J・クランプは、一九三五年に心臓発作で引退を余儀なくされたものの、旧友にはちゃんと祝福のメッセージを送っている。「米国医師会がやつをその地元でやっつけただって？　まさかそんなことができるとは夢にも思わなかった。こういうことが続くなら、わが国の裁判も捨てたもんじゃないな！」

人生ではじめて、ブリンクリーは記者たちを避け、デル・リオにあるブリンクリー飛行機格納所からロッキード・エレクトラ単発機に乗って、リトルロックへもどった。

数日後、ロンドンで「ハーフムーンストリートの男」という劇が初演された。ドリアン・グレイの模倣で、科学者が永遠に若くいるために十年ごとに他人から睾丸を奪い、それを自分に移植するという内容だった。「科学者を演じたレスリー・バンクスが役に完全になりきっていたので、観客もリアルな科学者として彼を見ることができた。ラストがじつに劇的で、最後に移植した睾丸が、本来の寿命が来る前に消耗し、バンクスは観客の目の前でみるみる年を取って老人になっていくのである」アメリカの批評家がそう書いている。

かつては人類を救済すると考えられていたものが、滑稽なホラー演劇のテーマに成り下がった。

性腺はいまや衰退期に入ったのである。
アイルランドでは、イェーツが亡くなった。

53

一九三九年十二月十四日、マーティン・ルーサー・キング・ジュニアが奴隷の姿で『風と共に去りぬ』のプレミア上映を祝った。この十歳の少年は、アトランタのエベニーザー・バプティスト教会合唱団のメンバーとともに、白人のみが参加するジュニア・リーグ・ボールで黒人霊歌の夕べを提供。そのあいだ、ピーチツリー通り近くでは、〈ロウズ・グランド・シアター〉の外観が塗装の最後の仕上げに入っている。古代ギリシア風の柱もふくめ、この劇場はスカーレット・オハラの愛する家「タラ」に変貌していた。

明くる夜は興奮のるつぼだった。スポットライトが空を舐めるように走るなか、三十万人の群衆がレッドカーペットの両側に並ぶ警備兵の列をぐいぐい押して前へ出ようとする。劇場の入り口にはフープスカートとレースの手袋を身につけたアトランタの美女たち、栗毛色の上着と膝丈ズボンに身を包んだ美男たち、祖父の軍服を着こんで、かさばる剣を下げた若者たちが集まってぶらぶらしている。どこの通りも見渡す限り、南軍の旗が水平にはためいていて、もしもスポットライトがなかったら、グラント将軍〔南北戦争時の北軍の将軍〕がアポマトックスでたったいま降伏したのかと、錯覚するかもしれない。

午後七時半になるといよいよ主役たちが登場した。セルズニック、フレミング、ミッチェル、リー。きらびやかな夜のなかでフラッシュの光が盛大に弾け、大歓声がこだまする。大、中、小のスターたちが続々と車から降りてくる。映画とは直接関係ない人間（なぜここにいるのか？）もレッドカーペットを歩いていく。クラーク・ゲーブルが現れると、警備兵たちは群衆に対抗するため、腕をがっちり組み合わせて人間の鎖をつくり、足場を奪われまいと踏ん張った。

ひょっとしてこれは自分のためかと、一瞬の気の迷いでブリンクリーがそう錯覚してもおかしくはない。

実際、そう考えた瞬間があったのだろう。自分たちの番が来ると、ブリンクリーは妻をエスコートして、誰だかわからないセレブに向けて送られる歓声を受けながら、レッドカーペットの上を歩いていった。そんな彼を見ていたサタデー・イブニング・ポスト紙の洞察に長けた記者は、「颯爽と歩いていくその著名人はなかなかに恰幅がよく、トレードマークでもあるブロンドのヤギ髭を生やしていて、医者の役専門のハリウッドスターに見えなくもない」と書いている。

アメリカでは悪名も有名のうちで、同じ特権階級に属する。それだから、デル・リオの法廷ですべての毒を吐かされて、偽医者の典型として剝製にまでされた男が、この十年で最も華やかなパーティーにＶＩＰ待遇で招待されたのである。果たして彼はまた返り咲くつもりなのだろうか？　ポスト紙で四月に掲載されたブリンクリーの人物紹介記事では、スタッフが三十五人、週に二千通の手紙が届くというように、リトルロックでいかにも商売が繁盛しているように書かれており、法廷での惨敗は些末なものとして扱われていた（「敵対者たちが力を合わせて、十五年にわたって彼の放送を禁止させようとしたにもかかわらず、支持者たちが医師と呼ぶその人はいまだ権勢を誇っているのである」）。あの裁判以来、大統領選に出馬しろと夫をせっつく、「おせっかいな手紙が五十万通」も届いていると、ミニーはいう。

悲しいかな、ブリンクリーの体面は劇場に貼ったタラの家の書き割りと同じで偽物だった。フィッシュベインが予測したとおり、裁判官と陪審によって正式に詐欺師の烙印を押されてからというもの、ヤギの性腺王に対して一連の訴訟が持ち上がった。リトルロックのある弁護士は、それをフィッシュベインに手紙で知らせている。彼のせいで「子どもがつくれなくなり、インポテンツになり、身体障害者になった」として、ブリンクリーに対して、六十万二千五百ドルの賠償金が請求されている。また別の訴状では、「手術台で患者の出血を放置して死ぬに任せた刑事過失」が問われているという。さらに『風と共に去りぬ』のプレミア上映時には、「官庁お墨付きの詐欺師」として、ブリンクリーは三百万ドルを超える訴訟に直面していた。それにもかかわらず、患者が死亡した場合には返金するという新しい営業方針を彼は掲げていたのだから驚きだ。リトルロックの部下のビジネスマネージャーも、ブリンクリーに対して医療過誤の訴えを起こした。

その一方で、腐肉の臭《にお》いを間違いなく嗅ぎつける国内歳入庁（ＩＲＳ）は、彼に未払いの税金で追い討ちをかけていた。

「カントリークラブ病院の修繕費用をまったく支払っておらず、借金で首がまわらなくなっている」と、ブリンクリーは一九四〇年の六月にスタッフのひとりに手紙を書いている。「従業員を大量解雇しなくてはならず、医師、看護師、事務所従業員の給与をほぼ半減せざるをえず、これまでの人生で過ごしたどの州よりも、ここでは困難を強いられている」

評決を覆そうと控訴裁判所に訴えたものの、それがさらに恥の上塗りになった。最高裁は審理を拒否したのである。しかしそのあいだもずっとブリンクリーの複写機は動き続け、宣伝のチラシを吐き出し続けていた。

「親愛なるみなさまへ――一月には二十五ドルの割引でサービスを提供しておりましたが、それを逃してしまいましたね。二月には二十二・五ドルの割引でしたが、これも逃してしまいました。三月には二十ドルの割引となりますが、このチャンスも逃してしまうおつもりですか？　割引額はどんどん減っていきますよ……」

ドクター・ブリンクリー夫妻にデル・リオに病院をもどすよう訴える嘆願書に地域のリーダー二十四人が署名した。「こちらではみな先生を信頼し、尊敬し、大切に思っております」というので、ブリンクリーはふたつ返事でそれに応じたかったが、債権者や請求者らが復讐の女神さながらに連日襲いかかってくる状況では、引っ越しもままならない。この壊滅的なキャッシュフローを改善させるまでは、動くことができないのだった。

きっとブリンクリーは大胆な行動に出るだろうとみんなは思ったが、まさかそれにディリー航空学校を巻きこむとは、まず誰も予想しなかった。

戦争がヨーロッパを覆い尽くし、アメリカの参戦も避けられなくなるなか、世界はヒーローを求めていた。しかし同時に、戦争が終わるまで身を隠していたい、卑怯者や利己的な人間もいた。そのような人々のニーズに気づいたブリンクリーは、自分ならばその需要に答えられると考えた。彼自身が徴兵を逃れようとした際、誰もその手段を提供してくれなかった。徴兵を回避できるとわかれば、消費者はいくらでも金を出すはずだろう。

「なにゆえ月収二十一ドルで隊列を組んで、右向け右や左向け左といった命令に従う必要があるのでしょう？　航空機の整備士として働けば、もっと高い報酬が得られるのです……塹壕を掘って銃を持つのか、それとも訓練を受けた整備士として、弾の飛んでこないところで働くか……選ぶのはあなたです……いまも何千という整備士が求められており……わが校の生徒は訓練の全課程を終える前に採用されていきます……」

彼が引き継ぐ前、ディリー学校はカンザスシティで溶接と飛行機整備に関する講座を提供する地味な学校だった。それが、大量の広告と怪しい推薦状のおかげで、入学者が殺到。一番の魅力は、ディリーの卒業生は徴兵されないという点だった。

少なくとも彼の主張はそうだった。とんでもない大嘘で逃げ切ろうとしたために、商取引改善協会が彼を法廷に呼び出したときには、どうしてそんなことができると考えたのか、不思議がられる始末だった。一年もしないうちに学校は破産し、ブリンクリーは企業を略奪したとして告発された。

一九四〇年十二月になると、ミニーは疲労困憊。かつて幸せに過ごしていた場所に、しばし逃避旅行に出た。「ナッソーは美しいのよ。ターコイズの枠にはめた白い真珠のよう。ウィンザー家のご夫妻にも会いました。奥様は病んでいて哀れで、公爵は小柄でキュートで、とても陽気……」友人に宛てた手紙にそう書いている。

一九四一年の初めに、サンアントニオで破産を宣言したとき、ドクター・ブリンクリーは三十万ドル以上の資産と百万ドル以上の負債をリストに載せた。裁判所にはもっと詳細な記録を出すべきだが、そうできない当然の理由があった。「帳簿はまったくつけていないんです」ブリンクリーはそう説明した。

ブリンクリーとミニーは路上に放り出されたわけではなかった。破産法は、彼らの邸宅、家具、衣服、ダイヤモンド、保険証券、医師の写真、一台の車を保護していた。しかし、彼の債権者はそれからすぐ事実に気づくのだが、ブリンクリーはそれ以外のものもすべて自分の手もとに残そうと考え、そのために持ち前の狡猾さと創意を最大限に駆使していた。裁判所に行く前に、資産をミニー、ジョニー・ボーイ、そしてさまざまな友人たちに移したのである。「百五十万ドル以上の賞金を巡って血湧き肉躍る追いかけっこがはじまった……」とあるジャーナリストは書いている。

三月二十四日、ミニー夫人も破産したのを受けて、困窮した債権者たちはデル・リオの連邦裁判所に押し寄せて、自分たちの権利を主張して戦った。ブリンクリーは指にはめた一番大きなダイヤモンドの指輪をいじりながら、金がどこへ消えたのか、その行方を正確にいうことはできないものの、ここにいらしている紳士たちに部分的な解決策を提供できますと、裁判官に温和な口調で伝えた。六頭の馬、九十頭の牛、四十羽のアヒル、そして一丁の銛《もり》銃を、「五つのパンと二匹の魚*」の

＊ 聖書の奇跡の物語に基づき、少ないものを多くの人々に分ける方法を指す。

方式で、みんなで分けてください。わずかな採鉱権と不動産もなんらかの足しにはなると思いますが、残念ながらラジオ局はメキシコ政府のものであり、病院はわたしの名義で設立されたものではないんでね……。

ペテンで財産を守ろうとする試みも結局は失敗した。死んだも同然となったブリンクリーだが、まだ完全には屈服していなかった。正式な牧師になるため通信講座で勉強をはじめ、占星術師に相談した後は、米国上院議員に立候補しようと考えて、テキサス州務長官に申請書を提出した。「破産して、選挙運動の資金はまるでありませんが、もしわたしが指名を受ければ、わたしを愛し信頼してくれるテキサスの人々が自由意志で寄付をしてくれるに違いありません」ブリンクリーはそう声明を出した。しかし期待された寄付は寄せられず、まもなく選挙戦から撤退した。

さらに悪いことに、メキシコとアメリカは長年の確執に終止符を打ち、周波数帯の配分に関する合意に達した。この合意にはブリンクリーを放送界から追放することもふくまれていた。一九四一年夏にメキシコ軍はXERA局を押収。この局は「ナチを支持する外国人」の運営の下、「新時代にふさわしくない内容を放送している」との非難を受けたとAP通信は報じた。ブリンクリーがナチスのスパイであるという噂が国境沿いに広まっていた。

それでもまだ気持ちの上では負けていない。彼がとうとうすべてを失ったと認めたのは、七月二十一日、カンザスシティから妻に宛てて書いた手紙のなかであった。

ハニー、

ＸＥＲＡが壊されているときみから電話をもらって以来、わたしの心も壊れていっているようだ。あのラジオ局がある限りと、かすかな希望を持っていたのだが……。健康も失ってしまったよ。覚悟はできている。寝付いた後は、天に召されるのを待つだけだ……。

愛をこめて、ダディ。

三日後、ブリンクリーは心臓発作を起こした。

54

「ドクター・ブリンクリーがカンザスシティで苦しんでいるとき、フラナガン牧師が飛行機で飛んできて、終日病床に付き添ってくださいました」ミニーはそう回想する。それ以外に、友人たちはほとんど訪れることはなかった。自身も人生を台無しにされて苦々しい思いでいるミニーには、すべての責任が誰にあるのか明白だった。「米国医師会がドクター・ブリンクリーをはめた……ドクター・フィッシュベインが諸悪の根源です……」

カンザスシティの病院でブリンクリーの健康は急速に悪化していき、八月下旬には血栓ができて左足の切断を余儀なくされた。その数週間後、アメリカ合衆国郵便局は二十年の怠惰な眠りから覚め、郵便詐欺でブリンクリーを訴えた。連邦保安官が逮捕状を持って病床に現れたのだが、その十五の起訴内容のなかには、「ジョン・R・ブリンクリーは、自分は偉大な外科医、科学者、医師であると、事実とは異なる者になりすましていた」という、ずいぶんまわりくどいが、本人にとっては屈辱でしかない罪状もふくまれていた。

逮捕状を手に取って、「まあ、わたしが逃亡する危険はありませんからね」と、ブリンクリーはいった。

衰弱して床を離れることもできないので、検察は裁判を延期したものの、ミニーも郵便詐欺で逮捕された。一九四二年一月十日、ブリンクリーはサンアントニオの弁護士ウォレス・デイヴィスに助けを求める手紙を書いた――。

わたしは破産しており、持っているものはすべて売られてしまいました……。体重は一七五ポンドから一三〇ポンドに減りました。切断された骨は壊疽を起こし、全然治っておりません。つねに痛みと闘っている状態です……。

以前はお金を借りることができましたが、わたしたちが起訴されてからは個人的な友人ですらリスクを取りたがりません……。

過去にはあなたに請求されたすべてのお金を支払いました。そのためにお金を借りなければならないときもありましたが、あなたには支払いました。いまのわたしは寝たきりの、まったく無力な人間であり、わずかでも情けをかけていただければと……。

デイヴィスはきっと夫の訴えを無視するだろうと正しく予想したミニーは、自身の友人、モーリー・ヒューズに訴えた。

「もしこの裁判が行われたら、わたしたちは終わりです……。必要な証人を得たり、地元の弁護士を雇ったりするお金がありません……どうしても必要ならば、きっとどこかからお金を工面するだろうなんて、思わないでください。あの夫婦には錆の浮いた古い缶にしまった隠し金があると、周囲の人々はみなそう思っているようで、わたしたちはもう、にっちもさっちも行かなくなっています……。

あなたが、わたしたちの状況を正しく理解してくださるよう、神に祈ります。もしわたしたちを破滅から救ってくださるのでしたら、誰にも相談せず、ご自身のお考えでそうしてくださるようお願いいたします」

人生の終末にさしかかったブリンクリーにも、ひとつ明るい出来事があった。ノーマン・ベイカーが郵便詐欺で有罪判決を受けたことを知ったのだ。スイカの種、トウモロコシの毛、石炭酸から成る癌治療は、レベンワース刑務所における四年のお勤めから彼を救うには不十分だった。ベイカーを転落させたのは自分の功績であると、ブリンクリーは虚偽の主張をしている。「アーカンソーの友人たちに圧力をかけさせたんです」と病床で半身を起こして彼はいった。「地方検事、裁判官、わたしの三人で協議して、やつを郵便詐欺でしょっぴいてやろうと決めたんです。わたしの患者を横取りし、千五百ドルを奪ったあいつに、これで報復ができました」
しかし、それは束の間の休息だった。五月六日、ブリンクリーはミニーに、哀愁を帯びた母の日のメッセージを送っている。

われわれは、迫害と失望の炎のなかで試されている……ともに立ち、並んで歩き、栄光に満ちた死後の世界へ向かわねばならない。もしきみより先にわたしが死ぬことになったら、わたしはあの世で、きみの到着を待ち、きみを見守っている……。きみには、われわれの息子、ジョンへの責任がある……。あの子にきみの時間と才能を分け与えてやってくれ。あの子は父と同じで繊細な花なのだ。

後にミニーはこれに自身の言葉を付け加えている。

最後のラブレター
――わたしたちの愛は本物で、わたしたちの努力は成功をもたらした。

一九四二年五月二十六日、ブリンクリーはサンアントニオで眠るようにして亡くなった。いくつもの裁判から逃れて、アメリカで最も有名な人物のひとりとして長い眠りについたのである。デル・リオはブリンクリーを賞賛し、テネシー州メンフィスの大きな記念碑の下に彼を埋葬した。メンフィスはブリンクリーとミニーが出会った街だ。

長きにわたって君臨し、頂点に達したと思ったら、そこから一気に転落する。シェイクスピア劇さながらのドラマチックな人生を送った男が死ぬと、生前の敵たちも彼に賛辞を送った。ウィリアム・アレン・ホワイトはいう。「彼のキャラクターをちょっぴりいじってみたらどうだろう。ここに誠実さを少々加え、あちらに知性をもう少し入れる……そうすれば正真正銘の偉大なリーダーができあがる」と。フィッシュベインもある種の賛辞を捧げている。「今後何世紀のときが経とうと、あれほどまでに強弁で、あれほどまでに豊かな想像力を持ち、あれほどまでに強いエゴを持つ人間は、二度とこの世に生まれないだろう」と。しかし、群衆のなかで無名の老人がぽつりとつぶやいたひと言ほど、ブリンクリーという人間を端的に表すものはないだろう。「騙されてるってわかってたんだけどさ、それでも俺……あの人が好きだったんだよね」

本人が思っていた以上に、ドクター・ブリンクリーの人生は豊かだった。

エピローグ

アンブローズ・ビアスは、偽医者を「無免許の殺し屋」と定義したが、ブリンクリーの時代には医療過誤法が生まれるのはまだ遠い未来の話だったから、彼は殺しの免許を与えられていたも同然で、しかもそれを十二分に活用した。アメリカ史上最悪の連続殺人犯の冠をかぶせることはできないとしても、彼が出した死者の数だけでも、ファイナリストに名を連ねるのは間違いない。一九三〇年のカンザス州医療委員会の聴聞会は、ちょうどブリンクリーのキャリアの中間地点に行われたが、そこで検察は、少なくとも四十二人（そのうちの何人かは、初めから病気ではなかった）が彼のクリニックに立って入り、横になって出て行ったことを証明している。この数には、ジョン・ホムバックのように、病院をよろめきながら出て、どこか別の場所で亡くなった人間は入っていない。それ以降十年のあいだにさらに死者の数は増えただろうし、MQBを通じて無闇矢鱈《むやみやたら》に危ない処方薬を全国規模で売りつけていたことも合わせれば、これは大量虐殺といってよく、どれほど極悪な殺人犯であろうと、彼の数字に近づくことはありえない。そんな人間が長きにわたって仕事を続けてこられたのには、アメリカの体質の一部が関係している。この国は貪欲を犯罪と認めるのをずっと渋ってきたのだった。患者を殺した医師が初めて刑務所に入ったのは一九六四年で、その頃にはもうミルフォードの救世主は現場にいない。

フィッシュベインはこの死の商人を、彼ならではの手をつかって服従させた。これにより、単にひとりの詐欺師を葬っただけではなく、米国医師会が全国的に医師の免許基準を設定する権威をも勝ち取った。二百年から三百年も続いた、規則もへったくれもないアメリカ医療界の乱闘騒ぎに一線が引かれ、以降、厳格に集中管理されるようになったのである。しかし、これは手放しで喜べることではなかった。人は権力を握ると、さらに強い権力が欲しくなるものだ。この傾向が米国医師会にもしばしば見られ、それがたとえば一九四〇年代初頭のシャーマン反トラスト法事件での有罪判決を招いたのだった(組織は罰金を支払ったが、フィッシュベイン自身は罰せられなかった)。しかしその一方で、米国医師会が権力を握ったおかげで、現在あなたがかかっている医師の卒業証書は正式な学校から発行されている可能性が高くなったのである。

フィッシュベインが敵に撃った銛は、さまざまな海の底で山になっており、ブリンクリーはいわば彼の白鯨だった。フィッシュベインがいつも前に出て自分たちが日陰に追いやられるのにうんざりしたAMAのメンバーは、一九四九年に彼を役職から追放した。しかしその後も、息つく暇もつくらない彼の仕事のペースは変わらず、ほぼ死の直前まで執筆と講演を続けた。亡くなったのは、一九七六年九月二十七日。その年の初頭に、二世紀にわたって積もった不満にようやく反応して、連邦議会が純正食品薬事法に対する医療機器改正法案を可決した。フィッシュベインの長きにわたる戦いがようやく実を結んだのだった。

葬儀ではシカゴの市長リチャード・J・デイリーをはじめ、同分野の著名人たちがフィッシュベインを賛美した。彼の名は、シカゴ大学にあるモリス・フィッシュベイン科学医学史センターが今後も継承していく。しかし全般的に見ると、火の玉のように激しい仕事をした編集者もやはり、犯罪撲滅に身を捧げる人間が味わう苦汁を舐めることになった。ブリンクリーを有罪にした快挙は別として、彼が成し遂げた成果は長続きしなかった。フィッシュベインの死後、新たな詐術を武器に、新しい詐欺師たちが以前にも増して続々と生まれたのである。どこであろうと、フィッシュベインがきれいに雑草を刈った土地が、またたくまにジャングルになってしまう。今日でも、偽のがん治療や減量治療、ホリスティック歯科、耳キャンドル（耳に蠟を入れる治療）、ワイルドヤムクリーム、キレーション療法、気功ほか、即効性を謳う何千という治療法が生まれて、その発明者がシャンパンの海で泳いでいる。

しかしジョン・ブリンクリーの遺産はじつに広範囲にわたっており、その深さも並みではなかった。

『カサブランカ』でハンフリー・ボガートが演じるリックのように、じつはブリンクリーも偽情報をつかまされていた。つまり、ＸＥＲＡ局は壊されてはいない。元従業員のふたりが引き継いで、詐欺色こそ抑えたものの、それ以外はブリンクリーの時代と何も変わっていなかった。「ハンク・スノウ、アーネスト・タブ、レフティ・フリッツエル、ハンク・ウィリアムズ、ジミー・デイヴィス、ピーウィー・キング――名のある者はほぼもれなく、この街を訪れてレコードをかけ、ラジオトークをしていた」と、当時のスタッフは回想している。残念ながら、彼らがラジオでかけたレコードはほとんど残っていない。その理由をブリンクリーの局のマネージャーだったドン・ハワードが説明している。「こういった古い盤はメキシコで大変な人気を集めた……外側がアセテートで内側がアルミニウムだったので、屋根に使うと永遠に保《も》つのだった」

生演奏の代わりに録音をつかったり、電話を通じて遠距離放送を行ったり、ブリンクリーの画期的な発明は業界全体に浸透した。ＡＭ放送のフォーマット自体、彼が発明したものである。時代は移っても、依然としてデル・リオはその中心にあって、夜にはカフェで音楽が流れ、ラジオ放送の革命が一九五〇年代まで続いた。とりわけ大きな革命が起きたのは、ブリンクリーがかつてすわっていたマイクの前に、ニューヨークはブルックリン出身のボブ・スミスがすわったときにはじまった。日本人には「愉快な皇帝」*として、ドイツ人には「笑いの宰相」として知られていた彼だが、アメリカ人にとっては「ウルフマン・ジャック」である。

偉大なるウルフマンは、ＸＥＲＡ局（現在のＸＥＲＦ）を安全に遊べるベビーサークルと見なした。「書類を一枚提出して、毎週日曜の夜にナショナルアワーを放送する。あとは税金さえ払えば、メキシコ人は何でもさせてくれる」と彼はいう。ブリンクリーへのオマージュか、しばらくのあいだ彼は、フロレックスなる名前の錠剤を売っていた。（「結婚生活も長くなると、あっちのほうはマンネリだよね。だったら、これこれ。これをママのオレンジジュースにポンと入れてみなって……」）さらに重要なのは、彼がブリンクリーの精神まで引き継いでいることだ。つまり、ブリン

＊これは巧みな日本語を操ったために、その称号を得たという自称であって、日本人がそう呼んでいたのではない。

クリーと同じように、まったく予期せぬものをリスナーの耳にガンガンぶちこんで、世界の歴史をつくったのである。「俺たちのリズムでおまえらの魂を揺さぶり、ブルースで借りを返してやるぜ！」

それはシカゴの「チェス・サウンド」*からはじまり、マディ・ウォーターズ、ハウリン・ウルフ、リトル・ウォルターらのレコードで爆発した。大陸を横断して、ウルフマン・ジャック、ファット・ダディ、マグニフィセント・モンタギューほか、新世代の国境を越えるDJたちが、アメリカのメインストリームのラジオから見れば消えてなくなってほしいと願うような音楽を広めたのである。ハードコアなブルースとR&B、クライド・マクファター、ハンク・バラード、ビッグ・ジョー・ターナー、ザ・プラターズ、ザ・クローバーズ……。

「裸になって悪魔の草を吸い、おまえの先生にキスをしようぜ！」

黒人音楽は、この国境を越える放送局で流されたのがきっかけで、全国に爆発的に広がった。ヒルビリーミュージックがそうだったように、これらの局が現在流しているカントリーとブルースの複雑なブードゥー（ハンク・ウィリアムズからハードコアなファンクのジェイムズ・ブラウンまで、特定の音楽ジャンルを超えた全米的な音楽）は、量産型で無機質なポップミュージックを圧倒し、アメリカの新しい世代の音楽的嗜好を大きく変えた。国境沿いのラジオ局は白人と黒人のクロスオーバー文化を生み出し、燃えはじめたロックンロールの火を大いに煽った。

一九八〇年代になると、メキシコの放送局は時代と最新技術についていけなくなって徐々に消えていく。しかしブリンクリーが遺したもうひとつの遺産は、まだそこで生き延びていた。偽医者のクリニック、とりわけ「癌治療」の特別プログラムといったものが、米国の法律の影響を受けない場所に、まだ潜んでいたのである。そこにはもう何十年も前から、レアトリル・サンドウィッチ**などといった危険な商品を宣伝したり、藁にもすがりたい患者をティファナあたりに乱立するクリニックへ誘導したりする粗末な看板がひしめいていた。映画スターのスティーブ・マックイーンは肺癌も末期になってファレスの治療師にすがったが、助からなかった。

ヒトラーがポーランドに侵攻するに至って、ようやく人々は目を覚まし、性腺への熱狂は消えていった。ドクター・セルジュ・ヴォロノフは一九五一年に亡くなったが、ある知人の言によれば、「嘲笑にまみれた人生を送りながらも、最後まで威厳を保っていた」という。しかし、ごく親しい彼の友は、晩年のヴォロノフが深い憂鬱に沈んでいたと証言している。「誰も自分の足跡をたどる者がいないという事実に傷ついていた」さらに悪いことに、ヴォロノフが手がけた過去二千件の移植手術のなかに、後年になって彼を呪うものがあった。サルの性腺を移植したことで、梅毒を発症した患者がいたのである。これを知ったヴォロノフはひどく打ちのめされた。

ヴォロノフの偉大なライバル、ドクター・オイゲン・シュタイナッハの晩年は、もっと恵まれていた。八十歳の誕生日には、ニューヨーク・タイムズ紙が彼の研究を「徹底した手法で独創性に優れている」と賞賛し、「性ホルモンの新知識を適切な道へと導く上で、おそらく最も強い影響を与

＊ シカゴを拠点としたチェスレコードによって生まれた独特のブルース音楽スタイル。
＊＊ アンズの種子から抽出される制癌剤をふくむ食品。後に危険性を指摘された。

えたといえる」と評した。つまり、ヴォロノフの手術自体は廃れたものの、彼の為した誤りと失敗が、新時代の人間たちに正しい道を示したというのである。それが科学というものだった。

しかしどんな分野でも、真実を追求し続ける人間は全体のほんの一部でしかないというのが悲しい現実で、とりわけ「若返り」の分野ではそれが顕著だった。第二次世界大戦の後には、「わたしはシュタイナッハとヴォロノフが手術を行うのを見る機会があり、ふたりの過ちから得るものがありました」という、スイスのドクター・ポール・ニーハンスが「スターを若返らせる男」との定評を得るようになった。ジュネーブ湖のほとりにある彼のクリニック「ラ・プレリー」では、教皇ピウス十二世、サマセット・モーム、コンラート・アデナウアー、ジョルジュ・ブラックのような年を取った有名人に「細胞療法」を提供した。一九五七年に『ルック』誌は、「この男が教皇を生かしているのか？」というタイトルの記事で、その技術について解説している。「臓器が機能不全に陥っている場合、子牛、ヒツジ、ブタといった動物の胎児や非常に若い個体の対応する臓器から『新鮮な細胞』を得る。この細胞を液体に混ぜて、患者の体内に直接注射するのである……」これからすると、少なくともブラウン＝セカール教授の影響力はかなり長く残っていたといえる。

今日、若返りはインフォマーシャルやウェブサイトを通じて世界規模の市場を形成しており、あらゆるニーズに対応するツールや玩具が提供されている。男性においては、バイアグラや、「二千年前のレシピからつくられた」中国のクロコダイル睾丸錠などに手を出して、性的パフォーマンスを維持するための涙ぐましい努力が続けられている。とことん追求したい層には、悪魔と取引をするに等しいステロイドというニッチな手段もある。女性の場合、筋肉の増量に惹かれないわけではないが、たいていの場合心配なのはパフォーマンスの低下よりパッケージの劣化である。まつげの植毛は一九七〇年代から存在しているが、ここ数年のあいだに常軌を逸した危険な美容整形が爆発的に増加した。二〇〇一年には、牛のコラーゲンが狂牛病と関連するクロイツフェルト・ヤコブ病の発生を引き起こしたとされた。死に至る恐ろしい病を引き起こす可能性があるといわれても、ぷっくりした唇やハリのある肌を求めてコラーゲンに頼る女性はいまでもたくさんいる。「女性の多くは、コラーゲンで認知症になって死ぬよりも、皺だらけの顔で死ぬほうがぞっとすると考えるのでしょう」と、サンフランシスコの皮膚科医リチャード・G・グローガウはいっている。「三十秒後に頓死するのでもない限り、女性はチャレンジする」というわけだ。顔のお直しをすることで自己肯定感が高まることもたしかにあるだろう。しかしそれと同時に、ぱっちりしすぎた目や、棒のように細長い首は、粗悪なカツラをつけた男性と同じ印象を世間に与えることもたしかである。

そんなこともあって、外見の若返りなど一顧だにせず、「本物の不死」を追求する人間もいる。いにしえの性腺フィーバーを彷彿とさせる、これはすなわち時間を逆行させようという大それた試みである。若返りの権威者ドクター・ロナルド・クラッツはいう。「美しく年を重ねようというのではなく、年を取らないようにしようというのが、わたしたちの研究です」パームスプリングス生命延長研究所や、ニューヨークの国際長寿センターなどは、老化を自然なプロセスではなく病気とみなしている。ではその治療法は？　製薬研究の聖杯といえる究極の若返り薬が登場するまで、不老の予言者たちはhGH（ヒト成長ホルモン）を推していた。これはステロイドではなく、「前脳下垂体によって合成・分泌されるポリペプチドホルモン」であり、年齢を問わず「肌の輝きを増し、筋肉量の増加、性欲の向上、気分の軽快、頭の冴え、十八歳同様の驚異的な代謝」を約束するという。つまり性腺は再び、年間売り上げ十五億から二十億ドルに達するビジネスとして復活したのである。不死ではないが、これも悪くない。ただし、発癌性や早死にのリスクを指摘する声もあって、そういうものをすべて無視できる人間向きだ。

科学者のなかには、もっと正確で信頼できる結果を求める者たちがいて、彼らは、われわれの細胞組成を変えることで時間をとめられないかと考えた。二〇〇〇年の再生医学会議で、カリフォルニア大学の分子生物学者シンシア・ケニオンは、「死神遺伝子」と「若返りの泉遺伝子」を特定する研究について報告し、二十一世紀には大幅に延命が可能になると予測した。アドバンスド・セル・テクノロジーのマイケル・ウエストは、「生殖細胞の不死の特性をわれわれの肉体に移すことで、事実上の老化を排除する試みが実現に近づいている」という。『ハーバード・マガジン』誌が二〇〇五年の秋に掲載した「老化は本当に避けられないのか?」というタイトルの記事によれば、酵母、線虫、ショウジョウバエでの研究に取り組む科学者たちが、「単一の遺伝子を調整することで寿命を劇的に延ばすことができる事実を発見した」という。「遺伝子組み換えを受けた個体はただ長生きするだけでなく、通常の個体が死んだ後も若々しい特徴を保持することが多い」という。しかし、もともとごく短命なショウジョウバエがいくら長生きしたところで、人間の目にはあっというまに死んでしまうようにしか見えないのである。

では、ほかにどんな選択肢があるだろう? クローン技術にはまだ手が届かない。楽観的な人間なら、冷凍保存技術に希望を託して、アリゾナ州の窒素充填タンクで逆さまにぶら下がっている

〔実際に冷凍保存されているのは頭部のみ〕哀れなテッド・ウィリアムズに倣うかもしれない。未来学者レイ・カーツワイルは、二〇二〇年代までには、コンピューターのハードウェアが人間の心の機能的なモデルを実行するのに十分な力を持つと予測している。これは「マインドアップロード」と呼ばれるもので、「人間の心や意識を、より耐久性のある物質の容器に移す」のである。あなた、あるいは、あなたの非常に詳細なマップ〔心や意識の詳細な構造や情報を表すデータ〕がノートパソコンのなかで生き続けることができるというわけだ。

しかし、こういった奇抜な選択肢はすぐに顧みられなくなるだろう。二〇〇六年秋に、国立老化研究所とハーバード大学医学大学院の研究者たちは、赤ワインにふくまれる物質、レスベラトロールの驚異的な潜在能力について報告した。マウスに大量投与したところ、寿命だけでなく持久力も劇的に向上したという。動脈を詰まらせるような食事をしていても心拍数は低下し、トレッドミルでの走行距離が二倍になった。要するにレスベラトロールは、人間の身体を「トレーニングなしで、鍛え抜かれたアスリートと同じにするのだ」と、フランスのある研究者はいう。MITの生物学教授レナード・ガレンテは、「老化が原因の病気に対処するための、まったく新しい治療戦略」と呼んでいる。

結局、不死というのは、最寄りの酒屋で手に入るほど身近なものだったというなら、われわれは何世紀も前のベンジャミン・フランクリンの先見の明に敬意を表するしかない。「溺死者をある方法で防腐処理して、どれだけ遠い未来でも、好きな時代に命を蘇らせる方法を発明できたならどんなにいいかと思う。なぜならわたしは、いまから百年後のアメリカがどうなっているか、この目で見てみたいからだ。普通に死ぬよりは、何人かの友人とともにマデイラ酒の樽のなかに浸って、ときの経過を待つのを選ぶ。そうして百年が経過したら、愛する国の太陽の温もりで息を吹き返したい」

郵便詐欺で有罪となったミニーは執行猶予を受け、その後三十年間をデル・リオの邸宅で暮らした。漆喰がひび割れ、雑草は生え放題だった。若い男性たちとお楽しみだという噂もあったが、誰もそれを責めなかった。一九六二年、ミルフォードの町がダムの下に沈むことが決まると、ミニーはブリンクリー病院があった場所に、照明付きのブイを設置する許可を求めようとした。

「(夫は)時代の四十五年も先を行っていた」ミニーは訪ねてきた客にそういったという。ちょうど世界初の臓器移植のニュースが発表されたときだった。「あの時代には、どんなものであろうと、他人の臓器が人間の体内で生き続けることはあり得ないといわれていた。なのに、いまじゃそれができているじゃない!」ヤギの性腺移植は、じつはまだ秘密裏に行われているという。「宣伝していないだけ。あんなに凄い手術を完全にやめるなんて、できるわけがない」

一九七八年に亡くなったミニーは、ZZトップの炸裂する強烈なギターリフに乗って、栄光の国へと運ばれていった——。

覚えてるか、あの一九六六年を?
カントリージーザス、ヒルビリーブルース、

オレのフレーズはそこで生まれた
ああ、海沿いの町へ、山沿いの町へ、
どこへでも音楽が流れていった時代
オレがいってるのは、あの無法者Xのことだ
宙を切り裂いて暴れまくった……

オレたちみんな、ドクターBに感謝しないと
国境を踏み超えて、百万ワットの電波を操った
史上初のヤバイ男
ラジオに耳を傾けろ
夜な夜な流れる曲のすべてに
でなきゃ、いい気分になんか、なりっこねえ

……オレはきいた、オレはきいた、
Xできいたんだ

謝辞

作家のあいだでよく知られているジョークがある。「エージェントが自宅にまで押しかけてきたの？」というオチのそれだ。デイビッド・ブラックは実際にわたしの家に来たことはないが、彼がわたしの仕事、特にこのプロジェクトにかかわってくれたことで、すべてが大きく変わった。別のクライアントはかつて彼のことを「企画書のナチス」と呼んでいた。六本の草稿と一年の作業を経て、わたしにもその理由がわかり、彼にとことん厳しく導いてもらったことに深く感謝している（デイビッドに面倒を見てもらうと、ピラミッドのように揺るぎない作品ができあがる）。彼はわたしの士気を高めてくれるばかりでなく、終始一貫して、さまざまな面で支援を惜しまなかった。そもそも、この全プロジェクトを一気に形にするきっかけとなったのは、彼が投げかけた、「モリス・フィッシュベインって誰？」という、たったひとつの質問だった。

クラウンのリック・ホーガンとタッグを組めたことは、大変な幸運だったと思う。編集者と作家は、その組み合わせによって、すべてうまくいくとは限らない。しかし今回は成功だ。彼の鋭い目と思いやりに満ちた主張が、まさかそこまでできると本人が思ってもみない、素晴らしい本を生み出してくれた。

チャパクア図書館の調査スタッフにも深く感謝している。こちらの投げかける何十もの難解なリクエストに、熱意と想像力をもって、快く答えてくださった。キャロリン・レスニック、マーサ・オルコット、ミシェル・カポゼッラ、マリアンヌ・イートン、ポーラ・ペイロー、キャシー・ポールセン、クリス・トシンスキー、シェルビー・モンロー、ヴィッキー・フグア――またやってきたと、わたしが近づいてくるのを見てうんざりすることがあったとしても、誰もそれを顔に出すことはなかった。あなた方のお力無しには、この本を完成することはできなかった。

ほかにも多くの図書館員や公文書保管係のみなさんに助けていただいた。カンザス州歴史協会のリン・フレデリクセンとクリスティー・スタンリー、シカゴの米国医師会アーカイブスのロバート・テヌータとアンドレア・ベインブリッジ、エスカナバ公共図書館のシャーリー・ミラーとロビン・ヘプナー、シカゴ大学の特別コレクション・リサーチセンターのサンデー・ロスコー、デル・リオにあるホワイトヘッド記念博物館のリー・リンカーン、ヴァル・ヴェルデ郡図書館のウィリー・ブローダウェイとそのスタッフ、ヒストリック・グリーンヴィル財団のデビー・スピアとグリーンヴィル郡図書館のコリ・ダルメージ、シカゴ歴史協会のデビー・ボーン、ニューヨーク医学アカデミー図書館のアーリーン・シャナー、ウェスタン・カロライナ大学図書館のジョージ・フリゼル、カーター家財団のリタ・フォレスターとフレッド・ボイド。みなさんに、心から感謝を捧げる。

そして、ジャスティン・フィッシュベインには特別な感謝を。この物語と生きたつながりのある数少ない人間のひとりとして何か月にもわたって、大きな力を貸していただいた。ブリンクリーの思い出を話してくれたジャネット・カーターと、一九三〇年代の最も孤独でないカウボーイ、ロイの奥様、ルイーズ・フォークナーにも感謝を捧げる。

リチャード・ダギン、ジェナ・ルーカスをはじめ、ネブラスカ大学MFAライティングプログラム（学生がキャンパスに常時居住せず、主にオンラインや短期間の集中講義で学ぶ教育プログラムの最高峰）で学んだ、わたしの仲間たち全員に感謝を捧げる。あれは勉強だったのか、それとも遊びだったのかと、いまだに不思議な気持ちが抜けないものの、みんな支援をありがとう。

ローレンス・セネリックには、その学識を提供してくれたことと、（驚きの）四十年もの長きにわたる友情に感謝を捧げる。同様に、このうえない力を貸してくれた、ジェフとジュディのシール夫妻、トムとテリーのアレン夫妻、そしてエレン・スターンに感謝を捧げる。またジュリアン・パビアの情熱と、細部にまで行き届く注意力に感謝を捧げる。さらに、メアリー・ジェーン・ブロック、スーザン・アダムズ、リー・エイトケン、ウェンディ・マーティン、スーザン・ライホーファー、リー・アン・エリセオ、パット・ラーキン、ジーニー・ズジー、パトリシア・リア、アンナ・モナルド、ボブ・グリーンスパン医師、そしていつものように、わたしを正しい道へ導いてくれたドリス・ベッツに感謝を捧げる。

最後に、チャパクアのローリング・ブルック学校のコミュニティ全体、とりわけパイン・クリフの隣人たち、そしてステフィ・グリーンと彼女の慈悲深い姉妹たちに、わたしと家族から、計り知れない感謝を捧げる。ラザニアがこんなにも重要な意味を持つなんて、誰が知っていただろう？

訳者あとがき

いまからちょうど百年前のアメリカで勃起不全に悩む男性を救うためにヤギの睾丸移植という画期的な手法を生み出して、巨万の富を築いた医者がいた。彼の挑戦は医療にとどまらず、草創期のラジオを商売や宣伝につかって大成功を収め、政治の素人でありながら知事選にまで出馬して人々の度肝を抜く選挙キャンペーンを展開するなど、まさに八面六臂の大活躍をした。

その人の名はジョン・R・ブリンクリー。「極悪非道の詐欺師」の異名を持つ稀代の偽医者である。医師免許は金で買い、医学の知識は皆無。彼のクリニックで手術を受けて命を落とした人間、重い障害を負った人間は数知れない。何しろ手術といっても、ヤギから睾丸を抜いて、それを人間の睾丸に入れた切れ目にぶちこんで、また縫い合わせるという、ただそれだけの処置なのである。

そのような人物が、なぜアメリカでセレブリティのように扱われ、政治権力を握る寸前まで上り詰めたのか。その大きな謎に迫るノンフィクションが本作で、原題はそのものずばり『Charlatan（詐欺師）』である。

原書が刊行されたのは二〇〇九年一月。それからかなりの時を経て、ドナルド・トランプが大統領に就任した直後の二〇一七年と、再選失敗後も再挑戦に向けた動きを活発化させていた二〇二二年に、本作を引き合いに出した記事がウェブに上がっている。いずれも、ブリンクリーとトランプ、両者の型破りな影響力と常識外れの方法で支持を集めるカリスマ性に注目。ブリンクリーがラジオという当時最新のメディアを駆使して直接大衆に訴えかけたのと同様、トランプはSNSを巧みに活用して支持者とつながった。民衆がカリスマに引きよせられ、社会が大きく揺れるという構図は百年前と変わらず、現在も繰り返されているというのだ。

歴史は繰り返されるという言葉があるが、そもそも人間の本質が変わらないのなら、同じことが繰り返されるのは自然な成り行きだろう。ブリンクリーのような稀代の偽医者が成功した要因は、彼がいつの時代でも変わらない人間心理を巧みに突いたからだと著者はいう。

当然ながら、偽医者は、あらゆる時代のあらゆる文化で栄えてきた。病気を治療できるという可能性ほど、人間を魅了するものはないからだ。詐欺行為のほとんどは人々の強欲につけこむものだが、偽医者は、ユングの世界の奥深くに分け入って人間の精神に火をつける。すなわち、死の恐怖と、そこから逃れる奇跡を求める欲望につけこむのである。近づいてくる死を前にすれば、われわれはみな、つけこまれる隙だらけの初心な子どもになってしまう。（本書十九ページ）

狡猾で規範に縛られないアウトロー。善人ではないが魅力的な人物として描かれるピカレスクロマンの主人公さながらに、ジョン・ブリンクリーは実際多くの人々を魅了した。その無尽蔵と思われるバイタリティで、夢を実現するべく新たな戦略を次々と生み出して行動に移していくのだから、悪人とはいえ、これはもう天晴《あっぱ》れとしかいいようがない。ブリンクリーも「善いこと」をしたのかといわれれば、答えは文句なしのイエスだ。彼のラジオ局が新しい音楽の舞台を提供し、若い世代や地方の聴衆に新ジャンルが受け入れられる下地をつくり、後の世のロックンロール隆盛に繋がる一因となったのである。

本作の魅力はしかし、ジョン・ブリンクリーのカリスマ性にだけ起因するものではない。悪漢である偽医者の嘘を暴いて倒すことに生涯を捧げた、正義の人モリス・フィッシュベイン。彼もまた別の意味でカリスマ性を持っている。ともに野心に満ちた癖のある人物どうしが相手の裏をかこうとする戦いは、まさに手に汗握る心理戦であり、これだけ凄腕の詐欺師をいったいどうやって打ち負かすのか、いやそもそも倒せるのか、作品がはらむサスペンスに心を鷲づかみにされ、ページを繰る手がとまらない。

メインストリームからはずれた、しかし非常に重要なアメリカの歴史を、丹念に事実を調べあげて生き生きと再現し、極上の悪漢小説さながらにユーモアとウィットに富んだ筆致で鮮やかに描き切った著者に大きな拍手を贈りたい。

優れたノンフィクション作品を読むと、なぜか不思議と生きる気力がむくむくと湧いてくるもので、本作も例外ではない。型破りな人物たちの、桁外れにたくましい生き方に触れることで、人生への臆病心が吹っ飛んで、自分だってまだまだやれるのではないかと思えてくるのである。文句なしに面白い、読めば全身に活力がみなぎるといっても過言ではない、この極上のノンフィクション作品が多くの読者に届くことを願ってやまない。

なお、本文中には現代の日本でも行われている療法がいくつか登場し、怪しい療法と揶揄されているが、あくまでそれは当時の時代背景によるもので、現代に広く行き渡っている療法とは別物であることをここに断っておきたい。

最後になりましたが、綿密な原稿整理で訳者を大いに助けてくださった、編集の神内冬人さんに心から感謝を捧げます。

杉田七重

著者　**ポープ・ブロック**（Pope Brock）
米ジョージア州・アトランタ出身。作家。『エスクァイア』『GQ』『ローリングストーン』などに寄稿。著書に、曽祖父の殺人事件を扱った『Indiana Gothic』（1999年）、月面移住が人類を救う可能性を考察する『Another Fine Mess』（2017年）がある。

訳者　**杉田七重**（すぎた　ななえ）
東京都生まれ。英米文学翻訳家。ヤングアダルト小説の作品に『アドニスの声が聞こえる』（小学館）、『世界のはての少年』、『最後の語り部』など、ノンフィクション作品に『海賊たちは黄金を目指す』、『ヒエログリフを解け』（以上、東京創元社）などがある。

ヤギの睾丸《こうがん》を移植《いしょく》した男《おとこ》
アメリカで最《もっと》も危険《きけん》な詐欺師《さぎし》ブリンクリーの天才人生《てんさいじんせい》

2025年1月30日　初版第1刷　発行

著　者　ポープ・ブロック
訳　者　杉田七重
装丁者　松田行正＋杉本聖士
発行者　佐藤丈夫
印刷所　創栄図書印刷株式会社
製本所　株式会社村上製本所
発行所　株式会社国書刊行会
〒174-0056 東京都板橋区志村1-13-15
電話 03-5970-7421　Mail info@kokusho.co.jp

ISBN978-4-336-07677-9